兩岸商事法律戰略解碼戰

——兩岸智財權實用篇

彭思舟　著

推薦序 (一)

「有智慧才有財產」的知識經濟時代

真理大學知識經濟學院院長
陳奇銘

知識經濟是提升國家競爭力的關鍵,就產業界的角度而言,智慧財產權更是代表了市場競爭力。21 世紀是知識經濟的時代,未來「有智慧才會有財產」,也意味才有市場競爭力,因為單憑勞力,台灣製造已難與大陸競爭,台灣企業將來必須仰賴智慧財產,無論是商標、財產、或著作權保護,台灣經濟在面對未來競爭上,必須更進一步做好智慧財產權管理工作。

例如,目前台灣企業每賣出一張可錄式光碟片(CD-R),台灣業者便要付 0.04 美元(約新台幣 1.4 元)的權利金給荷商飛利浦;價格波動頻繁的 DRAM,即使價格崩落,還是要付 0.045~0.06 美元的權利金給美國的德州儀器(TI)。而根據台灣資策會科技法律中心研究報告統計數據指出,每年台灣電子產業向外國廠商付出的專利權權利金,就超過二十億元新台幣。

真理大學知識經濟學院為讓年輕學子,在台灣產業結構正面臨從製造導向,轉為知識、服務導向的重大轉型期,競爭基礎也從土地、設備等有形資產逐漸轉向無形資產的大時代中,迅速建立競爭力,本院無論在課程與師資的專業,都朝向能夠訓練學生,適應全球經濟這樣緊密牽動的方向來安排,在這裡也欣見思舟未來的研究,能夠不斷朝這方向努力。

畢竟,不管從未來學生的就業競爭,或者企業在國際經貿競爭方面而言,台灣要持續取得領先地位,就脫離不了強化企業智慧財產權競爭力,但要強化企業智財權競爭力,企業就必須要有清楚的智慧財產權法律戰

3

略，並且在為達到這個戰略目標之下，建立企業智慧財產權管理制度、訓練相關人才，以及一套檢驗的標準，思舟這本「兩岸商事法律戰略解碼戰」一書，正為學校同學與初涉獵智慧財產權的讀者，提供了一個最佳的入門書。

推薦序（二）

當大陸智財權佈局成為全球生意的起點

台灣上市公司法務長
中國人民大學經濟法碩士
中國人民大學經濟法博士研究生

林家亨

　　近日甫讀完法國經濟學者，也是法國國家經濟委員會委員埃里克‧伊茲拉萊維奇（Erik Izraelewicz）博士所寫的《當中國改變世界》（Quand La Chine Change Le Monde）一書，該書評論了大陸經濟實力崛起的驚人速度對普世的影響力，該書作者描述他們家全家人在耶誕節時，和往年一樣，耶誕樹下的禮物堆積如山，不一樣的是，樹下成堆的禮物從孩童玩具、超輕型網球拍、個人電腦和披肩，樹上懸掛的彩球、閃光裝飾品、小聖誕人甚至整個聖誕樹，都是「Made in China」來自中國。筆者曾至美國迪士尼樂園、環球影城、聖地牙哥海洋世界、及賭城拉斯維加斯等地旅遊，發現當地販售的各式各樣紀念品，玩偶、鑰匙圈、紀念衫、吃角子老虎機造型存錢筒、……，幾乎全部標示「Made in China」。隨著台商西進大陸，將過去所謂的「台灣經驗」複製到大陸又一次成功實踐的結果，過去「Made in Taiwan」的產品已逐漸被「Made in China」的大陸製產品所取代。不只台灣如此，幾乎全世界各國說得出知名品牌的家電產品、汽車、電腦、手機、體育用品、……等等輕重工業的產品，全都看得到「Made in China」的標示。大陸製產品已充斥於全球市場，大陸已經成為全地球的工廠！

　　當大陸成為全地球需用品的製造工廠、發貨中心，甚至隨著大陸人經濟改善消費力提昇，十三億人口的大陸也逐漸成為世界最大的消費市場

5

時，大陸本身儼然就是一個全球供需市場的縮影！當您意識到這一點的時候，您就會驚覺大陸已經不只是大陸而已，大陸等同於世界，對台商及全球各地生意人而言，在大陸佈局是全球生意的開始！而如同產品的靈魂般重要的專利、商標、著作權等等智慧財產權，在大陸申請註冊保護的重要性，已經不下於在全球各國註冊，甚至可以說，在大陸申請智慧財產權註冊保護的投資報酬率實質效益，還要更勝於其他各國！

當台商西進大陸投資設廠成為全球競爭的前哨站，當在大陸申請智慧財產權註冊保護已經是不得不然的手段，當以法律保障權利成為市場經濟產品供應鍊中的重要一環，法律確實也成為一種生意，想逐鹿於全球市場的台商，能不重視這個生意的遊戲規則嗎？

欣見思舟君完成《兩岸商事法律戰略解碼戰》一書，為台商於兩岸智財權佈局提供了實用的參考指南，嘉惠台商，樂予推薦並為之序也！

推薦序 (三)

鑽研本書為創業家不可忽略的腦力價值投資

互動資通股份有限公司（Every8D.com）總經理

郭承翔

　　當自己剛開始負責集團內一個事業部門的那一天開始，發覺到跟競爭者之間如果產品或服務沒有太多差異化的能力，大概獲利就只能陷入與競爭者一場價格混戰，很難能夠有勝出的機會，直到有機會在思舟的提醒之下，才慢慢驚覺原來專利的取得其實也是一家公司競爭力以及獲利的重要保障；雖然本身的產品屬於軟體服務業，要申請相關專利似乎不可能，事實上在此提供一個觀念參考，其實 Every8D.com 過去幾年花了相當多資源在專利的取得，有一部份是以軟性創新的方式，以發明的專利來開創市場先機，也就是在許多競爭者尚未看到的市場服務機制，先取得專利然後推廣市場，藉此取得較高的毛利，並築高同業的競爭門檻。

　　當看到思舟所撰寫《兩岸商事法律戰略解碼戰》，著實認為真是一本不可多得的好書，集合思舟過去這十多年來專業領域，同時結合作者個人敏銳的觀察力，在與企業主接觸的機會，亦或對整體產業界的接觸與瞭解，經由其擅長的筆墨技巧，提出許多非常精闢的見解以及問題的探討。對於在學的學生以及職場中的中高階主管，提供一個非常完整的答案以及讓自己職場經營成功的方法，更開啟了創業家在知識經濟時代不可忽略的腦力價值的投資。

　　很高興能看到思舟可以在百忙之中，將自己的所學回饋給社會，有機會為本書提序真是深感榮幸，閱讀完本書的內容之後，對於書中所提及《企

業應有的專利戰略》此段落特別有感受，非常精準的點出核心觀念。專利申請戰略與戰術著實可以讓許多企業家做為借鏡，畢竟能夠將法律知識與商業活動結合如同書名所言，作者除了點出重要的方向之外，其實對於如何達成的具體方法亦有相當多的論述以及具體說明。

　　思舟對問題的觀察入微已經相當難得，更可貴的是他對問題的論述與表達更是獨到，在閱讀本書的過程中，可以在作者的流暢語法引導中，很輕易的吸收書中的知識，對於讀者來講也是一大福音。也更期待將來思舟能夠繼續貢獻他的研究以及專長，將其幻化為文字繼續提供讀者更多的觀點與知識。

　　當法律成為一種生意，其實是一門大生意，其中若能掌握作者所提的觀念，如同作者在書中所提及兩岸的比較說明，在日益頻繁的兩岸交流過程中，當能有機會創造出驚人的生意，閱讀本書已做出成功的第一步，本人也藉由作者的觀念來與所有的讀者勉勵，更預祝所有的讀者讀完本書之後皆能夠像本人一樣，有非常豐碩的收穫。

推薦序（四）

台商保障兩岸「智財權」的必讀工具書

寶來集團香港資產管理業務董事總經理

陳至勇

最近包括 LV、CHANEL、GUCCI 等十九家國際名牌決定聯手展開打擊中國仿冒的行動。他們將僱用人員喬裝顧客在北京、上海、廣州和深圳四地，嚴打仿冒。「智財權」是一個經濟問題、文化問題，更是一個法律問題、政治問題。

美國貿易代表辦公室 4 月 29 日發表了 2006 年的《特別 301 報告》，中國和俄羅斯今年再次被列在榜首。《特別 301 報告》主要針對的是盜版軟體，盜版光盤等問題。根據美國法律，美國貿易代表辦公室每年向國會提出《特別 301 報告》，分三級列出美國可能採取貿易報復的國家名單。

觀察近代亞洲新興國家的發展模式，「仿冒」似乎是許多國家發跡的必然之惡。觀諸這些國家的產業發展軌跡，總是從仿冒開始，並由此累積製造的技術與能力。當仿冒的水平達到與真品相同的水平，表示產業已經發展出高度的代工能力。下一個階段，就是從代工往自創品牌邁進。

這樣的模式似乎正在中國上演中。北從北京的秀水街，南到深圳的羅湖口岸，仿冒品舉目皆是。台灣將代工的能力帶入中國，讓中國成為世界製造工廠，依然無法改變此一產業發展的脈絡。

可以預見的，當「智財權」越來越為市場所重視，表示創新的價值將獲得更多的認同與保障。資本主義的主要優點之一就是鼓勵創新，透過創

新，帶動社會的進步與發展；透過創新，帶動經濟的發展與機會；更透過保護創新，提升社會的文化水平。

中國在保護「智財權」方面的成果，尚不理想，但是可以想見的，在所有先進國家的壓力與中國經濟結構亟需轉型的背景下，此一局面將逐步改善。就像台灣也是一樣，經過多年的努力才從特別觀察名單改為一般觀察名單。

「智財權」的保障，必須從根本觀念開始建立。

思舟的博士論文，討論的就是「智財權」。以他在中國工作與擔任記者的長期觀察，對於中國「智財權」發展的軌跡與脈絡非常熟悉，相信本書不僅可以幫助台商讀者對「智財權」有更清楚的瞭解，最重要的是懂得在中國保障自己的權益，同時避免誤觸「智財權」的法網。

目次

前言

當法律成為一種生意

　　法律，可以是一種商業上的手段；在企業殘酷的市場競爭中，法律與企業管理、商業策略的跨領域結合趨勢，更可能讓法律本身就成為是一種生意。

　　不過，傳統的大學教育商事、民事法律教科書，並沒有這樣的概念，也沒有將企業最需要的智慧財產權，以及法律與企業管理跨領域的結合這一部份納入，更不要說有加入比較中國大陸相關法律的課程，仍然還是以台灣的「公司法」、「票據法」、「保險法」、「海商法」為主，這對於非法律系的學生，尤其是廣大商學背景的大學同學，除非學校有另外開設智慧財產權法的課程，否則在面對未來兩岸、國際市場實務上的競爭，實際上是很吃虧的，因此，本書特別針對非法律系、商學背景的同學擴充了商事法課程的範圍，加入了介紹台商常接觸的中國公司法、票據法、兩岸智慧財產權、法律與管理跨領域的結合案例，同時因為限於篇幅，又將其實同學未來就業比較不會遇到的「海商法」忍痛捨除，務必讓大學同學在接觸商事法、甚至是基礎民法概要的課程中，就能夠對未來影響企業競爭力的相關法律，至少有一個概要性的瞭解，才能在面對這個「已經變平的世界」中各種國際人才的挑戰時，更加有競爭力。

　　從廣義的商事法、智慧財產權的觀點來看，法律正成為一種商業手段，或者，也是屬於生意的一種。眾所周知，歐美諸國企業就是以知識經濟，也就是以智慧財產權為發展重心，同時輔以必要的商事法律戰略，在全球經濟佔有領先地位。目前台商每賣出一張可錄式光碟片（CD-R），台灣業者便要付 0.04 美元（約新台幣 1.4 元）的權利金給荷商飛利浦；價格波動頻繁的 DRAM，即使價格崩落，

還是要付 0.045~0.06 美元的權利金給美國的德州儀器（TI）。而根據台灣資策會科技法律中心研究報告統計數據指出，每年台灣電子產業向外國廠商付出的專利權權利金，就超過二十億元新台幣[1]。

同時，企業專利權糾紛對資本市場的影響力越來越大，上市、櫃公司對於專利權稍有不慎，不僅自身營運能力將面臨挑戰，股價也會飽受打擊，未來專利侵權官司甚至還可能成為發動併購的手段之一。即使在智慧財產權的重要領域商標法方面，最近也頗受企業重視，尤其兩岸間的經貿關係越來越緊密，自從大陸於二〇〇一年頒佈新修訂商標法，允許自然人可註冊商標後，大陸隨即產生一批職業「註標人」四處搶註各種知名或可能成名的商標，舉凡旺旺、新東陽等台資企業，乃至新興熱門人物如芙蓉姐姐、木子美等，都曾遭職業註標人搶註，而台灣各種商標的搶註自不在話下，因為這些都蘊藏重大商業利益。而企業商標侵權是近年大陸增加最多的智慧財產權侵權案例，但由於打侵權官司相當耗時繁瑣，大多數企業多選擇殺雞儆猴的方式處理，希望能發揮嚇制作用。以著名的台商「永和豆漿」為例，單是上海一地以「永和」開頭的豆漿店即有數百家，根本無力一家家告上法院，最後只好先選擇開店數較多的侵權公司開刀。

許多國際上知名的商標品牌，在大陸也常被侵權，例如，上海一家咖啡廳涉嫌違法使用美國著名咖啡連鎖 Starbucks 的中文名稱「星巴克」，被 Starbucks 告上法庭。日前上海法院判決 Starbucks 獲勝，被告構成不正當競爭，必須賠償五十萬元人民幣。據「中新社」報導，這是大陸新「商標法」二〇〇一年實施以來，上海法院

---

[1] 相關數據可參考台灣資策會科技法律中心官方網站
（http://stlc.iii.org.tw/stlc_c.htm）。

判決的首例跨國馳名商標侵權案。報導指出，經上海法院調查，一九九八年起，美國星源公司以 STARBUCKS 的中文譯名，在中國大陸註冊「星巴克」商標。上海法院認為，星巴克已為中國大陸公眾所熟知，應當認定為馳名商標。上海法院表示，上海這家咖啡廳將「星巴克」（Xingbake）商標作為企業名稱登記，並在其經營活動中使用含有 STARBUCKS、星巴克 STARBUCKS 文字及圖形商標相同或近似的標識，具有明顯惡意，並構成不正當競爭。上海市第二中級人民法院日前作出一審判決指出，上海星巴克咖啡館侵害美國星巴克（Starbucks）商標權，需賠償美方人民幣 50 萬元、並更改企業名稱。美國星巴克也在這場官司訴訟中，被認定為「馳名商標」。這是 2001 年大陸商標法修正案實施以來，上海地區首度出現的跨國馳名商標案。早前，台資永和豆漿則在河南洛陽法院取得馳名商標認證。不過，台灣產茶地名及特產地名，可就沒這麼幸運，近年台灣產茶地名遭人在中國搶先註冊商標，導致茶農、茶商權益嚴重受損。據了解，台灣農特產品遭人搶註冊情形非常嚴重，除茶葉外，池上米、古坑咖啡、新竹米粉、貢丸等在大陸都是註冊在案的商標。針對上述侵權行為，雖然國際公約及世界貿易組織與貿易有關的智慧財產權協定（TRIPS）規定，「對公眾知曉的外國地名皆限制不得作為商標；其對商品地理標示可能誤導公眾判斷者，亦不予註冊」，但台灣七大茶葉產區名稱卻在大陸遭到搶註。兩岸商標法專家指出，阿里山茶葉最符合「地域保護」資格，其餘各區關聯性不強，未必能獲大陸商標法的支持。他建議，台灣茶農不妨透過協議，和已註冊者共用商標。台灣著名景區遭台灣或大陸業者搶註，經查證發現，「凍頂」的商標註冊期限早已過期，其餘六枚商標，仍有待台灣茶農跨海興訟。

　　此外，年營業額高達九十億元台幣，被視為金雞母的「金門高粱酒」，在二〇〇五年十一月取得大陸商標註冊證，在此之前曾因「商標蟑螂」搶註，飽受「金門高粱酒」、「金門王高粱酒」等魚目混珠商標的困擾，後來，經過金酒公司自行「舉證」，證明「金門高粱酒」行之有年，終獲大陸同意以「馳名商標」提出申請，並由福建省工商管理局逕行註銷這兩家雷同商標的登記。

　　實際上，製造業台商如鴻海，目前集團擁有台灣企業中最大的法務團隊，將近五百人；明基電通合併西門子手機部門，努力發展自己品牌並正式擠上國際舞台；友達與南韓三星也宣布共享智慧財產權，而不僅有專利財產權共享契約。以上數例，皆證明智慧財產權其實已經成為一種商業上的手段運用，企業不可不加以正視並且運用，這也是本書撰寫的動機。

　　此外，台灣所稱之「智慧財產權」，在中國叫做「知識產權」，這已經是屬於中國的法律名詞，其英文翻譯是 Intellectual Property，「知識產權」已是中國特有的法律名稱，有如台灣所稱之「智慧財產權」。中國政府並設有「國家知識產權局」，一如台灣政府在經濟部下設有「智慧財產局」，因此，本文中提及大陸法律名詞時，將統一使用之。

　　另一方面，這本書也作為少數將法律與管理結合起來討論的大學教材，期待可以讓大學的同學，在校學習時，就建立起企業兩岸智慧財產權法保護與管理的基本認識，為未來台灣企業培養更多具有智財概念的種子，畢竟，在未來兩岸經貿競爭當中，台灣若要持續取得領先地位，則也必須與歐美諸國一樣，以知識經濟為帶動經濟繁榮的基礎，更注重知識產權的保護，促使台商更重視在中國的知識產權權益，以及侵權救濟等問題，以利搶占中國市場，增強本身競爭力。事實上，台商本身也已開始體認這個趨勢。

先就專利方面分析，依據中國國家知識產權局最新統計，台商近年到中國申請專利的數量在中國已居第四位[2]，而中國國內整體申請專利數量，據中國國務院新聞辦公室在 2005 年 4 月 21 日發表的「中國知識產權保護的新進展白皮書」中表示，從 1985 年 4 月 1 日至 2004 年底，國家知識產權局共受理專利申請 2284925 件，年均增長率達 18.9%。其中中國國內申請 1874358 件，國外申請 410567 件，分別占總量的 82% 和 18%。截至 2004 年 3 月 17 日，中國專利申請總量突破兩百萬件。中國的專利申請總量達到第一個一百萬件用了十五年時間，第二個一百萬件卻只用四年多時間。2004 年，中國國家知識產權局共受理專利申請 353807 件，比上年的 308487 件增長 14.7%。其中中國國內申請 278943 件，比上年的 251238 件增長 11%，占總量的 78.8%；國外申請 74864 件，比上年的 57249 件增長 30.8%，占總量的 21.2%。從 1994 年到 2004 年，中國國家知識產權局共受理國際申請 7131 件，其中 2004 年受理 1592 件；國外以《專利合作條約》途徑進入中國國家階段的國際申請 157770 件，其中 2004 年達 32438 件。

截至 2004 年底，中國國家知識產權局授權專利總量為 1255499 件。其中國內 1093268 件，國外 162231 件，分別占總量的 87.1% 和 12.9%；發明、實用新型、外觀設計專利授權總量分別為 185412 件、651224 件和 418863 件，在總量中的比重分別為 14.8%、51.9%、33.3%。2004 年，中國國家知識產權局共授與專利權 190238 件，比上年的 182226 件增長 4.4%。其中國內專利授權 151328 件，比上年

---

[2] 中國國家知識產權局主編，中國知識產權年鑑 2004，北京：知識產權出版社，2004 年 12 月，第 1 版，頁 209。

的 149588 件增長 1.2%；國外專利授權 38910 件，比上年的 32638 件增長 19.2%。

在商標方面，隨著台、外商在中國商標保護要求的提高，以及中國社會本身商標保護意識的覺醒，近年來中國商標註冊申請量增長快速。據中國國務院新聞辦公室在發表的中國知識產權保護的新進展白皮書中表示，1980 年中國全國商標註冊申請量才僅為 2 萬多件，1993 年達到 13.2 萬件。2000 年至 2004 年，商標註冊申請量分別連續躍過 20 萬件、30 萬件、40 萬件和 50 萬件四個大關，申請總量達 190.6 萬件，比 1980 年至 1999 年 20 年申請總量還多 25.6 萬件，占 1980 年至 2004 年 25 年申請總量的 53.6%。2004 年商標註冊申請量達 58.8 萬件，比上年增加 13.6 萬件，增長約 30%，是中國加入 WTO 當年的 2.17 倍。截至 2004 年底，中國的註冊商標累計總量已達 224 萬件。而伴隨著中國投資環境的不斷改善，特別是加入世界貿易組織後，台、外商在中國申請、註冊商標的數量不斷增長。1982 年台、外商商標註冊申請量為 1565 件，到 1993 年超過 2 萬件，2004 年則超過 6 萬件。1979 年前，來中國註冊商標的國家或地區僅為 20 個，註冊商標總計 5130 件；到 2004 年底，來中國註冊商標的國家或地區已增加到 129 個，累計註冊商標達 40.3 萬件，比 1979 年增長近 79 倍，約占中國註冊商標累計總量的 18%。

針對最受外界關注、影響台、外商商標權益方面的馳名商標保護部分，在國際壓力下，中國國家工商行政管理總局目前在商標異議案件、商標爭議案件和商標管理案件中認定 400 多件馳名商標。以 2004 年為例，中國國家工商行政管理總局公布，其先後認定保護了 153 件馳名商標，其中有外國企業馳名商標 28 件。同時，在國際壓力下，中國各級工商行政管理機關把馳名商標作為商標保護工作的重點，加大對馳名商標的保護力度，嚴厲打擊侵犯馳名商標權益

的各種違法行為。在 2001 年至 2004 年，中國全國各級工商行政管理機關共查處各類商標違法案件 16.96 萬件，其中商標一般違法案件 5.66 萬件，商標侵權假冒案件 11.3 萬件（含涉外商標侵權假冒案件 1.2 萬件），收繳和消除侵權假冒商標標識約 5.29 億件（套），移送司法機關追究刑事責任 286 件共 300 人。尤其是 2004 年，根據中國國務院保護知識產權專項行動和國家工商行政管理總局開展保護註冊商標專用權行動方案的部署，中國全國工商行政管理機關以保護馳名商標、涉外商標，查處食品、藥品商標侵權案件為重點，進行三次保護註冊商標專用權專項整治行動，據統計，2004 年中國全國各級工商行政管理機關共查處各類商標違法案件 51851 件，其中查處涉外商標案件 5494 件，比 2003 年增加 1.6 倍。在查處的 51851 件商標違法案件中，商標一般違法案件 11680 件，商標侵權假冒案件 40171 件，比 2003 年增加 51.66％，收繳和消除商標違法標識 3895.18 萬件，收繳專門用於商標侵權的模具、印版等工具 28.08 萬件，沒收、銷毀侵權物品 5638.53 噸，移送中國司法機關追究刑事責任案件 96 件共 82 人。另外，據中國公安部門公布的數據，2000 年至 2004 年，中國全國公安機關共破獲侵犯知識產權犯罪案件 5305 起，涉案總金額近 22 億元人民幣，抓獲犯罪嫌疑人 7100 人。其中破獲侵犯商標專用權案件 4269 起，涉案總價值 11.8 億餘元人民幣，抓獲犯罪嫌疑人 5564 人。一批侵犯知識產權犯罪案件被按照生產、銷售偽劣產品罪和非法經營罪定罪處罰。

在著作權方面，台、外商電腦軟體、書籍、流行音樂、電影音像製品等著作權，在中國被侵害嚴重，據中國國務院新聞辦公室在 2005 年 4 月 21 日發表的中國知識產權保護的新進展白皮書中坦承，1995 年至 2004 年，中國各級著作權行政管理部門共收繳侵權盜版複製品 3.5 億件，受理侵權案件 51368 起，結案 49983 起。2004 年

共受理侵權案件 9691 起，結案 9497 起，處罰 7986 起，其中包括查處兩家中國企業侵犯美國微軟公司著作權等重大案件。對台灣、國際流行音像產業而言，中國盜版音像製品屢禁不絕，是一個最大的傷害。在國際壓力下，1994 年至 2004 年，中國全國給予吊銷複製經營許可證處罰的光碟複製企業 9 家，查獲非法光碟生產線 200 條。2004 年 8 月，中國文化部加強打擊對音像領域的侵權行為，2004 年中國全國文化市場稽查管理部門檢查音像經營單位 555368 家次，查繳各類違法音像製品 1.54 億張。2005 年 1 月 12 日，中國文化部、國家保護知識產權工作組辦公室在全大陸開展違法音像製品統一銷毀活動，集中銷毀 6335 萬多張（盤）各類違法音像製品[3]。

有鑒於上述整體企業實務發展的需求與趨勢，以及大學同學未來就業的需求，本書將先重點探討企業應該有的法律戰略，以智財權戰略為例，先引起同學對本課程的興趣，同時對於法律與企業管理的跨領域集合，有了最初基礎的概念，而後，將簡單介紹兩岸的民法基礎概要，以及兩岸包括公司、票據等商事法規，增強同學在未來就業市場的競爭力，其後本書也將兩岸智慧財產權法律專利法、商標法、著作權法等，做一重點概念式之解釋，在大陸智財權部分，則著重中國知識產權法律制度，如何因應 WTO 相關主要國際知識產權條約的角度分析，最後並以智財權制度如何在公司建立與檢驗為重點，為同學做系統性的介紹，以深刻符合未來在兩岸、國際的經貿發展中，台商企業與人才相關的實務需求。

---

[3]　相關數據可參考，中國國務院新聞辦公室在 2005 年 4 月 21 日發表的「中國知識產權保護的新進展白皮書」
http://news.xinhuanet.com/newscenter/2005-04/21/content_2858506.htm）

認識篇

企業應有的商事法律戰略

（以專利權、商標權戰略為例）

　　有國際八卦媒體，在評估一項實際上，還難以絕對證實為真的八卦，但為了要爭取雜誌銷量，而請律師評估，萬一被報導當事人控告毀謗，將要付出多少金額的代價？答案如果是三百萬美金，但該八卦將刺激銷量成長金額達三千萬美金，那麼這家八卦媒體想當然會毫不猶豫的做出刊登的行動，因為法律在他們的眼中，是商業思考的一環，實際上的企業市場運作也是如此，甚至還將其視為一種重要的市場戰略。

　　每個企業都需要法律戰略，在為股東利益最大化服務的最高目標下，法律戰略已經越來越靈活，今天一個跨國企業可以先為了要先期阻止對手佔領市場，先控告競爭對手專利侵權，以先行禁止對手的產品進入市場，讓自己的產品取得先機，擴大市場佔有率，即使後來的侵權官司根本不會贏，但公司產品已先行取得市場的巨大利益，足以支付官司敗訴的損失，甚至還可以讓他買下對手。以下，本書將以一般企業最需求的商標權、專利權戰略為例，做出詳細的說明。

壹、台商中國商標權法律戰略——從台商上島咖啡之商標權案例分析

重點摘要

　　「商標權法律戰略」是企業為了本身的長遠利益和發展，如何在法律與市場手段中，戰略性運用商標法律制度提供的各式各樣之法律保護，在企業非商業性、管理性的競爭因素和市場競爭中，建立讓對手難以超越的競爭門檻，謀求在商業上最大的經濟利益。目前大陸屢屢傳出搶註台灣著名未再大陸註冊之產品商標，本文將藉由台商上島咖啡之商標權糾紛為例，可以啟發或引伸出來的中國台

商商標權法律戰略，包括未註冊商標之法律保護戰略、商標選擇戰略（兼顧合法性、顯著性與新穎性）、及時取得與積極防止侵權的商標權保護戰略、廣告產品未出商標權先註多註之戰略外，台商商標權最高法律戰略目標應設為申請馳名商標，如此對於被侵權之台商保護商標權利將更有力量，同時也將更增進台商企業商標之商業價值。

一、前言

　　法律，可以是一種商業上的手段；在企業殘酷的市場競爭中，法律與企業管理、商業策略的跨領域結合趨勢，更可能讓法律本身就成為是一種生意。尤其從智慧財產權的觀點來看，法律正成為一種商業手段，或者，也是屬於生意的一種，眾所周知，歐美諸國企業就是以知識經濟，也就是以智慧財產權為發展重心，同時輔以必要的商事法律戰略，在全球經濟佔有領先地位的最好例子。以智慧財產權的重要領域商標法方面為例，更廣為兩岸台商受企業重視，尤其兩岸間的經貿關係越來越緊密，自從大陸於 2001 年頒佈新修訂商標法，允許自然人可註冊商標後，大陸隨即產生一批職業「註標人」（俗稱：商標老鼠），在中國大陸搶註各種知名或可能成名的商標，舉凡旺旺、新東陽等台商，乃至台灣熱門產品商標，如阿里山茶葉[1]、金門高粱酒[2]等，都曾遭大陸職業註標人搶註，因為這些都蘊

---

[1] 台灣產茶地名及特產地名，可就沒這麼幸運，近年台灣產茶地名遭人在中國搶先註冊商標，導致茶農、茶商權益嚴重受損。據了解，台灣農特產品遭人搶註冊情形非常嚴重，除茶葉外，池上米、古坑咖啡、新竹米粉、貢丸等在大陸都是註冊在案的商標。台灣著名茶葉產區名稱卻在大陸遭到搶註，但除阿里山茶葉在大陸因廣具知名度，最符合「地域保護」資格，其餘各區關聯性不強，未必能獲大陸商標法的支持，且台灣著名景區遭台灣或大陸業者搶註，經查證發現，「凍頂」的商標註冊期限早已過期，其餘六枚商標，仍有待台灣茶農跨海興訟。

[2] 年營業額高達九十億元台幣，被視為金雞母的「金門高粱酒」，在 2005 年 11 月取得大陸商標註冊證，在此之前曾因「商標蟑螂」搶註，飽受「金門高粱

藏重大商業利益。這造成企業商標侵權是近年大陸增加最多的智慧
財產權侵權案例，但由於打侵權官司相當耗時繁瑣，大多數企業多
選擇殺雞儆猴方式處理，希望能起些嚇制作用。以著名的台商「永
和豆漿」為例，單是上海一地以「永和」開頭的豆漿店即有數百家，
根本無力一家家告上法院，最後只好先選擇開店數較多的侵權公司
開刀。畢竟，在未來兩岸經貿競爭當中，台灣若要持續取得領先地
位，則也必須與歐美諸國一樣，以知識經濟為帶動經濟繁榮的基礎，
更注重智慧財產權的保護，促使台商更重視在中國的知識產權權
益，其中最基礎的觀念，就是把智慧財產權當成一種生意，建立自
己的智慧財產權戰略，以利搶占中國市場，增強本身競爭力，尤其
目前兩岸商標註冊交流資訊仍有隔閡[3]，台商本身更該提早開始體認

酒」、「金門王高粱酒」等魚目混珠商標的困擾，後來，經過金酒公司自行「舉
證」，證明「金門高粱酒」行之有年，終獲大陸同意以「馳名商標」提出申請，
並由福建省工商管理局逕行註銷這兩家雷同商標的登記。

[3] 兩岸商標註冊之現況，依據台灣經濟部智慧財產局的調查，現狀如下：（一）
兩岸商標保護制度，均採屬地主義，商標之效力互不及於對方地區，任何
一方之廠商如欲在對方地區取得商標權必需向對方之商標主管機關申請商標
註冊。（二）台灣廠商赴大陸地區申請商標註冊案件，自78年年起至93年底止
計有9萬114件，尚在逐年增加中。自78年至每年統計之申請數字如附表：
（三）大陸地區人民在我方申請註冊者，自82年至94年底止，總計2591件。
（四）透過上面數據顯示，同一期間內（82-93），台灣廠商赴大陸申請註冊
之案件數，約為大陸來台申請件數的40倍。伴隨而來，則是商標仿冒、搶先
註冊糾紛的增加。由於台灣業者至大陸地區申請註冊之案件數量遠大於對方
至我方申請註冊者，因此並不具備主動採取反制措施的空間。仍宜透過兩岸
進行保護智慧財產權之溝通協商，以達成共同打擊仿冒及搶註行為之共識，
或積極進行兩岸學術及實務交流，以民間方式建立兩岸智慧財產權互動暨保
護機制等方法。來落實對於相關產業及智慧財產權之保護。此外，關於商標
搶註問題是否得透過WTO機制解決的問題，因為WTO的爭端解決機制係提
供會員之間產生爭端時的解決機制，因此是會員與會員之間就IP保護產生爭
議之解決，並非針對權利人之間，或權利人與非權利人間之爭議，所以是
「官告官」的模式，並非解決「民告官」或「民告民」的問題。爭端解決機
制所規定之方式包括有磋商、談判、調停、斡旋、專家小組以及上訴機構等，
必須磋商談判不成，才會進入司法性質的專家小組審查。此外，爭端之原因
必須指出對方之法律內容或措施違反WTO的規定。以搶註商標為例，依照
中國大陸法律規定，可以主張商標註冊不當而請求撤銷，尚未達於法律規定
或措施違反WTO規定之程度，故目前訴諸WTO爭端解決之時機尚未成熟。

這個趨勢，保障自身權益，因此，本文將以台商上島咖啡的商標權
糾紛為例，分析台商在中國市場應有的商標權戰略。

　　目前隨著台、外商在中國商標保護要求的提高，以及中國大陸
社會本身商標保護意識的覺醒，近年來中國商標註冊申請量增長快
速。據中國國務院新聞辦公室在發表的中國知識產權保護的新進展
白皮書中表示，1980 年中國全國商標註冊申請量才僅為 2 萬多件，
1993 年達到 13.2 萬件。2000 年至 2004 年，商標註冊申請量分別連
續躍過 20 萬件、30 萬件、40 萬件和 50 萬件四個大關，申請總量達
190.6 萬件，比 1980 年至 1999 年 20 年申請總量還多 25.6 萬件，占
1980 年至 2004 年 25 年申請總量的 53.6%。2004 年商標註冊申請量
達 58.8 萬件，比上年增加 13.6 萬件，增長約 30%，是中國加入 WTO
當年的 2.17 倍。截至 2004 年底，中國的註冊商標累計總量已達 224
萬件。而伴隨著中國投資環境的不斷改善，特別是加入世界貿易組
織後，台、外商在中國申請、註冊商標的數量不斷增長。1982 年台、
外商商標註冊申請量為 1565 件，到 1993 年超過 2 萬件，2004 年則
超過 6 萬件。1979 年前，來中國註冊商標的國家或地區僅為 20 個，
註冊商標總計 5130 件；到 2004 年底，來中國註冊商標的國家或地
區已增加到 129 個，累計註冊商標達 40.3 萬件，比 1979 年增長近
79 倍，約占中國註冊商標累計總量的 18%。

　　關於最受外界關注、影響台、外商商標權益方面的馳名商標保
護部分，在國際壓力下，中國國家工商行政管理總局目前在商標異
議案件、商標爭議案件和商標管理案件中認定 400 多件馳名商標[4]，以

---

[4]　在國際壓力下，中國各級工商行政管理機關把馳名商標作為商標保護工作的
　　重點，加大對馳名商標的保護力度，嚴厲打擊侵犯馳名商標權益的各種違法
　　行為。在 2001 年至 2004 年，中國全國各級工商行政管理機關共查處各類商
　　標違法案件 16.96 萬件，其中商標一般違法案件 5.66 萬件，商標侵權假冒案
　　件 11.3 萬件（含涉外商標侵權假冒案件 1.2 萬件），收繳和消除侵權假冒商標

2004 年為例，中國國家工商行政管理總局公布，其先後認定保護了
153 件馳名商標，其中有外國企業馳名商標 28 件[5]。

此外，台灣所稱之「智慧財產權」，在中國叫做「知識產權」，
這已經是屬於中國的法律名詞，其英文翻譯是 Intellectual Property，
「知識產權」已是中國特有的法律名稱，有如台灣所稱之「智慧財
產權」。中國政府並設有「國家知識產權局」，一如台灣政府在經濟
部下設有「智慧財產局」，因此，本文中提及大陸法律名詞時，將統
一使用之。

二、台商上島咖啡商標權糾紛之事實始末

台商杭州上島咖啡食品有限公司，申請中國國家工商行政管理
局商標評審委員會撤銷「上島及圖」商標乙案，於 2005 年 7 月 3 日，
已經北京市高級人民法院終審判決「撤銷上島及圖商標」，維持了商
標主管機關的撤銷決定，撤銷了北京市中級法院之原判判決，這在
中國台商間引起熱烈的討論，因為，這項台商的商標權糾紛牽涉複

標識約 5.29 億件（套），移送司法機關追究刑事責任 286 件共 300 人。尤其
是 2004 年，根據中國國務院保護知識產權專項行動和國家工商行政管理總局
開展保護註冊商標專用權行動方案的部署，中國全國工商行政管理機關以保
護馳名商標、涉外商標，查處食品、藥品商標侵權案件為重點，進行三次保
護註冊商標專用權專項整治行動，據統計，2004 年中國全國各級工商行政管
理機關共查處各類商標違法案件 51851 件，其中查處涉外商標案件 5494 件，
比 2003 年增加 1.6 倍。在查處的 51851 件商標違法案件中，商標一般違法案
件 11680 件，商標侵權假冒案件 40171 件，比 2003 年增加 51.66%，收繳和
消除商標違法標識 3895.18 萬件，收繳專門用於商標侵權的模具、印版等工
具 28.08 萬件，沒收、銷毀侵權物品 5638.53 噸，移送中國司法機關追究刑事
責任案件 96 件共 82 人。另外，據中國公安部門公布的數據，2000 年至 2004
年，中國全國公安機關共破獲侵犯知識產權犯罪案件 5305 起，涉案總金額近
22 億元人民幣，抓獲犯罪嫌疑人 7100 人。其中破獲侵犯商標專用權案件 4269
起，涉案總價值 11.8 億餘元人民幣，抓獲犯罪嫌疑人 5564 人。一批侵犯知
識產權犯罪案件被按照生產、銷售偽劣產品罪和非法經營罪定罪處罰。
[5] 以上相關數據可參考，中國國家知識產權局主編，中國知識產權年鑑 2004，
北京：知識產權出版社，2004 年 12 月，第 1 版，頁 209。

雜，甚至包括中國法院對於台灣已註冊但在大陸尚未註冊商標之法律見解，也敦促台商要建立企業本身商標權法律戰略的共識，本文將以二〇〇五年七月二十二日，北京市高級人民法院行政判決書（2005）高行終字第 111 號，關於「上島咖啡商標撤銷案經北京市高級人民法院終審判決」，先行分析台商上島咖啡商標權糾紛之事實始末，並為便利讀者瞭解，以時間做順序，簡要敘述其事實，其後，再評析北京市高級人民法院終審判決的結果，觀察目前中國法院對商標權的實務見解發展方向。

1. 1986 年 11 月 25 日，台商陳文敏向台灣智慧財產局申請註冊「上島及圖」商標，該商標於 1987 年 8 月予以註冊公告。

2. 1997 年 6 月 5 日，海南唐城房地產開發有限公司與台商陳文敏訂立合作協議書，雙方約定合作投資成立「海口上島咖啡店」。

3. 1997 年 7 月 10 日，台商廣泰公司就「上島及圖」商標（即爭議商標）向中國國家商標局提出註冊申請，該商標於 1998 年 9 月 14 日核准註冊於國際分類第 30 類「咖啡、咖啡飲料、如奶咖啡飲料、可可產品、茶糖」等商品，註冊號為 1207183，註冊有效期自 1998 年 9 月 14 日起至 2008 年 9 月 13 日止。

4. 1998 年 3 月 26 日，游昌勝與內地公司合資成立海南上島公司。自公司成立至 2000 年 4 月陳文敏任該公司的總經理。1999 年 5 月 28 日，經中國商標局核准，廣泰公司「上島及圖」商標轉讓給海南上島公司。

5. 2000 年 7 月 29 日，海南上島公司招開董事會，議題包括上島咖啡商標註冊轉讓事宜，同日簽署的「上島咖啡註冊商標轉移協議」載明：「原上島農業開發有限公司登記註冊的商標，在上海公司（由原受益股東）註冊完畢之後，無條件地

轉移至新的公司。」游昌勝在轉移人和受益人處均有簽名，陳文敏在受益人一欄內簽字。2001 年 8 月 11 日，上海上島公司成立，該公司係游昌勝等台商與大陸內地企業合資開辦，陳文敏既不是該公司股東，也未在該公司任職。2002 年 5 月 30 日經商標局核准，海南上島公司將「上島及圖」商標轉讓給上海上島公司。

6. 2003 年 3 月 19 日，陳文敏與杭州上島公司簽訂了許可協議，許可杭州上島公司使用「上島圖案」美術作品，陳文敏保證不向任何第三方授予許可使用「上島圖案」的權利。

7. 2003 年 4 月 19 日，季紅波（浙江省富陽市人）舉報陳文敏以杭州上島公司名義騙其簽定許可使用杭州上島公司享有專用權的「上島及圖形」商標許可使用合同。杭州市工商行政管理局立案審查。因此，陳文敏、杭州上島公司遂於 2003 年 4 月 22 日就「上島及圖」商標註冊行為侵犯陳文敏的著作權和杭洲上島公司對「上島及圖」作品的使用權為由，向商標評審委員會提出撤銷「上島及圖」註冊商標申請，商標評審委員會依法受理。

8. 2003 年 7 月 31 日，杭州市工商行政管理局作出處罰決定，認定杭州上島公司未經「上島及圖」商標專用權人上海上島公司授權許可生產、銷售咖啡產品，則令停止侵權、沒收侵權產品及包裝；罰款 10 萬元。

9. 2003 年 8 月 16 日，上海上島公司向商標評審委員會提出了答辯狀，認為陳文敏參與了爭議商標註冊的全過程，該商標的註冊不侵犯陳文敏的著作權。為證明爭議商標的註冊得到了陳文敏的許可，上海上島公司向商標評審委員會提交了相關證據。

10. 2003 年 9 月 19 日，杭州上島公司和陳文敏向上海市第二中級人民法院提起訴訟，認為上海上島公司將「上島圖案」作為商標使用，侵犯了陳文敏的著作權和杭州上島公司對陳文敏美術作品的使用權。上海市第二中級人民法院經審理作出第 192 號判決，該判決認定，陳文敏完全了解「上島圖案」美術作品已被用於 30 類商品商標註冊，也同意將相關註冊商標轉讓給上海上島公司。雖然工商註冊材料未顯示陳文敏系海南上島公司的股東，但陳文敏作為該公司的總經理，對自己在任期間公司所發生的、與自己有重大利益關係的有關商標註冊、轉讓的重大事項，推拖不知，不合常理。根據現有證據，不足以認定上海上島公司在經營活動中使用兩註冊商標以及「上島圖樣」美術作品的行為，侵犯了陳文敏的著作權及杭州上島公司對「上島圖案」美術作品的使用權。陳文敏和杭州上島公司又從公司的正常經營考慮申請撤訴，上海市高級人民法院作出（2004）滬高民三（知）終字第 59 號民事裁定，准許陳文敏和杭州上島公司撤回上訴。

11. 2004 年 7 月 2 日，中國商標評審委員會作出商評〔2004〕第 3135 號裁定。該裁定認定：陳文敏在先創作的「上島及圖」標示的圖案設計具有一定獨創性，應當是為受中國著作權法保護的商品，陳文敏對該作品享有的著作權受我國著作權法的保護。根據著作權法第二十四條、第二十六條以及《中華人民共和國著作權法實施條例》（簡稱著作權法實施條例）第二十三條的規定，著作權的許可使用屬於要式法律行為，使用他人作品應當經過著作權人明確許可，並同著作權人訂立許可使用合同。上海上島公司稱陳文敏知曉本案爭議商標的註冊過程，但未提交「上島及圖」商標原始註冊人廣泰公司

與著作權人陳文敏訂立的著作權許可使用合同，或者陳文敏明確許可廣泰公司將其作品「上島及圖」圖案申請商標註冊，可以認定廣泰公司是在未經註冊的情況下，擅自將陳文敏享有著作權的「上島及圖」標識圖案申請商標註冊，其行為侵犯了陳文敏享有的在先權利。商標評審委員會根據商標法第三十一條的規定，撤銷由廣泰公司註冊的「上島及圖」商標[6]。

三、對中國法院上島咖啡商標權糾紛終審判決之評析

北京市高級人民法院認為，台商上島咖啡這件商標權案之爭議，關鍵焦點在於上述糾紛事實中的第三點，台商廣泰公司1997年7月在大陸申請註冊爭議商標時，是否事先徵得了已在台灣擁有註冊商標之商標權人，以及創作商標文字圖樣的著作權人陳文敏的許可。

根據中國商標法第31條的規定，「申請註冊商標不得損害他人現有的在先權利」。陳文敏對與本案爭議商標標識相同的美術作品「上島及圖」享有著作權，這是不爭的事實。中國著作權法第24條第一款規定，使用他人作品應當同著作權人訂立使用許可同。因此，陳文敏有權決定是否許可他人使用「上島及圖」美術作品，包括將該美術作品用於申請商標註冊。就本案而言，無論是商標評審程序還是訴訟程序中，雖然上海上島公司向商標評審委員會和一審法院提交了大量證據欲證明陳文敏對爭議商標的註冊和轉址知曉並認可。但恰恰在本案最關鍵的事實，即廣泰公司是否在事先得到陳文

---

[6] 上述事實，並有「上島及圖」台灣智慧財產局註冊資料、陳文敏與海南唐城房地產開發有限公司1997年6月簽定的成立海口上島咖啡店合作協議、本案爭議商標檔案、本案爭議商標轉讓申請書、2000年7月29日海南上島公司會議紀錄和杭工商商廣處字〔2003〕161號《處罰決定書》、(2003)滬二中民五(知)初字第3135號《關於第1207183號「上島及圖」商標爭議裁定書》、當事人陳述等證據在案佐證。

敏本人明確授權後實施的「上島及圖」商標申請註冊行為無法得到
證實，而能夠證明的均是「上島及圖」被註冊商標以後陳文敏對該
商標的轉讓和使用的意思表示。

　　因此，在 2000 年 7 月 29 日海南上島公司股東會上陳文敏同意
將上島咖啡註冊商標無條件轉讓給上海上島公司，由此可以推定陳
文敏事後得知其作品已經被註冊為商標，且未表示反對，但不能認
為廣泰公司申請註冊爭議商標時是先徵得了陳文敏的許可。

　　上海市第二中級人民法院對其受理並已經審理終結的陳文敏和
杭州上島公司訴請上海上島公司侵犯著作權一案作出的第 196 號民
事判決，也只是根據上海上島公司提供的證據，認定上海上島公司
在經營活動中使用本案爭議商標和「上島及圖」美術作品未侵犯陳
文敏著作權，並未涉及爭議商標的註冊行為是否事先徵得了陳文敏
的許可。正是因為上海是第二中級人民法院受理的民事侵權案件與
商標評審委員會受理的商標評審案件爭議的內容不同，決定了兩個
案件性質的不同、審理範圍不同、適用法律和審理結果的不同。故
使用商標評審委員會將商標的註冊行為和註冊商標的轉讓、使用行
為界定為不同性質的行為，在對本案爭議商標應否予以撤銷的審查
中，未以上海是第二中級人民法院第 196 號民事判決認定的事實和
判決結果為依據，而認為陳文敏事後同意並參與爭議商標的轉讓以
及許可他人使用的行為不能視為陳文敏對「上島及圖」商標權力歸
屬沒有異議並無不當。

　　從以上分析，可以看出中國法院目前對於台灣已註冊但在大陸
尚未註冊商標之法律見解，那就是北京市高級人民法院認為，台商
廣泰公司申請註冊爭議商標時並未徵得陳文敏許可，至少侵犯了陳

文敏的著作權,其行為具有違法性[7],換言之,雖然中國法院對於台灣已註冊商標權在大陸得否享有 WTO 會員國相關 TRIPS 之權益,並未有正面之回覆,但至少承認台商在創作商標方面之著作權。因此,2000 年 7 月 29 日,雖然陳文敏得知其作品被申請註冊為商標未表示反對意見,但該意思表示陳文敏並無法律上的拘束力。後雙方發生糾紛,陳文敏於 2003 年 4 月 22 日在法定訴訟時效期間內申請撤銷爭議商標,商標評審委員會予以審理並撤銷爭議商標並無不當。上海上島公司以陳文敏違反誠實信用原則,禁止反悔為由進行抗辯,北京市高級人民法院認並不給予支持。因此,北京市高級人民法院認為,商標評審委員會、陳文敏和杭州上島公司所提上訴理由成立,其撤銷一審判決,維持商標評審委員會所做商評字〔2004〕第 3135 號裁定之請求應予支持。一審判決認定事實和使用法律均有錯誤,應予糾正。因此,依照《中華人民共和國行政訴訟法》第六十一條第(二)項、第(三)項和最高人民法院關於執行《中華人民共和行政訴訟法》若干問題的解釋第七十條之規定,北京市高級人民法院認為撤銷北京市第一中級人民法院(2004)一中行初字第 686 號行政判決,並維持國家工商行政管理總局商標評審委員會商評字〔2004〕第 3135 號《關於第 1207183 號「上島及圖」商標爭議裁定書》。

四、從上島咖啡商標權糾紛案例分析台商應有之商標權法律戰略

所謂「商標戰略」是企業為了本身的長遠利益和發展,如何在法律與市場手段中,戰略性運用商標法律制度提供的各式各樣之法

---

[7] 關於此案中國法院的法律見解,可詳閱 2005 年 7 月 22 日,北京市高級人民法院行政判決書(2005)高行終字第 111 號,關於「上島咖啡商標撤銷案經北京市高級人民法院終審判決」之判決書。

律保護[8]，在企業非商業性、管理性的競爭因素和市場競爭中，建立讓對手難以超越的競爭門檻，謀求在商業上最大的經濟利益[9]。

藉由台商上島咖啡之商標權糾紛為例，可以啟發或引伸出來的中國台商商標權法律戰略，現統一敘述如下：

（一）未註冊商標之法律保護戰略

未註冊商標，即未經該地政府商標局核准註冊，沒有取得商標專用權的商標。未註冊商標也屬於商標的種類之一，儘管未註冊商標不能享有商標專用權，得不到商標法的保護，但未必不能得到其他智慧財產權法律的保護，徵諸實際，台灣有不少中小型企業，在事業尚未鴻圖大展之時，往往資金周轉困難，多數不會想到台灣以外的區域去註冊商標，可是一旦企業壯大，卻往往會發現，自己企業暢銷產品商標，已經遭到「商標老鼠」搶駐，這時企業其實並非無路可走，其實還是可採取以下戰略，來保護未註冊商標。

---

[8] 從現代社會化大生產與市場貿易的發展趨勢來看，商標戰略在企業智慧財產權戰略體系中的地位與作用逐步攀升與凸現。這是因為：(1)在現代資訊激增與買方市場的格局中，消費者的注意力資源愈來愈成為企業賴以生存的重要經濟資源。在聚集消費者注意力的各種企業標識中，商標是受到法律有效保護的居於核心地位的要素；(2)傳統的市場競爭以產品的價格競爭為主導特徵，故決定產品性能價格比的技術性因素與專利戰略起著主導作用，而現代市場競爭逐漸向非價格競爭的方向演變，故在產品性能價格化差別不大的條件下，企業的非技術性競爭能力及商標戰略的重要作用開始與企業的技術性競爭能力及專利戰略的重要作用並駕齊驅；(3)在傳統企業管理組織模式下，專利管理由技術開發部門負責，商標管理由市場營銷部門負責，而在現代智慧財產權體系要素一體化的趨勢下，這種部門壁壘式的職能劃分已顯捉襟見肘。由於商標不僅表徵著商品來源，而且表徵著產品或服務的質量品質與市場信譽，這種非技術要素與技術性要素天然的辯證統一關係，要求智慧財產權保護的設計與運作走整體強化之路。

[9] 關於企業的商標戰略，可參考何敏主編，「企業知識產權保護與管理實務」，北京，法律出版社，初版，2002年，頁239-262。

1. 商標圖形與文字可享著作權

上島咖啡商標權糾紛之案例，北京終審判決的理由之一，就是商標創作人陳文敏擁有著作權。商標通常以優美的圖形，輔之以漂亮的美術字附置於商品之上。根據中國《著作權法實施細則》第 4 條的規定，構成商標的美術字或圖案或二者的結合是可以作為美術作品享有著作權的。在西方許多國家，商標使用人很善於利用著作權法與商標法對商標圖案的這種重疊與交叉進行保護。他們往往在商標及裝潢圖案上標明著作權保留的標記，一旦他人搶先註冊並將帶有該圖案的商標標識貼在商品上，未註冊商標使用人則依著作權的「自動產生原則」，以「先權利人」的身份訴請宣告註冊者的商標註冊無效。在實踐中並非所有的未註冊商標均能得到著作權法的保護，企業運用著作權法保護其未註冊商標，在使用人、商標圖案方面必須符合著作權法有關著作權人及作品的規定。

2. 公司名稱與商標一致戰略

不少企業的商標名稱，就是其公司的名稱，如康師傅。這將可使商標，不只受到相關智慧財產權法保護，還可以受到公司法的保護，畢竟，商標一旦創造或設計出來，搶先註冊者雖然享有商標專用權，但未註冊者在某種程度上享有一定的民事權利。目前在中國實務界，某些企業的企業名稱與商標一致，若企業未將此商標註冊，企業不能就此商標享有專用權，但依中國《民法通則》的規定，卻可享有法人名稱權。此時該註冊商標就具有人身權的屬性，企業對之享有一定程度的專屬權和絕對權，任何人未經企業的同意不得擅自使用此商標或搶先將其註冊，否則為民事侵權行為，企業可依侵犯名稱權之訴，援引《民法通則》第 120 條的規定尋求保護。

3.產品商標外觀申請外觀設計專利權

一如台灣專利法有「新式樣」，保護外觀視覺為主要效果的專利權利，中國專利法也有規定，外觀設計可以申請專利，取得專利法的保護。外觀設計是指對產品的形狀、圖案色彩或者其結合所作出的富有美感並適於工業應用的設計，它與商標都是置於產品的表面或商品的包裝上，都可以由某種圖形組成，對產品起到美化和裝飾的作用。因此，商標的外觀設計，當然也可以申請專利，也就是在產品上設計一個圖案，既可以做商品的商標，又可用作產品的外觀設計。所以，企業如果暫時不能或不願申請商標註冊，則可考慮申請外觀設計專利，並運用專利法來保護自己的未註冊商標。但是，在中國運用外觀設計專利保護未註冊商標，依法應符合下列三個要件：(1)該圖案必須附置於外觀設計產品之上，是作為外觀設計專利的一部分，而不能游離於外觀設計之外；(2)外觀設計專利權人必須是未註冊商標的使用人；(3)保護對象只能是商品商標，而不適於服務商標。

4.尋求《反不正當競爭法》的保護

中國 1993 年施行《反不正當競爭法》，對未註冊商標的保護有相應的規定。未註冊商標使用人尋求保護時須符合以下要件，該未註冊商標須是「知名商標」，侵犯的是「知名商標」特有的名稱、包裝、裝潢，或者使用與知名商標近似的名稱、裝潢，侵害的後果是造成和未註冊的知名商標相混淆，並使購買者誤認為是該知名商標。

（二）商標選擇戰略：兼顧合法性顯著性新穎性

以台商上島咖啡之商標權糾紛為例，帶給台商中國商標權法律戰略的重要啟示，就是選擇商標首先要考慮在法律上的有效性，能夠獲得註冊、受到保護。現行中國商標法要求申請註冊商標，必須具有合法性、顯著性、新穎性，為的就是避免違反中國商標法第31條「申請註冊商標不得損害他人現有的在先權利」之規定，所謂「合法性」，指申請商標名稱和圖形註冊，必須符合法律規定，主要指商標的構成不含有商標法所禁止使用的文字和圖形（中國商標法第8條），以及不侵害他人的現有權利；所謂「顯著性」，指商標對於商品來源的區別能力，也就是一般消費者購買產品時的確認符號；所謂「新穎性」，指商標名稱或者圖形不得與同一種或者類似商品上已經註冊的和初步審定的商標相同或者近似。

（三）商標保護戰略：及時取得與積極防止侵權

上島咖啡的案例，給予企業的商標權保護啟示，尚有企業對商標權的自我保護，至少應該做到及時取得與積極防止侵權，試想上島咖啡商標權利人，若於一開始就積極及時主動，取得商標專用權，同時發現有侵權情事，不是「不表示反對」，讓自己的權利睡著，主動積極防止侵權，就不至於有後來的侵權官司纏訟多年。

所謂即時取得商標專用權，就是指某個特定主體（包括法人和自然人）即時依法定條件及程序獲得商標專用權，商標權的取得可為原始取得和繼受取得兩種[10]，絕大多數的商標權都是原始取得，中

---

[10] 凡商標所有人對其使用的商標權的取得是最初的，即不是以原來的商標所有人的商標及其意志為依據而產生的，就稱為原始取得；凡商標所有人商標權的取得不是最初產生的，而是以原商標所有人的商標及其意志為依據而產生的，就是繼受取得。目前，世界各國，就商標權的原始取得大體上採取三

國商標法規定,對原始取得採用註冊取得制,同時適用申請在先原則和同日申請原則。我國《商標法》第18條規定,兩個或兩個以上的申請人在同一種商品或類似商品上,以相同或者近似的商標申請註冊的,初步審定並公告申請在先的商標;同一天申請的,初步審定並公告使用在先的商標,駁回其他人申請,不予公告。這後一種情況,便體現了使用原則的作用,是註冊原則的例外。依註冊原始取得商標權,必須遵守《商標法》規定的商標的註冊程序,按商標註冊的申請、審查和核准程序辦理。

此外,及時取得商標權,還可以引伸出「註冊防禦性商標」戰略,這是國際大型企業保護註冊商標的常用策略,以中國大陸的馳名商標「娃哈哈」為例,其為保護其商標權及商標信譽不受侵害,又申請註冊以「哈哈娃」、「哈娃娃」等商標。防禦性商標有聯合商標和防禦商標兩種。聯合商標,是指同一個商標所有人將自己擁有的與其註冊商標近似的若干商標,使用於同種或類似商品上,從而形成多個或系列商標的聯合[11]。

關於積極防止侵權,這是指取得商標專用權後,未經商標所有人許可,其他人不得使用,否則即構成侵權。侵犯商標專用權的行

種不同的原則,即使用原則、註冊原則、混合原則。根據使用原則,誰首先使用該商標,商標權就屬於誰;而根據註冊原則,誰最先申請商標註冊,商標權就授予誰;混合原則是使用原則和註冊原則的折衷適用。商標權的繼受取得有兩種情況:一是根據轉讓合同,出讓人向受讓人有償或無償地轉讓商標專用權;另一種是根據繼承,由法定繼承人繼承已死亡的被繼承人的商標權。

[11] 若干近似的商標為聯合商標,最先註冊使用的商標為正商標,如以中國大陸的馳名商標「娃哈哈」為例。所有人為保護其商標專用權及商標信譽不受侵害,又申請註冊以「哈哈娃」、「哈娃娃」等商標。防禦商標,是指同一商標所有人在本商標所使用的商品以外的其他商品上註冊的同一馳名商標。如馳名飲料商標「可口可樂」在34類商品上註冊為防禦商標。中國大陸的國家商標局雖然在實踐中已開始受理防禦商標的註冊申請,但又規定:「自1995年1月1日起,防禦商標的註冊範圍以註冊人的營業範圍為准」,此規定對防禦商標的註冊限制過於嚴格。

為主要有：(1)假冒侵權，即未經註冊商標所有人許可，將與他人相同商品的註冊商標使用在非註冊商標的商品上構成的侵權；(2)類似侵權，是指商品雖然不同，但在中國國家商標局頒佈的商品分類中屬於同一類，以「類」的角度為依據而構成「類似商品」，類似商品使用了在同一類中的其他商品的註冊商標，應認定為「類似侵權」；(3)近似侵權，近似侵權是指商標與他人的註冊商標構成近似的侵權，前提是在相同的商品或類似的商品上擅自使用了與他人註冊商標相近似的商標；(4)經銷侵權，一是指銷售明知是假冒註冊商標商品的侵權行為；二是指經銷明知或者應知是侵犯他人註冊商標專用權的侵權行為；(5)印製侵權，偽造、擅自製造他人註冊商標標識的侵權行為及違反商標印制的有關法律規定而構成的侵權；(6)裝潢侵權，將他人的註冊商標作為自己商品的裝潢中的一部分使用的；(7)銷售侵權，銷售偽造、擅自製造的註冊商標標識的侵權行為；(8)協調侵權，故意為侵犯他人註冊商標專用權行為提供倉儲、運輸、郵寄、隱匿等便利條件的侵權行為；(9)事後侵權，是指在使用未註冊商標過程中他人進行了商標註冊，此後繼續使用便構成了侵權行為；(10)廣告侵權，一些廠家在產品上市之前，先推出廣告，廣告中的商標構成對他人註冊商標的侵權。對於以上所有侵害企業註冊商標的侵權行為，在中國大陸，被侵權人依法可以向大陸縣級以上工商行政管理部門要求處理，或向人民法院提起訴訟，責令侵權人承擔相應的民事、行政或刑事責任。

（四）廣告與產品未出前商標權先註多註

廣告對於商標具有十分重要的作用，商標被認為是廣告中的焦點，以商標為核心進行廣告宣傳，能夠最直接地提高商標的知主名度，強化廣告的宣傳效果，起到畫龍點睛的作用，使消費者耳熟能

詳，在腦海中留下深刻的印象，從而方便消費者對商品的熟悉、識別和購買，具體而言，廣告突出宣傳商標的作用主要有：(1)擴大商標知名度，有利於開拓市場推銷商品；(2)有利於提高商標的地位，使顯著性不足的商標逐步強化，提高其區別力；(3)商標進行廣告宣傳可以視為使用，避免商標專用權因不使用而喪失效力；(4)商標廣告可以作為使用證據，在實行使用原則的國家，對抗他人的在先申請。

但廣告費用花費龐大，所以，過去為台商上島咖啡股東，現在為中國台商兩岸咖啡總經理金梅央，在 2006 年 7 月 4 日早上九點二十分接受台灣復興廣播電台兩岸櫥窗節目主持人彭思舟專訪時表示[12]，商標權註冊完成，一定要先於商標廣告，否則一旦商標權發生糾紛，損失將會更巨大。為更好保護商標，企業應該是廣告未做，商標先註。甚至，產品未出，商標就要搶先這冊。指的是產品尚未出現在市場上，或尚未出口到他國，應事先在本國或外國申請註冊商標。此外，值得注意的是，商標權註冊即使完成，但仍然有期限，因此，期限未到，續展趕先，尤其是對「馳名商標」而言。在中國商標註冊後，每滿 10 年必須續展一次。10 年中往往可能更換了法定代表人，其他管理人員也可能更換不少，一些企業往往由於交接上的原因，忘記按時辦理商標的續展手續，從而使花了不少錢和精力的名牌商標付諸東流，甚至被他人重新申請註冊。如果出現這一情況，其損失是難以估量的。可見，期限未到，續展趕先，是必要的。

此外，因為廣告費用越來越龐大，以及商標品牌建立需要相當久的時間，所以，如果所有雞蛋都放在一個籃子裡，萬一，辛苦建立的唯一商標產生危機，那可能全盤接輸，所以，有鑑於此，上島咖啡股東，又另外創設「兩岸咖啡」，並且視其為主要經營商標，與

---

[12] 可上網參考復興電台兩岸櫥窗節目詳細內容，http://www.fhbs.com.tw/home.php。

曾發生糾紛的上島咖啡商標做出區隔，這可以衍生出採取多種產品，註冊多個商標戰略，供台商做參考。

所謂採取多種產品，註冊多個商標戰略，最有名的就是美國P&G公司，其針對產品成分、功效不同和市場營銷定位不同的洗髮液分別使用「潘婷」、「海飛絲」、「飄柔」等不同商標。英國的聯合利華公司。該公司的產品有化學品、醫藥品、食品、化妝品、清潔用品、衛生用品等等。該公司使用商標的做法是，每推出一種新產品，就使用一個新商標。這種商標戰略的好處，在於因為不同商品採用不同商標；故某一種商品在市場上的成敗通常只直接影響這單一商標在市場上的信譽，而不會對該商標所有者的其他商品及其所用商標構成直接影響，而且有利於在企業內部所屬各單位間建立內部競爭機制。

不過，也是因為廣告費用越來越龐大，以及商標品牌建立需要相當久的時間，所以也有相反的觀點，認為企業應該專心經營一種商標，採用這種戰略的企業可以是單一產品的生產企業，也可以是跨行業的多類產品的生產企業。但無論是在單一產品上還是多類產品上，他們都始終如一地使用同一個商標。例如，美國的 3M 公司生產的產品種類繁多，從電腦軟碟到廚房用品，各種各樣，可謂五花八門。但是無論是對高科技產品還是普通民用品，3M 公司都使用「3M」這個商標。

尤其對台商而言，多為中小企業，採用單一商標戰略可簡化企業的商標管理，並節約一定的商標管理成本，也有利於依仗業已成名的商標去推銷自己的新產品。但採用這種戰略也有一定的條件和風險，因為在品種繁多的商品上使用同一知名商標，就要求這些商品都要具有與該商標的信譽相稱的均一品質，如果其中二種產品的品質存在與其商標信譽不相稱的缺陷，就會損害該商標的聲譽。這

就要求企業必須具備嚴格、有效的產品品質監控體系，以保證採用同一商標的所有種類的商品都具有一致的高品質，而不允許出現「一粒老鼠屎，壞了一鍋粥」的狀況。

五、結論——台商商標權最高法律戰略目標應設為申請馳名商標

上島咖啡商標權糾紛帶給台商的商標權法律戰略啟示，雖然有「未註冊之商標權法律保護」等四項主要戰略，但上島咖啡如果最初可以申請中國「馳名商標」的認證，那麼後來的爭議解決，可能會變的比較簡單。許多國際上知名的商標品牌，在大陸也常被侵權，但若被侵權的商標，在大陸被認定為馳名商標，那麼被侵權企業保護自己的權利將更有力量，因此，台商商標權最高法律戰略目標應設為申請馳名商標。

例如，美國著名咖啡連鎖商標 Starbucks（大陸中文公司名稱為「美國星源公司」[13]）的中文名稱「星巴克」，發現被上海一家咖啡店（上海星巴克咖啡館有限公司）涉嫌違法使用當商標，因此，Starbucks 向上海法院提起告訴。據上海市第二中級人民法院調查[14]，一九九八年起，美國星源公司以 STARBUCKS 的中文譯名，在中國大陸註冊「星巴克」商標。上海法院認為，星巴克已為中國大陸公

---

[13] 美國星源公司創立於 1971 年，以咖啡為主營業務，自同年在美國西雅圖開設第一家「STARBUCKS」咖啡店開始，經過 30 多年的發展，已成為全球著名的咖啡連鎖經營企業。1976 年，星源公司在美國申請註冊了第一個「STARBUCKS」商標。此後，「STARBUCKS」和「STARBUCKS COFFEE（DESIGN）」商標陸續在全球 120 多個國家和地區申請註冊，核定使用商品及服務達 20 多個類別。1998 年起，星源公司以「STARBUCKS」的中文譯名在中國註冊了「星巴克」商標。2000 年 3 月，經星源公司授權成立了統一星巴克咖啡有限公司，並以上海、杭州、深圳等城市為中心開設了多家星巴克咖啡連鎖店。

[14] 關於本案可參閱中國新華網上海 1 月 4 日的報導，http://big5.xinhuanet.com/gate/big5/news.xinhuanet.com/fortune/2006-01/04/content_4008163.htm。

眾所熟知，應當認定為馳名商標[15]。上海市第二中級人民法院認為這家上海星巴克咖啡館有限公司及南京路分公司侵犯了美國星源公司及旗下的上海統一星巴克咖啡有限公司的商標權，並要求上海「星巴克」停止侵權，賠款道歉，其中包括變更企業名稱，不得包含「星巴克」文字。雖然被告上海星巴克公司辯稱，「星巴克」與「STARBUCKS」是各自獨立的商標，「STARBUCKS」商標與本案無關。上海星巴克公司在企業名稱中使用「星巴克」早於原告「星巴克」商標的註冊時間，因此自己享有在先權利。但上海法院經審理認為，根據原告提供的相關證據證明，「星巴克」是「STARBUCKS」商標文字意譯與音譯的結合體，另從「星巴克」文字使用的時間看，無論是「星巴克」文字的使用還是相關權利的取得，原告星源公司均早於上海星巴克。上海法院認為，上海這家咖啡廳將「星巴克」（Xingbake）商標作為企業名稱登記，並在其經營活動中使用含有STARBUCKS、星巴克 STARBUCKS 文字及圖形商標相同或近似的標識，具有明顯惡意，並構成不正當競爭。上海市第二中級人民法院也作出一審判決指出，上海星巴克咖啡館侵害美國星巴克（Starbucks）商標權，需賠償美方人民幣 50 萬元、並更改企業名稱。美國星巴克也在這場官司訴訟中，被認定為「馳名商標」。這是 2001 年大陸商標法修正案實施以來，上海地區首度出現的跨國馳名商標案。早前，台商永和豆漿也在河南洛陽法院取得馳名商標認證，並且帶動越來越多台商爭取申請馳名商標。

此外，當今世界各主要國家的商標立法及有關國際公約，無不對馳名商標予以特殊的法律保護。《與貿易有關的智慧財產權協議

---

[15] 國際公約及世界貿易組織與貿易有關的智慧財產權協定（TRIPS）規定，「對公眾知曉的外國地名皆限制不得作為商標；其對商品地理標示可能誤導公眾判斷者，亦不予註冊」。

（Trips）》和《保護工業產權巴黎公約》，都確立了對馳名商標的法律地位，並給予特殊的法律保護[16]。中國已於 2001 年底加入予世貿組織（WTO），為此，中國在保護馳名商標的問題上，必須要與保護智慧財產權新的國際標準相銜接，因此，台商商標權最高法律戰略目標應設為申請馳名商標，一方面可以增強對企業商標的保護，另一方面也讓自身企業商標更具備商業價值。

貳、企業之專利法律戰略

重點提示：

　　企業專利法律戰略之主要意義與目的，在企業內部而言，為激勵員工職務創作並保守公司機密、保障企業智財成果與權利，在企業外部而言，則為擴大公司在產業的競爭力，並且建立起市場競爭對手難以超越的競爭門檻；為達到這兩種目的，任何企業都必須要有更高位的專利法律戰略，並以積極建立市場專利競爭門檻、企業內部保密、激勵員工等方向做戰略思考，來規劃企業專利法律戰略。

---

[16] 目前，國際上對馳名商標的特殊保護措施，大致可歸納為以下幾點：(1)對未註冊的馳名商標按使用原則予以保護；(2)賦予未註冊的馳名商標在一定期限內享有「專屬申請權」；(3)賦予馳名商標享有特別期限的排他權。《巴黎公約》第 6 條第 2 款規定，馳名商標所有人對於他人與其馳名商標相衝突的已經註冊的商標，有權在註冊之日起 5 年內享有請求撤銷該註冊商標的權利；(4)賦予馳名商標權人享有不受使用限制的排他權；(5)賦予註冊的馳名商標權人在與他人先註冊的商標發生衝突時，享有繼續使用權；(6)賦予註冊馳名商標的保護範圍遠遠超出一般註冊商標的保護範圍；(7)將註冊的馳名商標的保護範圍擴大到企業名稱上；(8)以註冊防禦商標的辦法擴大馳名商標的保護範圍。

一、前言

　　專利雖然有一定的排他性與市場壟斷性，但它也有一個最致命的缺點，那就是「時效性」，專利並非永遠屬於企業，它有一天，少則十年後，多則二十年，為促成人類科技更進步，所有國際專利制度都設計，專利在時效過後將成為公共財，同時，專利的維護，其實相當昂貴，專利其實就等同於企業的「商品」，如果某項專利企業用不到，就等同企業的「商品庫存」。庫存太久，不但專利會「過期」壞掉，還需要付出不少的專利維持費。因此，企業必須思考如何將專利的「利潤極大化，成本極小化」，因為不能創造價值的專利就是成本，企業每年必須支付專利維護的成本，「專利權重要的不僅是權利的取得，而是如何創造價值，獲取收益」。不過，以在美國、歐洲、兩岸三地，專利擁有數皆為兩岸企業最高的鴻海為例，鴻海光是對P4 連接器登記有一百七十九個專利權，細數連接器的專利件數更高達七千餘件，鴻海每年花在專利維持費用的支出就高達數千萬元台幣，但鴻海卻仍不斷朝擁有更多專利的方向努力[17]。

　　因此，企業任何的專利法律戰略，都必須解決下面兩個問題：(1)是否所有的發明創造都要申請專利？什麼時候申請專利？以避免出現垃圾專利(2)申請的專利如何利用與防止侵權，才能做到「利潤極大化、成本極小化」？因為，專利能創造強大的企業價值。許多的專利所有人允許其他公司以支付授權金的方式，取得專利技術使用權利，成為企業專利營收的主要來源；IBM 為最佳的案例典範。IBM 利用旗下所擁有的龐大專利，向全球的使用者收取專利使用授

---

[17] 相關文章，參考商業周刊第 900 期，「郭台銘用「專利地雷網」獨霸市場」等文章。

權金，創造出每年高達十億美元的專利收入；荷商菲利浦也同樣地透過專利所有權，讓年度財報上有超過 3 億美元被認列為專利收入。

二、專利申請之法律戰略

1. 專利申請時機之法律戰略

是否所有的發明創造都要申請專利？若作為一種營業技術、商業秘密（Know-how）來保護更為有利的，就不申請專利，如美國的「可口可樂」飲料配方，作為企業的技術秘密，至今已有一百多年，因此，不是每一項發明創造都適合申請專利，加以專利維護成本相當高，因此專利的申請時機也很重要，如果一項發明創造，在市場商業應用上，屬於曲高和寡，那在申請時機的抉擇上，也要多加考量[18]。但如果是競爭對手多，或市場需求強，或易被模仿的技術，則應儘快申請專利；此外，屬於企業領先的不易被模仿的技術，可以在競爭對手快要追上時再申請專利，一方面延長了保護期，另一方面也避免了技術過早地公開而給競爭對手可乘之機。

2. 未申請專利之法律保護戰略

一般沒有申請專利的發明創造，可以用商業秘密、營業秘密的相關法律作為保護，在台灣，依照營業秘密法第二條規定：「本法所稱營業秘密，係指方法、技術、製程、配方、程式、設計或其他可用於生產、銷售或經營之資訊，而符合左列要件者：一、非一般涉

---

[18] 在申請之前宜先瞭解一下社會對發明的需求情況，選擇有利的時機申請，以免取得專利後得不到實施而帶來經濟上的損失。如 30 年代初申請的立體聲放音技術的專利，由於當時全球經濟危機、戰爭頻繁，該產品無人問津，直到專利權失效兩年之後，才受到歡迎，該公司不但沒從中獲得好處，反而自付了 20 年的專利費（其中定期 5 年）。

及該類資訊之人所知者。二、因其秘密性而具有實際或潛在之經濟價值者。三、所有人已採取合理之保密措施者。」台灣的營業秘密法也有條件保護外國公司之營業秘密，其第十五條規定，「外國人所屬之國家與中華民國如無相互保營業秘密之條約或協定，或依其本國法令對中華民國國民之營業秘密不予保護者，其營業秘密得不予保護。」觀其規定，對外國人營業秘密之保護係採互惠原則，原則上，若外國無不保護台灣國民之營業秘密，而符合台灣營業秘密法之規定者，其營業秘密受我國營業秘密法之保護。

在中國大陸，將營業秘密稱為商業秘密，其有侵犯商業秘密行為需負法律責任的規定，依照大陸法律上的定義，「侵犯商業秘密行為，是指經營者通過不正當手段，違法獲取、披露、使用或允許他人使用權利人的商業秘密行為」，其規定侵犯商業秘密行為的表現多種多樣，主要有以下幾種：

(一) 不正當獲取他人商業秘密。即侵權人採取不正當的手段直接獲得權利人的商業秘密。侵權人往往採用盜竊、脅迫、利誘、假合作、假交流、高薪挖走權利人的專業技術人才、重金收買知悉商業秘密的人員等手段，有的甚至派遣「工業間諜」長期臥底。

(二) 披露或使用不正當獲取的商業秘密。侵權人侵犯他人商業秘密的根本目的在於獲得經濟利益或謀求競爭優勢。因此，侵權人獲得商業秘密後往往是自己使用，投入到自己的生產、經營之中。有時也出現侵權人受利益驅動，允許第三人使用商業秘密。也存在侵權人為了削弱商業秘密權利人的競爭優勢，披露、擴散該商業秘密的內容。

(三) 違反約定或規定侵犯商業秘密。這裏的侵權人主要是那些合法掌握他人商業秘密的人，包括權利人的職工、與權利

人有業務關係的單位和個人。侵權人違反保密約定或規定，或者向他人披露、擴散權利人的商業秘密；或者擅自使用權利人的商業秘密；或者允許他人使用權利人的商業秘密。

(四) 第三人間接侵犯商業秘密。主要是指第三人明知或應知侵權人的侵犯商業秘密行為，卻仍然接受、獲取商業秘密，加以使用或者披露、擴散。在這裏，第三人由於實施了上述行為，就成為新的侵權人，只不過其侵權方式為間接而已。

在大陸侵犯他人商業秘密是一種違法行為，侵權人應承擔相應的法律責任。根據大陸法律的有關規定，侵權人承擔的法律責任分為民事責任、行政責任、刑事責任三種類型。

(一) 民事責任。侵犯商業秘密行為的民事責任是基於侵權人實施了侵犯他人商業秘密的行為。該責任的構成應當同時具備以下四個要件：侵權人實施了侵犯商業秘密的行為；侵權人給商業秘密的權利人造成了損害，這種損害既可以是物質的，也可以是非物質的；侵權行為與損害事實之間存在因果關係；侵權人主觀上有過錯，表現為具有侵犯他人商業秘密的故意。

　　在大陸侵犯商業秘密行為，與台灣侵犯營業秘密一樣，民事責任賠償方式，主要有停止侵害、排除妨害、賠償損失、支付違約金、恢復名譽等。其中，司法實踐中最常用的是賠償損失。在這方面，需注意大陸法律規定「賠償直接損失原則」，受害人的間接損失一般不予賠償[19]。

---

[19] 損失賠償額的確定要根據實際情況，受到侵害的經營者的損失可以計算的，賠償額即為該損失額；損失額難以計算的，賠償額為侵權人在侵權期間因侵權所獲利潤損失額和利潤額均難以計算的，應堅持客觀、公平、合理的原則，

(二) 行政責任。根據《反不正當競爭法》、《關於禁止侵犯商業秘密行為的若干規定》，侵犯他人商業秘密，尚未造成重大損失的，除承擔民事賠償責任外，還應承擔行政責任。縣級以上工商行政管理機關有權責令侵權人停止違法行為，並可以根據情節處以一萬元以上二十萬元人民幣以下的罰款。同時，大陸工商行政管理機關有權處理侵權物品：責令並監督侵權人返還載有商業秘密的有關資料；監督侵權人銷毀使用權利人商業秘密生產的、流人市場將會造成商業秘密公開的產品。

(三) 刑事責任。根據大陸《刑法》的有關規定，侵犯他人商業秘密，給權利人造成重大損失的，構成侵犯商業秘密罪。侵權人除承擔民事責任外，還應承擔刑事責任。給權利人造成重大損失的，處三年以下有期徒刑或者拘役，並處或單處罰金；造成特別嚴重後果的，處三年以上七年以下有期徒刑，並處罰金。

在國際上，世貿組織之「與貿易有關之知識產權」協定 Trips 第 39 條，對「未披露資訊」即商業秘密的保護，也作了如下規定：

1. 在確保依巴黎公約 1967 年文本第 10 條之 2 的規定，為反不正當競爭提供有效保護的過程中，成員應該依照以下第 2 款保護未披露的資訊，應該依照以下第 3 款保護向政府或者政府的代理機構提交的資訊。

參照同類經營者、同類技術的平均獲利情況，實事求是地確定賠償數額。法律同時規定，侵權人還應當承擔被侵害的經營者因調查侵權人侵犯其商業秘密的行為所支付的合理費用。

2. 只要有關資訊符合下述條件，則自然人和法人應有可能禁止他人未經允許以違背誠實商業行為的方式，披露、獲取或者使用處於其合法控制下的資訊：

   a. 其在某種意義上屬於秘密，即其整體或者要素的確切體現或組合，未被通常涉及該資訊有關範圍的人普遍所知或者容易獲得；

   b. 由於是秘密而具有商業價值；

   c. 是在特定情勢下合法控制該資訊之人的合理保密措施的物件。

3. 當成員要求提交未披露的實驗或其他資料，作為批准使用新化學成分的藥品或農用化學產品上市的條件時，如果該資料的原創活動包含了相當努力，則成員應該保護該資料，防止不正當的商業使用。同時，除非有保護公眾的必要，或者已經採取措施保證該資訊受到保護免於不正當商業使用，否則成員應該保護該資料防止洩露。」

Trips 關於商業秘密的規定可以概括為以下三個方面：第一、從整體上界定了商業秘密及商業秘密權作為一種知識產權的法律屬性。第二、第 39 條第 2 款規定商業秘密的構成要件，包括「其在某種意義上屬於秘密，即其整體或者內容的確切體現或組合，未被通常從事有關資訊工作的人所普遍所知或者容易獲得」；「由於是秘密而具有商業價值」；「合法控制該資訊的人，為保密已經根據有關情況採取了合理措施」。第三、第 39 條第 3 款專門規定了向政府或政府的代理機構提交的醫用或農用化工產品相關資料的保護。因此，沒有申請專利之發明創造，若能以營業秘密、商業秘密之方式，做法律上的保護，不管在兩岸、國際都是切實可行的。

三、企業專利之利用戰略

根據專利市場分析報告指出，一般只有15%的智慧財產是有價值的，也有研究指出，只有千分之六的發明有商業化的機會，但專利維持費用又非常昂貴，因此，企業基於成本考量，當然更應該要建立現有專利之利用戰略，讓專利創造價值，利潤極大化、成本極小化。一般企業專利利用戰略，包括兩方面，一為本公司所屬專利權之利用與授權、二為對他公司專利權的合作利用，使用專利戰略取勝於市場競爭，已成為國家和企業的共識，深諳此道者當屬日本企業。眾所周知，日本從第二次世界大戰後工業技術幾近空白，一躍成為世界科技經濟強國，為數眾多的日本企業產品在國際市場競爭中所向披靡，其重要原因是其企業大量購買國外專利技術，並在此基礎上消化吸收，開發新技術，適時進行國內外專利申請，將原本外國的專利技術變成本企業的專利，一改被制約者為制約者。本文以下將逐一討論之。

1.本公司所屬專利權之利用與授權

a.專利獨佔戰略

對任何國家的企業都不授予許可實施權，只追求專利權企業獨家利益。但該企業要能承擔開拓市場的風險。

b.專利與產品相結合的戰略

持有基本專利的企業，允許其他企業使用自己的專利，但作為交換的條件，把本企業的產品強加給對方以提高自己在市場競爭中的地位。

c.專利與商標相結合的戰略

商品投放市場後，為了更大利益，可將專利權與相關商標權捆綁式出讓或許可。商標的作用很大，可是為了商標在市場上站住腳，需要相當的時間和大量投資。為了減少商標廣告投資，於是可採用強制使用商標作為使用專利權交換條件的戰略。

d.專利出售戰略

當本企業專利閒置，成為「庫存」或低價值資產存量時，可將專利權當做「商品」積極出售，以活絡企業資本。

e.授權許可實施、使用戰略

許可其他企業實施本企業專利，收取一定的費用。或公司自身生產能力遠不能滿足市場需求的情況下，可許可其他企業使用本企業專利，收取一定使用費的戰略。

2.對他公司專利權的合作利用

a.引進專利戰略

對於其他小公司發展出來、深具市場潛力的專利，大公司將其買下，或者本公司自身不進行技術開發，而專門引進其他企業優秀專利技術的戰略。

b.專利收買戰略

將競爭對手的專利全部買下，從而達到獨佔市場的戰略。與引進專利戰略不同的是，其目的不限於引進利用，最終是為了獨佔市場，但專利收買要適可而止，否則有可能違犯公平交易法、反托拉斯等壟斷禁止法。

c.以所屬專利投資入股戰略

公司以專利技術入股他公司，與當地資本聯合逐步在各國設立合營公司，這種合營公司的中堅技術採用本公司的專利技術，從而掌握其支配權。如美國杜邦公司善於此戰略。

d.交叉許可專利協作戰略

隨著專利技術的複雜化、複合化發展趨勢，即使大企業也不可能獨佔專利技術，於是就出現將各自擁有的技術互相靠攏，簽訂以相互的專利權交叉實施許可合同的戰略，從而形成聯合技術優勢。另外，企業將相互擁有的專利權拿出來合作，是一種協同合作的戰略。多以生產合作的形式出現，以防止專利糾紛。

四、專利侵權之防禦戰略

1.專利侵權之防禦步驟

專利權的顯著特徵在於其壟斷性，即在依法規定的一定時期內，專利權人對其專利產品擁有製造、使用、銷售的獨佔權利，或者使用其專利方法以及使用銷售依照該專利方法直接獲得的專利產品的獨占權利，並有權阻止他人未經許可為生產經營目的進口其專利產品或者進口依照其專利方法直接獲得的產品。因此，如果本企業的專科技術遇到侵權，則應採取的防禦步驟有：

① 向侵權人發出警告（包含存證信函與律師信），一般國際上專門打侵權官司的國際律師，每年都會針對全球可能侵權其客戶專利之企業，發出律師信進行警告；許多台灣中小企業都曾經收到這樣警告專利侵權的律師信，對於中小企業而言，接到這樣的信其實不用太慌張，因為這些國際性的專利事務所，每年都會做這樣的動作，因此，中小企業

應該建立自己的回應步驟,首先,應該要求對方可否提供更具體證明侵權之資料,但絕對不要置之不理,因為置之不理的後果,往往會讓對方採取更激烈的下一步驟的動作,而且有專利侵權被告實務處理經驗的企業都瞭解,有時被對方警告侵權,有時只是大公司要求購買專利的前奏。

② 要求對方簽訂專利實施許可或專利轉讓契約;

③ 通過新聞等傳播媒體對侵權行為進行曝光,在市場擴大恐嚇效果,搶佔市場率;

④ 請求專利管理機關處理;

⑤ 向法院提起訴訟。

2. 在中國遭專利侵權被告拘留之防禦戰略

不管在哪裡,守法是保護自己最好的武器,不過,若萬一依然不幸誤觸專利侵權之法律陷阱,更嚴重是面對到中國警方的逮捕或拘留時,首先要冷靜以對,清楚自己的權利義務,切忌在律師還沒有到達之前,隨便在筆錄上簽名,這都將會造成日後在法庭上的不良影響。

依照中國刑事訴訟法第六十一條規定,公安機關對於現行犯或者重大嫌疑分子,如果有下列情形之一的,可以先行拘留:

(一) 正在預備犯罪、實行犯罪或者在犯罪後即時被發覺的;

(二) 被害人或者在場親眼看見的人指認他犯罪的;

(三) 在身邊或者住處發現有犯罪證據的;

(四) 犯罪後企圖自殺、逃跑或者在逃的;

(五) 有毀滅、偽造證據或者串供可能的;

(六) 不講真實姓名、住址,身份不明的;

(七) 有流竄作案、多次作案、結夥作案重大嫌疑的。

不過，依同法第六十四條規定，公安機關拘留人的時候，必須出示拘留證。拘留後，除有礙偵查或者無法通知的情形以外，應當把拘留的原因和羈押的處所，在二十四小時以內，通知被拘留人的家屬或者他的所在單位。同法第六十五條並很清楚的規定，公安機關對於被拘留的人，應當在拘留後的二十四小時以內進行訊問。在發現不應當拘留的時候，必須立即釋放，發給釋放證明。對需要逮捕而證據還不充足的，可以取保候審或者監視居住，台商萬一面對拘留，應該據理力爭，爭取早日回家。

同時，面對中國警方的傳喚訊問，中國刑事訴訟法第九十一條也規定，訊問犯罪嫌疑人必須由人民檢察院或者公安機關的偵查人員負責進行。訊問的時候，偵查人員不得少於二人。同法第第九十二條也表示，對於不需要逮捕、拘留的犯罪嫌疑人，可以傳喚到犯罪嫌疑人所在市、縣內的指定地點或者到他的住處進行訊問，但是應當出示人民檢察院或者公安機關的證明文件。而且傳喚、拘傳持續的時間最長不得超過十二小時。不得以連續傳喚、拘傳的形式變相拘禁犯罪嫌疑人。

同法第九十三條也規定，中國偵查人員在訊問犯罪嫌疑人的時候，應當首先訊問犯罪嫌疑人是否有犯罪行為，讓他陳述有罪的情節或者無罪的辯解，然後向他提出問題。犯罪嫌疑人對偵查人員的提問，應當如實回答。但是對與本案無關的問題，有拒絕回答的權利。

最重要的是筆錄，實務上有少部分遭受訊問的台商，因為太緊張，所以沒有看清楚筆錄所載文字就簽名，後患無窮，中國刑事訴訟法第九十五條有規定，訊問筆錄應當交犯罪嫌疑人核對，對於沒有閱讀能力的，應當向他宣讀；如果記載有遺漏或者差錯，犯罪嫌疑人可以提出補充或者改正。犯罪嫌疑人承認筆錄沒有錯誤後，應當簽名或者蓋章。偵查人員也應當在筆錄上簽名。犯罪嫌疑人請求

自行書寫供述的，應當准許。必要的時候，偵查人員也可以要犯罪嫌疑人親筆書寫供詞。

此外，除拘留之外，中國有經濟犯罪嫌疑的台商，常有面臨永無止境的羈押的情況，依照中國刑事訴訟法第一百二十四條規定，對犯罪嫌疑人逮捕後的偵查羈押期限不得超過二個月。案情複雜、期限屆滿不能終結的案件，可以經上一級人民檢察院批准延長一個月。而且依同法第一百二十六條，在第一百二十四條規定的期限屆滿不能偵查終結的，有下列情形，需經省、自治區、直轄市人民檢察院批准或者決定，也只可以延長二個月：

(一) 交通十分不便的邊遠地區的重大複雜案件；

(二) 重大的犯罪集團案件；

(三) 流竄作案的重大複雜案件；

(四) 犯罪涉及面廣，取證困難的重大複雜案件。

同時，在偵查過程中，台商最好應該要聘請專業的律師，因為在被羈押的被告人及其法定代理人、近親屬和律師都有權申請取保候審。申請取保候審應當採用書面形式。人民法院應當在接到書面申請後七日內作出是否同意的答復。對符合取保候審條件並且提出了保證人或者能夠交納保證金的，人民法院應當同意，並依法辦理取保候審手續；對不符合取保候審條件，不同意取保候審的，應當告知申請人，並說明不同意的理由，總之，面對此情境的台商應該盡一切力量，爭取先出來，以更好的掌握全盤狀況。

台商在大陸所面對各種不確定的經營風險相當大，因此，更應該要守法，而且應該把守法當成生死問題來看待，因此，本文增加萬一台商突然面對因專利侵權遭到中國警方的拘留，所應該有的因應，不過，這是筆者最不願意看到的發生情況，畢竟，台商不管到

哪裡工作、投資，遵守當地的法律，避免掉入當地的專利侵權等經濟犯罪陷阱，就是自我保護的最好武器。

兩岸商事法律基礎篇

壹、台灣民法通則概要

　　台灣為民商合一的國家，因此，要打好商事法的基礎，必須要先瞭解民法通則，以下根據其章節敘述如下：

第一章　法例

　　法例，也就是在民事法律中共通的原理原則，其中規定民法的法源，「法律所未規定者，依習慣，無習慣者，依法理」，其中，法院的判例，也被視為等同於法律的位階。民事所適用之習慣，以不背於公共秩序或善良風俗者為限。

　　依法律之規定有使用文字之必要者，得不由本人自寫，但必須親自簽名。如有用印章代簽名者，其蓋章與簽名生同等之效力。如以指印十字或其他符號代簽名者，在文件上，經二人簽名證明，亦與簽名生同等之效力。關於一定之數量，同時以文字及號碼表示者，其文字與號碼有不符合時，如法院不能決定何者為當事人之原意，應以文字為準。關於一定之數量，以文字或號碼為數次之表示者，其表示有不符合時，如法院不能決定何者為當事人之原意，應以最低額為準。

第二章　人

　　人在法律上分成自然人與法人，自然人之權利能力始於出生終於死亡。胎兒以將來非死產者為限，關於其個人利益之保護，視為既已出生。失蹤人失蹤滿七年後，法院得因利害關係人或檢察官之聲請，為死亡之宣告。失蹤人為八十歲以上者，得於失蹤滿三年後，

為死亡之宣告。失蹤人為遭遇特別災難者，得於特別災難終了滿一年後，為死亡之宣告。受死亡宣告者，以判決內所確定死亡之時，推定其為死亡。前項死亡之時，應為前條各項所定期間最後日終止之時。但有反證者，不在此限。失蹤人失蹤後，未受死亡宣告前，其財產之管理，依非訟事件法之規定。

二人以上同時遇難，不能證明其死亡之先後時，推定其為同時死亡。滿二十歲為成年。未滿七歲之未成年人，無行為能力。滿七歲以上之未成年人，有限制行為能力。未成年人已結婚者，有行為能力。對於心神喪失或精神耗弱致不能處理自己事務者，法院得因本人、配偶、最近親屬二人或檢察官之聲請，宣告禁治產。禁治產之原因消滅時，應撤銷其宣告。禁治產人，無行為能力。

人之權利能力及行為能力，不得拋棄。自由不得拋棄。自由之限制，以不背於公共秩序或善良風俗者為限。人之人格權受侵害時，得請求法院除去其侵害；有受侵害之虞時，得請求防止之。前項情形，以法律有特別規定者為限，得請求損害賠償或慰撫金。姓名權受侵害者，得請求法院除去其侵害，並得請求損害賠償。

關於人之住所，依一定事實，足認以久住之意思，住於一定之地域者，即為設定其住所於該地。一人同時不得有兩住所。無行為能力及限制行為能力人，以其法定代理人之住所為住所。遇有左列情形之一者，其居所視為住所：

一、住所無可考者。

二、在中國無住所者。但依法須依住所地法者，不在此限。

因特定行為選定居所者，關於其行為，視為住所。依一定事實，足認以廢止之意思離去其住所者，即為廢止其住所。

關於法人，法人非依民法或其他法律之規定，不得成立。法人於法令限制內，有享受權利、負擔義務之能力。但專屬於自然人之

權利義務，不在此限。法人應設董事。董事有數人者，法人事務之執行，除章程另有規定外，取決於全體董事過半數同意。董事就法人一切事務，對外代表法人。董事有數人者，除章程另有規定外，各董事均得代表法人。對於董事代表權所加之限制，不得對抗善意第三人。法人得設監察人，監察法人事務之執行。監察人有數人者，除章程另有規定外，各監察人均單獨行使監察權。

　　法人對於其董事或其他有代表權之人因執行職務所加於他人之損害，與該行為人連帶負賠償之責任。法人以其主事務所之所在地為住所。法人非經向主管機關登記，不得成立。法人登記後，有應登記之事項，而不登記，或已登記之事項有變更而不為變更之登記者，不得以其事項對抗第三人。受設立許可之法人，其業務屬於主管機關監督，主管機關得檢查其財產狀況及其有無違反許可條件與其他法律之規定。受設立許可法人之董事或監察人，不遵主管機關監亮督之命令，或妨礙其檢查者，得處以五千元以下之罰鍰。前項董事或監察人違反法令或章程，足以危害公益或法人之利益者，主管機關得請求法院解除其職務，並為其他必要之處置。法人違反設立許可之條件者，主管機關得撤銷其許可。法人之財產不能清償債務時，董事應即向法院聲請破產。不為前項聲請，致法人之債權人受損害時，有過失之董事，應負賠償責任，其有二人以上時，應連帶負責。

　　法人之目的或其行為，有違反法律、公共秩序或善良風俗者，法院得因主管機關、檢察官或利害關係人之請求，宣告解散。法人解散後，其財產之清算，由董事為之。但其章程有特別規定，或總會另有決議者，不在此限。不能依前條規定，定其清算人時，法院得因主管機關、檢察官、或利害關係人之聲請，或依職權，選任清

算人。清算人，法院認為有必要時，得解除其任務。清算人之職務如下：

一、了結現務。

二、收取債權，清償債務。

三、移交賸餘財產於應得者。

法人至清算終結止，在清算之必要範圍內，視為存續。清算之程序，除本通則有規定外，準用公司法的股份有限公司清算之規定。

法人之清算，屬於法院監督。法院得隨時監督上之必要之檢查及處分。法人經主管機關撤銷許可或命令解散者，主管機關應同時通知法院。法人經依章程規定或總會決議解散者，董事應於十五日內報告法院。清算人不遵法院監督命令，或妨礙檢查者，得處以五千元以下之罰鍰。董事違反前條例第三項之規定者亦同。法人解散後，除法律另有規定外，於清償債務後，其賸餘財產之歸屬，應依其章程之規定，或總會之決議。但以公益為目的之法人解散時，其賸餘財產不得歸屬於自然人或以營利為目的之團體。如無前面所稱法律或章程之規定或總會之決議時，其賸餘財產歸屬於法人住所所在地之地方自治團體。

法人又分為社團法人與財團法人。前者，為以營利為目的，其取得法人之資格，依特別之規定。以公益為目的之社團，於登記前，應得主管機關之許可。設立社團者，應訂定章程，其應記載之事項如下：

一、目的。

二、名稱。

三、董事之人數、任期及任免。設有監察人者，其人數、任期及任免。

四、總會召集之條件、程序及其決議證明之方法。

五、社員之出資。

六、社員資格之取得與喪失。

七、訂定章程之年、月、日。

社團設立時，應登記之事項如下：

一、目的。

二、名稱。

三、主事務所及分事務所。

四、董事之姓名及住所。設有監察人者，其姓名及住所。

五、財產之總額。

六、應受設立許可者，其許可之年、月、日。

七、定有出資方法者，其方法。

八、定有代表法人之董事者，其姓名。

九、定有存立時期者，其時期。

社團之登記，由董事向其主事務所及分事務所所在地之主管機關行之，並應附具章程備案。社團之組織，及社團與社員之關係，以不違反法律為限，得以章程定之。

社團以總會為最高機關。下列事項應經總會之決議：

一、變更章程。

二、任免董事及監察人。

三、監督董事及監察人之職務之執行。

四、開除社員。但以有正當理由時為限。

總會由董事召集之，每年至少召集一次。董事不為召集時，監察人得召集之。如有全體社員十分之一以上之請求，表明會議目的及召集理由，請求召集時董事應召集之。董事受前項之請求後，一個月內不為召集者，得由請求之社員，經法院之許可召集之。總會之召集，除章程另有規定外，應於三十日前對各社員發出通知。通

知內應載明會議目的事項。總會決議,除本法有特別規定外,以出席社員過半數決之。社員有平等之表決權。社員表決權之行使,除章程另有限制外,得以書面授權他人代理為之。但一人僅得代理社員一人。社員對於總會決議事項,因自身利害關係而損害社團利益之虞時,該社員不得加入表決,亦不得代理他人行使表決權。

社團變更章程之決議,應有全體社員過半數之出席,出席社員四分之三以上之同意,或有全體社員三分之二以上書面之同意。受設立許可之社團,變更章程時,並應得主管機關之許可。社員得隨時退社。但章程限定於事務年度終,或經過預告期間後,始准退社者,不在此限。前項預告期間,不得超過六個月。已退社或開除之社員,對於社團之財產,無請求權。但非公益法人,其章程另有規定者,不在此限。前項社員,對於其退社或開除以前應分擔之出資,仍負清償之義務。總會之召集程序或決議方法,違反法令或章程時,社員得於決議後三個月內請求法院撤銷其決議。但出席社員,對召集程序或決議方法,當場表示異議者,不在此限。總會決議之內容違反法令或章程者,無效。社團得隨時以全體社員三分之二以上之可決解散之。社團之事務,無從依章程所定進行時,法院得因主管機關、檢察官或利害關係人之聲請解散之。

法人又可分為財團法人,財團於登記前,應得主管機關之許可。設立財團者,應訂立捐助章程。但以遺囑捐助者,不在此限。捐助章程,應訂明法人目的及所捐財產。以遺囑捐助設立財團法人者,如無遺囑執行人時,法院得依主管機關、檢察官或利害關係人之聲請,指定遺囑執行人。

財團設立時,應登記之事項如下:

一、目的。

二、名稱。

三、主事務所及分事務所。

四、財產之總額。

五、受許可之年、月、日。

六、董事之姓名及住所。設有監察人者，其姓名及住所。

七、定有代表法人之董事者，其姓名。

八、定有存立時期者，其時期。

財團之登記，由董事向其主事務所及分事務所所在地之主管機關行之。財團之組織及其管理方法，由捐助人以捐助章程或遺囑定之。捐助章程或遺囑所定之組織不完全，或重要之管理方法不具備者，法院得因主管機關、檢察官或利害關係人之聲請，為必要之處分。為維持財團之目的或保存其財產，法院得因捐助人、董事、主管機關、檢察官或利害關係人之聲請，變更其組織。財團董事，有違反捐助章程之行為時，法院得因主管機關、檢察官或利害關係人之聲請，宣告其行為為無效。因情事變更，致財團之目的不能達到時，主管機關得斟酌捐助人之意思，變更其目的及其必要之組織，或解散之。

第三章　物

物，法律上分為不動產與動產，稱不動產者，謂土地及其著物。不動產之出產物，尚未分離者，為該不動產之部分。稱動產者，為前條所稱不動產以外之物。

非主物之成分，常助主物之效用，而同屬於一人者，為從物。但交易上有特別習慣者，依其習慣。主物之處分，及於從物。稱天然孳息者，謂果實、動物之產物，及其他依物之用法所收穫之出產物。稱法定孳息者，謂利息、租金及其他因法律關係所得之收益。有收取天然孳息權利之人，其權利存續期間內，取得與原物分離之

孳息。有收取法定孳息權利之人,按其權利存續期間內之日數,取得其孳息。

第四章　法律行為

法律行為,違反強制或禁止之規定者,無效。但其規定並不以之為無效者,不在此限。法律行為,有背於公共秩序或善良風俗者,無效。法律行為,不依法定方式者,無效。但法律另有規定者,不在此限。

法律行為中有「暴利行為」,係指乘他人之急迫、輕率或無經驗,使其為財產上之給付,或為給付之約定,依當時情形顯失公平者,法院得因利害關係人之聲請,撤銷其法律行為,或減輕其給付。這項聲請,應於法律行為後一年內為之。

無行為能力人之意思表示,無效;雖非無行為能力人,而其意思表示,係在無意識或精神錯亂中所為者亦同。無行為能力人,由法定代理人代為意思表示,並代受意思表示。限制行為能力人為意思表示及受意思表示,應得法定代理人之允許。但純獲法律上之利益,或依其年齡及身分,日常生活所必需者,不在此限。 限制行為能力人未得法定代理人之允許,所為之單獨行為,無效。限制行為能力人未得法定代理人之允許,所訂立之契約,須經法定代理人之承認,始生效力。契約相對人,得定一個月以上期限,催告法定代理人,確答是否承認。限制行為能力人於限制原因消滅後,承認其所訂立之契約者,其承認與法定代理人之承認,有同一效力。限制行為能力人所訂立之契約,未經承認前,相對人得撤回之。但訂立契約時,知其未得有允許者,不在此限。

限制行為能力人用詐術使人相信其為有行為能力人或已得法定代理人之允許者,其法律行為為有效。法定代理人允許限制行為能

力人處分之財產，限制行為能力人，就該財產處分之能力。法定代理人允許限制行為能力人獨立營業者，限制行為能力人，關於其營業，有行為能力。限制行為能力人，就其營業有不勝任之情形時，法定代理人得將其允許撤銷或限制之。但不得對抗善意第三人。

表意人無欲為其意思表示所拘束之意，而為意思表示者，其意思表示，不因之無效。但其情形為相對人所明知者，不在此限。表意人與相對人通謀而為虛偽意思表示者，其意思表示無效。但不得以其無效，對抗善意第三人。虛偽意思表示，隱藏他項法律行為者，適用關於該項法律行為之規定。意思表示之內容有錯誤，或表意人若知其事情即不為意思表示者，表意人得將其意思表示撤銷之。但以其錯誤或不知事情，非由表意人自己之過失者為限。當事人之資格或物之性質，若交易上認為重要者，其錯誤，視為意思表示內容之錯誤。

意思表示，因傳達人或傳達機關傳達不實者，得比照前之規定，撤銷之。但撤銷權，自意思表示後，經過一年而消滅。撤銷意思表示時，表意人對於其意思表示為有效而受損害之相對人或第三人，應負賠償責任。但其撤銷之原因，受害人明知或可得而知者，不在此限。

因被詐欺或被脅迫而為意思表示者，表意人得撤銷其意思表示。但詐欺係由第三人所為者，以相對人明知其事實或可得而知者為限，始得撤銷之。被詐欺而為之意思表示，其撤銷不得以之對抗善意第三人。但撤銷應於發見詐欺或脅迫終止後，一年內為之。自意思表示後，經過十年，不得撤銷。

關於對話意思表示之生效時期，對話人為意思表示者，其意思表示，以相對人了解時，發生效力。非對話而為意思表示者，其意思表示，以通知達到相對人時，發生效力。但撤回之通知，同時或

先時到達者，不在此限。表意人於發出通知後死亡或喪失行為能力，或其行為能力受限制者，其意思表示，不因之失其效力。向無行為能力人或限制行為能力人為意思表示者，以其通知達到其法定代理人時，發生效力。

表意人非因自己之過失，不知相對人之姓名、居所者，得依民事訴訟法公示送達之規定，以公示不送達為意思表示之通知。解釋意思表示，應探求當事人之真意，不得拘泥於所用之辭句。

附停止條件之法律行為，於條件成就時，開始發生效力。附解除條件之法律行為，於條件成就時，失其效力。依當事人之特約，使條件成就之效果，不於條件成就之時發生者，依其特約。附條件之法律行為當事人，於條件成否未定前，若有損害相對人因條件成就所應得利益之行為者，負賠償損害之責任。因條件成就而受不利益之當事人，如以不正當行為阻其條件之成就者，視為條件已成就。因條件成就而受利益之當事人，如以不正當行為促其條件之成就者，視為條件不成就。附始期之法律之行為，於期限屆至時，發生效力。附終期之法律行為，於期限屆滿時，失其效力。

代理人於代理權限內，以本人名義所為之意思表示，直接對本人發生效力。前之規定，於應向本人為意思表示，而其代理人為之者，準用之。代理人所為或所受意思表示之效力，不因其為限制行為能力人而受影響。代理人之意思表示，因其意思欠缺、被詐欺、被脅迫，或明知其事情，或可得而知其事情，致其效力受影響時，其事實之有無，應就代理人決之。但代理人之代理權係以法律行為授與者，其意思表示，如依照本人所指示之意思而為時，其事實之有無，應就本人決之。

關於「自己代理」及「雙方代理」，代理人非經本人之許諾，不得為本人與自己之法律行為，亦不得既為第三人之代理人，而為本

人與第三人之法律行為。但其法律行為，係專履行債務者，不在此限。代理權之限制及撤回，不得以之對抗善意第三人。但第三人因過失而不知其事實者，不在此限。代理權之消滅，依其所由授與之法律關係定之。代理權，得於其所由授與之法律關係存續中，撤回之。但依該法律關係之性質不得撤回者。不在此限。代理權消滅或撤回時，代理人須將授權書，交還於授權者，不得留置。無代理權人，以他人之代理人名義所為之法律行為，對於善意之相對人，負損害賠償之責。

法律行為之一部分無效者，全部皆為無效。但除去該部分亦可成立者，則其他部分，仍為有效。無效之法律行為，若具備他法律行為之要件，並因其情形，可認當事人若知其無效，即欲為他法律行為者，其他法律行為，仍為有效。無效法律行為之當事人，於行為當時知其無效，或可得而知者，應負回復原狀或損害賠償之責任。法律行為經撤銷者，視為自始無效。當事人知其得撤銷，或可得而知者，其法律行為撤銷時，準用前條之規定。

經承認之法律行為，如無特別訂定，溯及為法律行為時，發生效力。撤銷及承認，應以意思表示為之。如相對人確定者，前所稱之意思表示，應向相對人為之。法律行為須得第三人之同意始生效者，其同意或拒絕，得向當事人之一方為之。無權利人就權利標的物所為之處分，經有權利人之承認始生效力。無權利人就權利標的物為處分後，取得其權利者，其處分自始有效。但原權利或第三人已取得之利益，不因此而受影響，但若數處分相牴觸時，以其最初之處分為有效。

第五章　期日及期間

　　法令、審判或法律行為所定之期日及期間，除有特別訂定外，其計算以時定期間者，即時起算。以日、星期、月或年定期間者，其始日不算入。以日、星期、月或年定期間者，以期間末日之終止，為期間之終止。期間不以星期、月或年之始日起算者，以最後之星期、月或年，與起算日相當之一日，為期間之末日。但以月或年定期間，於最後之月，無相當日者，以其月之末日，為期間之末日。

　　於一定期日或期間內，應為意思表示或給付者，其期日或期間之末日，為星期日、紀念日或其他休息日時，以其休息日之次日代之。稱月或年者，依曆計算。

　　月或年，非連續計算者，每月為三十日。每年為三百六十五日。

　　出生之月、日，無從確定時推定其為七月一日出生。知其出生之月，而不知其出生之日者，推定其為該月十五日出生。

第六章　消滅時效

　　請求權，因十五年間不行使而消滅。但法律所定期間較短者，依其規定。利息、紅利、租金、贍養費、退職金及其他一年或不及一年之定期給付債權，其各期給付請求權，因五年間不行使而消滅。下列各款請求權，因二年間不行使而消滅：

　　一、旅店、飲食店及娛樂場之住宿費、飲食費、座費、消費物
　　　　之代價及其墊款。

　　二、運送費及運送人所墊之款。

　　三、以租賃動產為營業者之租價。

　　四、醫生、藥師、看護生之診費、藥費、報酬及其墊款。

　　五、律師、會計師、公證人之報酬及其墊款。

六、律師、會計師、公證人所收當事人物件之交還。

七、技師、承攬人之報酬及其墊款。

八、商人、製造人、手工業人所供給之商品及產物之代價。

消滅時效，自請求權可行使時起算。以不行為為目的之請求權，自為行為時起算。消滅時效，因下列事由而中斷：

一、請求。

二、承認。

三、起訴。

下列事項，與起訴有同一效力：

一、依督促程序，聲請發支付命令。

二、聲請調解或提付仲裁。

三、申報和解債權或破產債權。

四、告知訴訟。

五、開始執行行為或聲請強制執行。

時效因請求而中斷者，若於請求後六個月內不起訴，視為不中斷。時效因起訴而中斷者，若撤回其訴，或因不合法而受駁回之裁判，其裁判確定，視為不中斷。時效因聲請發支付命令而中斷者，若撤回聲請，或受駁回之裁判，或支付命令失其效力時，視為不中斷。時效因聲請調解或提付仲裁而中斷者，若調解之聲請經撤回、被駁回、調解不成立或仲裁之請求經撤回、仲裁不能達成判斷時，視為不中斷。時效因申報和解債權或破產債權而中斷者，若債權人撤回其申報時，視為不中斷。時效因告知訴訟而中斷者，若於訴訟終結後六個月內不起訴，視為不中斷。

時效因開始執行行為而中斷者，若因權利人之聲請，或法律上之要件之欠缺而撤銷其執行處分時，視為不中斷。時效因聲請強制執行而中斷者，若撤回其聲請被駁回時，視為不中斷。時效中斷者，

自中斷之事由終止時,重行起算。因起訴而中斷之時效,自受確定判決,或因其他方法訴訟終結時,重行起算。經確定判決或其他與確定判決有同一效力之執行名義所確定之請求權,其原有消滅時效期間不滿五年者,因中斷而重行起算之時效期間為五年。時效中斷,以當事人、繼承人、受讓人之間為限,始有效力。時效之期間終止時,因天災或其他不可避之事變,致不能中斷其時效者,其妨礙事由消滅時起一個月內,其時效不完成。

屬於繼承財產之權利或對於繼承財產之權利,自繼承人確定或管理人選定,或破產之宣告時起,六個月內,其時效不完成。無行為能力人或限制行為能力人之權利,於時效期間終止前六個月內,若無法定代理人者,自其成為行為能力人,或其法定代理人就職時起,六個月內,其時效不完成。無行為能力人或限制行為能力人,對於其法定代理人之權利,於代理關係消滅後一年內,其時效不完成。夫對於妻或妻對於夫之權利,於婚姻關係消滅後一年內,其時效不完成。

時效完成後,債務人得拒絕給付,此時的債務稱為自然債務。請求權已經時效消滅,債務人仍為履行之給付者,不得以不知時效為理由,請求返還。其以契約承認該債務,或得提出擔保者,亦同。以抵押權、質權或留置權擔保之請求權,雖經時效消滅,債權人仍得就其抵押物、質物或留置物取償。前之規定,於利息及其他定期給付之各期給付請求權,經時效消滅者,不適用之。主權利因時效消滅者,其效力及於從權利。但法律有特別規定者,不在此限。時效期間,不得以法律行為加長或減短之。並不得預先拋棄時效之利益。

第七章　權利之行使

　　權利之行使，不得違反公共利益，或以損害他人為主要目的。行使權利，履行義務，應依誠實及信用方法。對於現時不法之侵害，為防衛自己或他人之權利所為之行為，不負損害賠償之責，此稱之為正當防衛。但已逾越必要程度者，仍應負相當賠償之責。

　　因避免自己或他人生命、身體、自由或財產上急迫之危險所為之行為，不負損害賠償之責。但以避免危險所必要，並未逾越危險所能致之損害程度者為限，此稱之為「緊急避難」。前之情形，其危險之發生，如行為人有責任者，應負損害賠償之責。

　　為保護自己權利，對於他人之自由或財產施以拘束、押收或毀損者，不負損害賠償之責。但以不及受法院或其他有關機關援助，並非於其時為之，則請求權不得實行或其實行顯有困難者為限，此稱之為「自助行為」。拘束他人自由或押收他人財產者，應即時向法院聲請處理。前之聲請若被駁回或其聲請遲延者，行為人應負損害賠償之責。

貳、台灣商事法概要

一、公司法

第一章　總則

　　公司，謂以營利為目的，依照本法組織、登記、成立之社團法人。公司分為下列四種，公司名稱，應標明公司之種類：

一、無限公司：指二人以上股東所組織，對公司債務負連帶無限清償責任之公司。

二、有限公司：由一人以上股東所組織，就其出資額為限，對公司負其責任之公司。

三、兩合公司：指一人以上無限責任股東，與一人以上有限責任股東所組織，其無限責任股東對公司債務負連帶無限清償責任；有限責任股東就其出資額為限，對公司負其責任之公司。

四、股份有限公司：指二人以上股東或政府、法人股東一人所組織，全部資本分為股份；股東就其所認股份，對公司負其責任之公司。

公司以其本公司所在地為住所。所謂「本公司」，為公司依法首先設立，以管轄全部組織之總機構；所謂「分公司」，為受本公司管轄之分支機構。公司法法所稱外國公司，謂以營利為目的，依照外國法律組織登記，並經中華民國政府認許，在中華民國境內營業之公司，且公司非在中央主管機關登記後，不得成立。

公司申請設立、變更登記之資本額，應先經會計師查核簽證；公司負責人：在無限公司、兩合公司為執行業務或代表公司之股東；在有限公司、股份有限公司為董事。公司之經理人或清算人，股份有限公司之發起人、監察人、檢查人、重整人或重整監督人，在執行職務範圍內，亦為公司負責人。

公司應收之股款，股東並未實際繳納，而以申請文件表明收足，或股東雖已繳納而於登記後將股款發還股東，或任由股東收回者，公司負責人各處五年以下有期徒刑、拘役或科或併科新臺幣五十萬元以上二百五十萬元以下罰金。有前之情事時，公司負責人應與各該股東連帶賠償公司或第三人因此所受之損害。且經項裁判確定

後，由檢察機關通知中央主管機關撤銷或廢止其登記。但裁判確定前，已為補正或經主管機關限期補正已補正者，不在此限。公司之設立或其他登記事項有偽造、變造文書，經裁判確定後，由檢察機關通知中央主管機關撤銷或廢止其登記。

公司有左列情事之一者，主管機關得依職權或利害關係人之申請，命令解散之：

一、公司設立登記後六個月尚未開始營業者。但已辦妥延展登記者，不在此限。

二、開始營業後自行停止營業六個月以上者。但已辦妥停業登記者，不在此限。

公司之經營，有顯著困難或重大損害時，法院得據股東之聲請，於徵詢主管機關及目的事業中央主管機關意見，並通知公司提出答辯後，裁定解散。前之聲請，在股份有限公司，應有繼續六個月以上持有已發行股份總數百分之十以上股份之股東提出之。公司設立登記後，有應登記之事項而不登記，或已登記之事項有變更而不為變更之登記者，不得以其事項對抗第三人。

公司不得為他公司無限責任股東或合夥事業之合夥人；如為他公司有限責任股東時，其所有投資總額，除以投資為專業或公司章程另有規定或經依下列各款規定，取得股東同意或股東會決議者外，不得超過本公司實收股本百分之四十：

一、無限公司、兩合公司經全體無限責任股東同意。

二、有限公司經全體股東同意。

三、股份有限公司經代表已發行股份總數三分之二以上股東出席，以出席股東表決權過半數同意之股東會決議。

公開發行股票之公司，出席股東之股份總數不足前項第三款定額者，得以有代表已發行股份總數過半數股東之出席，出席股東表決權三分之二以上同意行之。

公司之資金，除有左列各款情形外，不得貸與股東或任何他人：

一、公司間或與行號間有業務往來者。

二、公司間或與行號間有短期融通資金之必要者。融資金額不得超過貸與企業淨值的百分之四十。

公司負責人違反前之規定時，應與借用人連帶負返還責任；如公司受有損害者，亦應由其負損害賠償責任。此外，除依其他法律或公司章程規定得為保證者外，公司不得為任何保證人。公司負責人違反前之規定時，應自負保證責任，如公司受有損害時，亦應負賠償責任。

公司業務，依法律或基於法律授權所定之命令，須經政府許可者，於領得許可文件後，方得申請公司登記。前項業務之許可，經目的事業主管機關撤銷或廢止確定者，應由各該目的事業主管機關，通知中央主管機關，撤銷或廢止其公司登記或部分登記事項。公司之經營有違反法令受勒令歇業處分確定者，應由處分機關通知中央主管機關，廢止其公司登記或部分登記事項。

公司名稱，不得與他公司名稱相同。二公司名稱中標明不同業務種類或可資區別之文字者，視為不相同。公司所營事業除許可業務應載明於章程外，其餘不受限制。公司所營事業應依中央主管機關所定營業項目代碼表登記。已設立登記之公司，其所營事業為文字敘述者，應於變更所營事業時，依代碼表規定辦理。公司不得使用易於使人誤認其與政府機關、公益團體有關或妨害公共秩序或善良風俗之名稱。公司名稱及業務，於公司登記前應先申請核准，並保留一定期間；其審核準則，由中央主管機關定之。

未經設立登記，不得以公司名義經營業務或為其他法律行為。違反前之規定者，行為人處一年以下有期徒刑、拘役或科或併科新臺幣十五萬元以下罰金，並自負民事責任；行為人有二人以上者，連帶負民事責任，並由主管機關禁止其使用公司名稱。

公司每屆會計年度終了，應將營業報告書、財務報表及盈餘分派或虧損撥補之議案，提請股東同意或股東常會承認。公司資本額達中央主管機關所定一定數額以上者，其財務報表，應先經會計師查核簽證；其簽證規則，由中央主管機關定之。但公開發行股票之公司，證券管理機關另有規定者，不適用之。前所提之書表，主管機關得隨時派員查核或令其限期申報；主管機關得會同目的事業主管機關，隨時派員檢查公司業務及財務狀況，公司負責人不得妨礙、拒絕或規避。公司負責人妨礙、拒絕或規避前項檢查者，各處新臺幣二萬元以上十萬元以下罰鍰。連續妨礙、拒絕或規避者，並按次連續各處新臺幣四萬元以上二十萬元以下罰鍰。不過，主管機關查核公司各項書表，或檢查公司業務及財務狀況時，得令公司提出證明文件、單據、表冊及有關資料，除法律另有規定外，應保守祕密，並於收受後十五日內，查閱發還。公司負責人違反前項規定，拒絕提出時，各處新臺幣二萬元以上十萬元以下罰鍰。連續拒絕者，並按次連續各處新臺幣四萬元以上二十萬元以下罰鍰。

公司負責人應忠實執行業務並盡善良管理人之注意義務，如有違反致公司受有損害者，負損害賠償責任。公司負責人對於公司業務之執行，如有違反法令致他人受有損害時，對他人應與公司負連帶賠償之責。解散之公司除因合併、分割或破產而解散外，應行清算。解散之公司，於清算範圍內，視為尚未解散。前稱之解散公司，在清算時期中，得為了結現務及便利清算之目的，暫時經營業務。

　　政府或法人為股東時，得當選為董事或監察人。但須指定自然人代表行使職務。政府或法人為股東時，亦得由其代表人當選為董事或監察人，代表人有數人時，得分別當選。前之代表人，得依其職務關係，隨時改派補足原任期，且政府或法人對於代表權所加之限制，不得對抗善意第三人。公司之公告應登載於本公司所在之直轄市或縣（市）日報之顯著部分。但公開發行股票之公司，證券管理機關另有規定者，不在此限。

　　公司得依章程規定置經理人，經理人應在國內有住所或居所。經理人其委任、解任及報酬，依下列規定定之。但公司章程有較高規定者，從其規定：

一、無限公司、兩合公司須有全體無限責任股東過半數同意。

二、有限公司須有全體股東過半數同意。

三、股份有限公司應由董事會以董事過半數之出席，及出席董事過半數同意之決議行之。

有下列情事之一者，不得充經理人，其已充任者，當然解任：

一、曾犯組織犯罪防制條例規定之罪，經有罪判決確定，服刑期滿尚未逾五年者。

二、曾犯詐欺、背信、侵占罪經受有期徒刑一年以上宣告，服刑期滿尚未逾二年者。

三、曾服公務虧空公款，經判決確定，服刑期滿尚未逾二年者。

四、受破產之宣告，尚未復權者。

五、使用票據經拒絕往來尚未期滿者。

六、無行為能力或限制行為能力者。

　　經理人之職權，除章程規定外，並得依契約之訂定。經理人在公司章程或契約規定授權範圍內，有為公司管理事務及簽名之權。經理人不得兼任其他營利事業之經理人，並不得自營或為他人經營

同類之業務。但經依法律特別規定之方式同意者，不在此限。經理人並不得變更董事或執行業務股東之決定，或股東會或董事會之決議，或逾越其規定之權限。經理人因違反法令、章程或前條之規定，致公司受損害時，對於公司負賠償之責。公司不得以其所加於經理人職權之限制，對抗善意第三人。

第二章　無限公司

設立

　　無限公司之股東，應有二人以上，其中半數，應在國內有住所。股東應以全體之同意，訂立章程，簽名或蓋章，置於本公司，並每人各執一份。

　　無限公司章程應載明下列事項：

一、公司名稱。

二、所營事業。

三、股東姓名、住所或居所。

四、資本總額及各股東出資額。

五、各股東有以現金以外財產為出資者，其種類、數量、價格或估價之標準。

六、盈餘及虧損分派比例或標準。

七、本公司所在地；設有分公司者，其所在地。

八、定有代表公司之股東者，其姓名。

九、定有執行業務之股東者，其姓名。

十、定有解散事由者，其事由。

十一、訂立章程之年、月、日。

　　代表公司之股東，不備置前項章程於本公司者，處新臺幣一萬元以上五萬元以下罰鍰。連續拒不備置者，並按次連續處新臺幣二萬元以上十萬元以下罰鍰。

公司之內部關係

　　公司之內部關係，除法律有規定者外，得以章程定之。股東得以信用、勞務或其他權利為出資。股東以債權抵作股本，而其債權到期不得受清償者，應由該股東補繳；如公司因之受有損害，並應負賠償之責。

　　各股東均有執行業務之權利，而負其義務。但章程中訂定由股東中之一人或數人執行業務者，從其訂定。前之執行業務之股東須半數以上在國內有住所。股東之數人或全體執行業務時，關於業務之執行，取決於過半數之同意。執行業務之股東，關於通常事務，各得單獨執行。但其餘執行業務之股東，有一人提出異議時，應即停止執行。

　　公司變更章程，應得全體股東之同意。不執行業務之股東，得隨時向執行業務之股東質詢公司營業情形，查閱財產文件、帳簿、表冊。執行業務之股東，非有特約，不得向公司請求報酬。股東因執行業務所代墊之款項，得向公司請求償還，並支付墊款之利息；如係負擔債務，而其債務尚未到期者，得請求提供相當之擔保。股東因執行業務，受有損害，而自己無過失者，得向公司請求賠償。

　　公司章程訂明專由股東中之一人或數人執行業務時，該股東不得無故辭職，他股東亦不得無故使其退職。股東執行業務，應依照法令、章程及股東之決定。違反前之規定，致公司受有損害者，對於公司應負賠償之責。股東代收公司款項，不於相當期間照繳或挪用公司款項者，應加算利息，一併償還；如公司受有損害，並應賠

償。股東非經其他股東全體之同意，不得為他公司之無限責任股東或合夥事業之合夥人。

執行業務之股東，不得為自己或他人為與公司同類營業之行為。執行業務之股東違反前項規定時，其他股東得以過半數之決議，將其為自己或他人所為行為之所得，作為公司之所得。但自所得產生後逾一年者，不在此限。股東非經其他股東全體之同意，不得以自己出資之全部或一部，轉讓於他人。

公司之對外關係

公司得以章程特定代表公司之股東；其未經特定者，各股東均得代表公司。代表公司之股東，關於公司營業上一切事務，有辦理之權。公司對於股東代表權所加之限制，不得對抗善意第三人。代表公司之股東，如為自己或他人與公司為買賣、借貸或其他法律行為時，不得同時為公司之代表。但向公司清償債務時，不在此限。公司資產不足清償債務時，由股東負連帶清償之責。加入公司為股東者，對於未加入前公司已發生之債務，亦應負責。非股東而有可以令人信其為股東之行為者，對於善意第三人，應負與股東同一之責任。公司非彌補虧損後，不得分派盈餘。公司負責人違反前項規定時，各處一年以下有期徒刑、拘役或科或併科新臺幣六萬元以下罰金。公司之債務人，不得以其債務與其對於股東之債權抵銷。

退股

章程未定公司存續期限者，除關於退股另有訂定外，股東得於每會計年度終了退股。但應於六個月前，以書面向公司聲明。股東有非可歸責於自己之重大事由時，不問公司定有存續期限與否，均得隨時退股。除前之規定外，股東有下列各款情事之一者退股：

一、章程所定退股事由。

二、死亡。

三、破產。

四、受禁治產之宣告。

五、除名。

六、股東之出資，經法院強制執行者。股東退股時，執行法院應於二個月前通知公司及其他股東。

股東有下列各款情事之一者，得經其他股東全體之同意議決除名。但非通知後不得對抗該股東：

一、應出之資本不能照繳或屢催不繳者。

二、違反公司法第五十四條第一項之規定者。

三、有不正當行為妨害公司之利益者。

四、對於公司不盡重要之義務者。

公司名稱中列有股東之姓或姓名者，該股東退股時，得請求停止使用。退股之股東與公司之結算，應以退股時公司財產之狀況為準。退股股東之出資，不問其種類，均得以現金抵還。股東退股時，公司事務有未了結者，於了結後計算其損益，分派其盈虧。

退股股東應向主管機關申請登記，對於登記前公司之債務，於登記後二年內，仍負連帶無限責任。股東轉讓其出資者，準用前項之規定。

解散、合併及變更組織

公司有下列各款情事之一者解散：

一、章程所定解散事由。

二、公司所營事業已成就或不能成就。

三、股東全體之同意。

四、股東經變動而不足本法所定之最低人數。

五、與他公司合併。

六、破產。

七、解散之命令或裁判。

公司得以全體股東之同意，與他公司合併。公司決議合併時，應即編造資產負債表及財產目錄。公司為合併之決議後，應即向各債權人分別通知及公告，並指定三十日以上期限，聲明債權人得於期限內提出異議。公司不為前之通知及公告，或對於在指定期限內提出異議之債權人不為清償，或不提供相當擔保者，不得以其合併對抗債權人。因合併而消滅之公司，其權利義務，應由合併後存續或另立之公司承受。

清算

公司之清算，以全體股東為清算人。但本法或章程另有規定或經股東決議，另選清算人者，不在此限。由股東全體清算時，股東中有死亡者，清算事務由其繼承人行之；繼承人有數人時，應由繼承人互推一人行之。不能定其清算人時，法院得因利害關係人之聲請，選派清算人。法院因利害關係人之聲請，認為必要時，得將清算人解任。但股東選任之清算人，亦得由股東過半數之同意，將其解任。

清算人應於就任後十五日內，將其姓名、住所或居所及就任日期，向法院聲報。清算人之解任，應由股東於十五日內，向法院聲報。清算人由法院選派時，應公告之；解任時亦同。

清算人之職務如左：

一、了結現務。

二、收取債權、清償債務。

三、分派盈餘或虧損。

四、分派謄餘財產。

清算人執行前項職務，有代表公司為訴訟上或訴訟外一切行為之權。但將公司營業包括資產負債轉讓於他人時，應得全體股東之同意。

清算人有數人時，得推定一人或數人代表公司，如未推定時，各有對於第三人代表公司之權。關於清算事務之執行，取決於過半數之同意。但對於清算人代表權所加之限制，不得對抗善意第三人。清算人就任後，應即檢查公司財產情形，造具資產負債表及財產目錄，送交各股東查閱。對前之所為檢查有妨礙、拒絕或規避行為者，各處新臺幣二萬元以上十萬元以下罰鍰。

清算人應於六個月內完結清算；不能於六個月內完結清算時，清算人得申敘理由，向法院聲請展期。清算人不於前項規定期限內清算完結者，各處新臺幣一萬元以上五萬元以下罰鍰。清算人遇有股東詢問時，應將清算情形隨時答覆。清算人違反前項規定者，各處新臺幣一萬元以上五萬元以下罰鍰。

清算人就任後，應以公告方法，催告債權人報明債權，對於明知之債權人，並應分別通知。公司財產不足清償其債務時，清算人應即聲請宣告破產。清算人移交其事務於破產管理人時，職務即為終了。清算人非清償公司債務後，不得將公司財產分派於各股東。清算人違反前之規定，分派公司財產時，各處一年以下有期徒刑、拘役或科或併科新臺幣六萬元以下罰金。謄餘財產之分派，除章程另有訂定外，依各股東分派盈餘或虧損後淨餘出資之比例定之。清算人應於清算完結後十五日內，造具結算表冊，送交各股東，請求其承認，如股東不於一個月內提出異議，即視為承認。但清算人有不法行為時，不在此限。

清算人應以善良管理人之注意處理職務，倘有怠忽而致公司發生損害時，應對公司負連帶賠償之責任；其有故意或重大過失時，並應對第三人負連帶賠償責任。股東之連帶無限責任，自解散登記後滿五年而消滅。

第三章　有限公司

有限公司由一人以上股東所組成。股東應以全體之同意訂立章程，簽名或蓋章，置於本公司，每人各執一份。各股東對於公司之責任，以其出資額為限。公司資本總額，應由各股東全部繳足，不得分期繳款或向外招募。有限公司之最低資本總額，由中央主管機關以命令定之。

公司章程應載明左列事項：

一、公司名稱。

二、所營事業。

三、股東姓名或名稱、住所或居所。

四、資本總額及各股東出資額。

五、盈餘及虧損分派比例或標準。

六、本公司所在地；設有分公司者，其所在地。

七、董事人數。

八、定有解散事由者，其事由。

九、訂立章程之年、月、日。

代表公司之董事不備置前項章程於本公司者，處新臺幣一萬元以上五萬元以下罰鍰。連續拒不備置者，並按次連續處新臺幣二萬元以上十萬元以下罰鍰。

每一股東不問出資多寡，均有一表決權。但得以章程訂定按出資多寡比例分配表決權。公司應在本公司備置股東名簿，記載下列事項：

一、各股東出資額及股單號數。

二、各股東姓名或名稱、住所或居所。

三、繳納股款之年、月、日。

代表公司之董事，不備置前之股東名簿於本公司者，處新臺幣一萬元以上五萬元以下罰鍰。連續拒不備置者，並按次連續處新臺幣二萬元以上十萬元以下罰鍰。

公司設立登記後，應發給股單，載明下列各款事項：

一、公司名稱。

二、設立登記之年、月、日。

三、股東姓名或名稱及其出資額。

四、發給股單之年、月、日。

公司股單，由全體董事簽名或蓋章。公司增資，應經股東過半數之同意。但股東雖同意增資，仍無按原出資數比例出資之義務。前之不同意增資之股東，對章程因增資修正部分，視為同意。公司得經全體股東同意減資或變更其組織為股份有限公司。公司為變更組織之決議後，應即向各債權人分別通知及公告。

變更組織後之公司，應承擔變更組織前公司之債務。

公司應至少置董事一人執行業務並代表公司，最多置董事三人，應經三分之二以上股東之同意，就有行為能力之股東中選任之。董事有數人時，得以章程特定一人為董事長，對外代表公司。執行業務之董事請假或因故不能行使職權時，指定股東一人代理之；未指定代理人者，由股東間互推一人代理之。董事為自己或他人為與

公司同類業務之行為，應對全體股東說明其行為之重要內容，並經三分之二以上股東同意。

不執行業務之股東，均得行使監察權；其監察權之行使，準用第四十八條之規定。股東非得其他全體股東過半數之同意，不得以其出資之全部或一部，轉讓於他人。前項轉讓，不同意之股東有優先受讓權；如不承受，視為同意轉讓，並同意修改章程有關股東及其出資額事項。公司董事非得其他全體股東同意，不得以其出資之全部或一部，轉讓於他人。法院依強制執行程序，將股東之出資轉讓於他人時，應通知公司及其他全體股東，於二十日內，依公司法規定之方式，指定受讓人；逾期未指定或指定之受讓人不依同一條件受讓時，視為同意轉讓，並同意修改章程有關股東及其出資額事項。

公司於彌補虧損完納一切稅捐後，分派盈餘時，應先提出百分之十為法定盈餘公積。但法定盈餘公積已達資本總額時，不在此限。除前之法定盈餘公積外，公司得以章程訂定，或股東全體之同意，另提特別盈餘公積。公司負責人違反第一項規定，不提出法定盈餘公積時，各科新臺幣六萬元以下罰金。公司變更章程、合併、解散及清算，準用無限公司有關之規定。

第四章　兩合公司

兩合公司以無限責任股東與有限責任股東組織之。無限責任股東，對公司債務負連帶無限清償責任；有限責任股東，以出資額為限，對於公司負其責任。兩合公司之章程，應記明各股東之責任為無限或有限。有限責任股東，不得以信用或勞務為出資。有限責任股東，得於每會計年度終了時，查閱公司帳目、業務及財產情形；必要時，法院得因有限責任股東之聲請，許其隨時檢查公司帳目、

業務及財產之情形。對於前之檢查,有妨礙、拒絕或規避行為者,各處新臺幣二萬元以上十萬元以下罰鍰。連續妨礙、拒絕或規避者,並按次連續各處新臺幣四萬元以上二十萬元以下罰鍰。

有限責任股東,得為自己或他人,為與本公司同類營業之行為;亦得為他公司之無限責任股東,或合夥事業之合夥人。有限責任股東,如有可以令人信其為無限責任股東之行為者,對於善意第三人,負無限責任股東之責任。有限責任股東,不得執行公司業務及對外代表公司。有限責任股東,不因受禁治產之宣告而退股。有限責任股東死亡時,其出資歸其繼承人。有限責任股東遇有非可歸責於自己之重大事由時,得經無限責任股東過半數之同意退股,或聲請法院准其退股。

有限責任股東有下列各款情事之一者,得經全體無限責任股東之同意,將其除名,不過除名非通知該股東後,不得對抗之:

一、不履行出資義務者。

二、有不正當行為,妨害公司利益者。

公司因無限責任股東或有限責任股東全體之退股而解散。但其餘股東得以一致之同意,加入無限責任股東或有限責任股東,繼續經營。前之有限責任股東全體退股時,無限責任股東在二人以上者,得以一致之同意變更其組織為無限公司。無限公司之清算由全體無限責任股東任之。但無限責任股東得以過半數之同意另行選任清算人;其解任時亦同。

第五章　股份有限公司

設立

股份有限公司應有二人以上為發起人，但政府或法人股東一人所組織之股份有限公司，不受此限制。無行為能力人或限制行為能力人，不得為發起人。政府或法人均得為發起人。但法人為發起人者，以下列情形為限：

一、公司。

二、以其自行研發之專門技術或智慧財產權作價投資之法人。

三、經目的事業主管機關認屬與其創設目的相關而予核准之法人。

發起人應以全體之同意訂立章程，載明下列各款事項，並簽名或蓋章：

一、公司名稱。

二、所營事業。

三、股份總數及每股金額。

四、本公司所在地。

五、董事及監察人之人數及任期。

六、訂立章程之年、月、日。

股份有限公司下列各款事項，非經載明於章程者，不生效力：

一、分公司之設立。

二、分次發行股份者，定於公司設立時之發行數額。

三、解散之事由。

四、特別股之種類及其權利義務。

五、發起人所得受之特別利益及受益者之姓名。發起人所得受
　　之特別利益，股東會得修改或撤銷之。但不得侵及發起人
　　既得之利益。

發起人認足第一次應發行之股份時，應即按股繳足股款並選任
董事及監察人。發起人不認足第一次發行之股份時，應募足之。發
起人公開招募股份時，應先具備下列事項，申請證券管理機關審核：

一、營業計畫書。

二、發起人姓名、經歷、認股數目及出資種類。

三、招股章程。

四、代收股款之銀行或郵局名稱及地址。

五、有承銷或代銷機構者，其名稱及約定事項。

六、證券管理機關規定之其他事項。

發起人所認股份，不得少於第一次發行股份四分之一。代收股
款之銀行或郵局，對於代收之股款，有證明其已收金額之義務，其
證明之已收金額，即認為已收股款之金額。

申請公開招募股份有下列情形之一者，證券管理機關得不予核
准或撤銷核准：

一、申請事項有違反法令或虛偽者。

二、申請事項有變更，經限期補正而未補正者。

發起人有上述情事時，由證券管理機關各處新臺幣二萬元以上
十萬元以下罰鍰。

認股人有照所填認股書繳納股款之義務。股票之發行價格，不
得低於票面金額。但公開發行股票之公司，證券管理機關另有規定
者，不在此限。第一次發行股份總數募足時，發起人應即向各認股
人催繳股款，以超過票面金額發行股票時，其溢額應與股款同時繳
納。認股人延欠前條應繳之股款時，發起人應定一個月以上之期限

催告該認股人照繳,並聲明逾期不繳失其權利。發起人已為前項之催告,認股人不照繳者,即失其權利,所認股份另行募集。前之情形,如有損害,仍得向認股人請求賠償。股款繳足後,發起人應於二個月內召開創立會。

發起人應就下列各款事項報告於創立會:

一、公司章程。

二、股東名簿。

三、已發行之股份總數。

四、以現金以外之財產抵繳股款者,其姓名及其財產之種類、數量、價格或估價之標準及公司核給之股數。

五、應歸公司負擔之設立費用,及發起人得受報酬。

六、發行特別股者,其股份總數。

七、董事、監察人名單,並註明其住所或居所、國民身分證統一編號或其他經政府核發之身分證明文件字號。

發起人對於前項報告有虛偽情事時,各科新臺幣六萬元以下罰金。

創立會應選任董事、監察人。董事、監察人經選任後,應即就前條所列事項,為確實之調查並向創立會報告。董事、監察人如有由發起人當選,且與自身有利害關係者,前項調查,創立會得另選檢查人為之。

前二項所定調查,如有冒濫或虛偽者,由創立會裁減之。

股份

股份有限公司之資本,應分為股份,每股金額應歸一律,一部分得為特別股;其種類,由章程定之。前之股份總數,得分次發行。股份有限公司之最低資本總額,由中央主管機關以命令定之。公司

得依董事會之決議，向證券管理機關申請辦理公開發行程序。但公營事業之公開發行，應由該公營事業之主管機關專案核定之。

股東之出資除現金外，得以對公司所有之貨幣債權，或公司所需之技術、商譽抵充之；其抵充之數額需經董事會通過。

公司設立後得發行新股作為受讓他公司股份之對價，需經董事會三分之二以上董事出席，以出席董事過半數決議行之。同次發行之股份，其發行條件相同者，價格應歸一律。但公開發行股票之公司，證券管理機關另有規定者，不在此限。

公司發行特別股時，應就下列各款於章程中定之：

一、特別股分派股息及紅利之順序、定額或定率。

二、特別股分派公司賸餘財產之順序、定額或定率。

三、特別股之股東行使表決權之順序、限制或無表決權。

四、特別股權利、義務之其他事項。

公司發行之特別股，得以盈餘或發行新股所得之股款收回之。但不得損害特別股股東按照章程應有之權利。

公司非經設立登記或發行新股變更登記後，不得發行股票。但公開發行股票之公司，證券管理機關另有規定者，不在此限。違反前項規定發行股票者，其股票無效。但持有人得向發行股票人請求損害賠償。

公司資本額達中央主管機關所定一定數額以上者，應於設立登記或發行新股變更登記後三個月內發行股票；其未達中央主管機關所定一定數額者，除章程另有規定外，得不發行股票。公司負責人違反前項規定，不發行股票者，除由主管機關責令限期發行外，各處新臺幣一萬元以上五萬元以下罰鍰；期滿仍未發行者，得繼續責令限期發行，並按次連續各處新臺幣二萬元以上十萬元以下罰鍰，至發行股票為止。

　　股票應編號，載明下列事項，由董事三人以上簽名或蓋章，並經主管機關或其核定之發行登記機構簽證後發行之：

一、公司名稱。

二、設立登記或發行新股變更登記之年、月、日。

三、發行股份總數及每股金額。

四、本次發行股數。

五、發起人股票應標明發起人股票之字樣。

六、特別股票應標明其特別種類之字樣。

七、股票發行之年、月、日。

　　記名股票應用股東姓名，其為同一人所有者，應記載同一姓名；股票為政府或法人所有者，應記載政府或法人之名稱，不得另立戶名或僅載代表人姓名。

　　公開發行股票之公司，其發行之股份得免印製股票。

　　依前之規定發行之股份，應洽證券集中保管事業機構登錄。

　　公司股份之轉讓，不得以章程禁止或限制之。但非於公司設立登記後，不得轉讓。發起人之股份非於公司設立一年後，不得轉讓。但公司因合併或分割後，新設公司發起人之股份得轉讓。

　　股票分為記名股票與無記名股票，記名股票，由股票持有人以背書轉讓之，並應將受讓人之姓名或名稱記載於股票。無記名股票，得以交付轉讓之。股份之轉讓，非將受讓人之姓名或名稱及住所或居所，記載於公司股東名簿，不得以其轉讓對抗公司。前之股東名簿記載之變更，於股東常會開會前三十日內，股東臨時會開會前十五日內，或公司決定分派股息及紅利或其他利益之基準日前五日內，不得為之。公開發行股票之公司辦理股東名簿記載之變更，於股東常會開會前六十日內，股東臨時會開會前三十日內，不得為之。前二項的期間，自開會日或基準日起算。

公司得以章程規定發行無記名股票。但其股數不得超過已發行股份總數二分之一。公司得因股東之請求，發給無記名股票或將無記名股票改為記名式。

公司除法律另有規定者外，得經董事會以董事三分之二以上之出席及出席董事過半數同意之決議，於不超過該公司已發行股份總數百分之五之範圍內，收買其股份；收買股份之總金額，不得逾保留盈餘加已實現之資本公積之金額。前之公司收買之股份，應於三年內轉讓於員工，屆期未轉讓者，視為公司未發行股份，並為變更登記。公司依規定收買之股份，不得享有股東權利。

公司除法律或章程另有規定者外，得經董事會以董事三分之二以上之出席及出席董事過半數同意之決議，與員工簽訂認股權契約，約定於一定期間內，員工得依約定價格認購特定數量之公司股份，訂約後由公司發給員工認股權憑證。員工取得認股權憑證，不得轉讓。但因繼承者，不在此限。

公司非依股東會決議減少資本，不得銷除其股份；減少資本，應依股東所持股份比例減少之。但本法或其他法律另有規定者，不在此限。公司負責人違反前項規定銷除股份者，各處新臺幣二萬元以上十萬元以下罰鍰。

股東名簿應編號記載下列事項：

一、各股東之姓名或名稱、住所或居所。

二、各股東之股數；發行股票者，其股票號數。

三、發給股票之年、月、日。

四、發行無記名股票者，應記載其股數、號數及發行之年、月、日。

五、發行特別股者，並應註明特別種類字樣。

採電腦作業或機器處理者，前項資料得以附表補充之。代表公司之董事，應將股東名簿備置於本公司或其指定之股務代理機構；違反者，處新臺幣一萬元以上五萬元以下罰鍰。連續拒不備置者，並按次連續處新臺幣二萬元以上十萬元以下罰鍰。

股東會

股東會分二種：

一、股東常會，每年至少召集一次。

二、股東臨時會，於必要時召集之。

前之股東常會應於每會計年度終了後六個月內召開。但有正當事由經報請主管機關核准者，不在此限。代表公司之董事違反前項召開期限之規定者，處新臺幣一萬元以上五萬元以下罰鍰。

股東會一般由董事會召集之。股東常會之召集，應於二十日前通知各股東，對於持有無記名股票者，應於三十日前公告之。股東臨時會之召集，應於十日前通知各股東，對於持有無記名股票者，應於十五日前公告之。公開發行股票之公司股東常會之召集，應於三十日前通知各股東，對於持有無記名股票者，應於四十五日前公告之；公開發行股票之公司股東臨時會之召集，應於十五日前通知各股東，對於持有無記名股票者，應於三十日前公告之。通知及公告應載明召集事由；其通知經相對人同意者，得以電子方式為之。

持有已發行股份總數百分之一以上股份之股東，得以書面向公司提出股東常會議案。但以一項為限，提案超過一項者，均不列入議案。公司應於股東常會召開前之停止股票過戶日前，公告受理股東之提案、受理處所及受理期間；其受理期間不得少於十日。股東所提議案以三百字為限，超過三百字者，該提案不予列入議案；提案股東應親自或委託他人出席股東常會，並參與該項議案討論。

有下列情事之一，股東所提議案，董事會得不列為議案：

一、該議案非股東會所得決議者。

二、提案股東於公司依第一百六十五條第二項或第三項停止股
　　票過戶時，持股未達百分之一者。

三、該議案於公告受理期間外提出者。

公司應於股東會召集通知日前，將處理結果通知提案股東，並
將合於規定之議案列於開會通知。對於未列入議案之股東提案，董
事會應於股東會說明未列入之理由。

繼續一年以上，持有已發行股份總數百分之三以上股份之股
東，得以書面記明提議事項及理由，請求董事會召集股東臨時會。
前之請求提出後十五日內，董事會不為召集之通知時，股東得報經
主管機關許可，自行召集。依規定召集之股東臨時會，為調查公司
業務及財產狀況，得選任檢查人。董事因股份轉讓或其他理由，致
董事會不為召集或不能召集股東會時，得由持有已發行股份總數百
分之三以上股份之股東，報經主管機關許可，自行召集。

股東對於會議之事項，有自身利害關係致有害於公司利益之虞
時，不得加入表決，並不得代理他股東行使其表決權。公司各股東，
除有公司法第一百五十七條第三款情形外，每股有一表決權。有下
列情形之一者，其股份無表決權：

一、公司依法持有自己之股份。

二、被持有已發行有表決權之股份總數或資本總額超過半數之
　　從屬公司，所持有控制公司之股份。

三、控制公司及其從屬公司直接或間接持有他公司已發行有表
　　決權之股份總數或資本總額合計超過半數之他公司，所持
　　有控制公司及其從屬公司之股份。

政府或法人為股東時，其代表人不限於一人。但其表決權之行使，仍以其所持有之股份綜合計算。前之代表人有二人以上時，其代表人行使表決權應共同為之。股東會由董事會召集者，其主席依第二百零八條第三項規定辦理；由董事會以外之其他召集權人召集者，主席由該召集權人擔任之，召集權人有二人以上時，應互推一人擔任之。公司應訂定議事規則。股東會開會時，主席違反議事規則，宣布散會者，得以出席股東表決權過半數之同意推選一人擔任主席，繼續開會。

公司為下列行為，應有代表已發行股份總數三分之二以上股東出席之股東會，以出席股東表決權過半數之同意行之：

一、締結、變更或終止關於出租全部營業，委託經營或與或他人經常共同經營之契約。

二、讓與全部或主要部分之營業或財產。

三、受讓他人全部營業或財產，對公司營運有重大影響者。

公開發行股票之公司，出席股東之股份總數不足前項定額者，得以有代表已發行股份總數過半數股東之出席，出席股東表決權三分之二以上之同意行之。前所出席股東股份總數及表決權數，章程有較高之規定者，從其規定。

董事及董事會

公司董事會，設置董事不得少於三人，由股東會就有行為能力之人選任之。公開發行股票之公司選任之董事，其全體董事合計持股比例，證券管理機關另有規定者，從其規定。民法第八十五條之規定，對於前項行為能力不適用之。公司與董事間之關係，除公司法另有規定外，依民法關於委任之規定。第三十條之規定，對董事準用之。

公開發行股票之公司董事選舉，採候選人提名制度者，應載明於章程，股東應就董事候選人名單中選任之。公司應於股東會召開前之停止股票過戶日前，公告受理董事候選人提名之期間、董事應選名額、其受理處所及其他必要事項，受理期間不得少於十日。持有已發行股份總數百分之一以上股份之股東，得以書面向公司提出董事候選人名單，提名人數不得超過董事應選名額；董事會提名董事候選人之人數，亦同。前項提名股東應檢附被提名人姓名、學歷、經歷、當選後願任董事之承諾書、無公司法第三十條規定情事之聲明書及其他相關證明文件；被提名人為法人股東或其代表人者，並應檢附該法人股東登記基本資料及持有之股份數額證明文件。

董事會或其他召集權人召集股東會者，對董事被提名人應予審查，除有下列情事之一者外，應將其列入董事候選人名單：

一、提名股東於公告受理期間外提出。

二、提名股東於公司依第一百六十五條第二項或第三項停止股票過戶時，持股未達百分之一。

三、提名人數超過董事應選名額。

四、未檢附第四項規定之相關證明文件。

前項審查董事被提名人之作業過程應作成紀錄，其保存期限至少為一年。但經股東對董事選舉提起訴訟者，應保存至訴訟終結為止。公司應於股東常會開會四十日前或股東臨時會開會二十五日前，將董事候選人名單及其學歷、經歷、持有股份數額與所代表之政府、法人名稱及其他相關資料公告，並將審查結果通知提名股東，對於提名人選未列入董事候選人名單者，並應敘明未列入之理由。公司負責人違反第二項或前二項規定者，處新臺幣一萬元以上五萬元以下罰鍰。

董事會執行業務，應依照法令章程及股東會之決議。董事會之決議，違反前項規定，致公司受損害時，參與決議之董事，對於公司負賠償之責；但經表示異議之董事，有紀錄或書面聲明可證者，免其責任。

董事會決議，為違反法令或章程之行為時，繼續一年以上持有股份之股東得請求董事會停止其行為。董事任期不得逾三年。但得連選連任。董事任期屆滿而不及改選時，延長其執行職務至改選董事就任時為止。但主管機關得依職權限期令公司改選；屆期仍不改選者，自限期屆滿時，當然解任。董事之報酬，未經章程訂明者，應由股東會議定。

董事經選任後，應向主管機關申報，其選任當時所持有之公司股份數額；公開發行股票之公司董事在任期中轉讓超過選任當時所持有之公司股份數額二分之一時，其董事當然解任。董事在任期中其股份有增減時，應向主管機關申報並公告之。董事任期未屆滿提前改選者，當選之董事，於就任前轉讓超過選任當時所持有之公司股份數額二分之一時，或於股東會召開前之停止股票過戶期間內，轉讓持股超過二分之一時，其當選失其效力。

股東會選任董事時，除公司章程另有規定外，每一股份有與應選出董事人數相同之選舉權，得集中選舉一人，或分配選舉數人，由所得選票代表選舉權較多者，當選為董事。董事得由股東會之決議，隨時解任；如於任期中無正當理由將其解任時，董事得向公司請求賠償因此所受之損害。股東會為前項解任之決議，應有代表已發行股份總數三分之二以上股東之出席，以出席股東表決權過半數之同意行之。公開發行股票之公司，出席股東之股份總數不足前項定額者，得以有代表已發行股份總數過半數股東之出席，出席股東

表決權三分之二以上之同意行之。若出席股東股份總數及表決權數，公司章程有較高之規定者，從其規定。

股東會於董事任期未屆滿前，經決議改選全體董事者，如未決議董事於任期屆滿始為解任，視為提前解任。董事執行業務，有重大損害公司之行為或違反法令或章程之重大事項，股東會未為決議將其解任時，得由持有已發行股份總數百分之三以上股份之股東，於股東會後三十日內，訴請法院裁判之。

董事缺額達三分之一時，董事會應於三十日內召開股東臨時會補選之。但公開發行股票之公司，董事會應於六十日內召開股東臨時會補選之。公司業務之執行，除本法或章程規定應由股東會決議之事項外，均應由董事會決議行之。

董事會由董事長召集之。但每屆第一次董事會，由所得選票代表選舉權最多之董事召集之。每屆第一次董事會應於改選後十五日內召開之。但董事係於上屆董事任滿前改選，並決議自任期屆滿時解任者，應於上屆董事任滿後十五日內召開之。董事係於上屆董事任期屆滿前改選，並經決議自任屆滿時解任者，其董事長、副董事長、常務董事之改選得於任期屆滿前為之，不受前之限制。第一次董事會之召集，出席之董事未達選舉常務董事或董事長之最低出席人數時，原召集人應於十五日內繼續召集，並得適用公司法第二百零六條之決議方法選舉之。

董事會開會時，董事應親自出席。但公司章程訂定得由其他董事代理者，不在此限。董事會開會時，如以視訊會議為之，其董事以視訊參與會議者，視為親自出席。董事委託其他董事代理出席董事會時，應於每次出具委託書，並列舉召集事由之授權範圍。前項代理人，以受一人之委託為限。董事居住國外者，得以書面委託居

住國內之其他股東，經常代理出席董事會。前項代理，應向主管機關申請登記，變更時，亦同。

董事會未設常務董事者，應由三分之二以上董事之出席，及出席董事過半數之同意，互選一人為董事長，並得依章程規定，以同一方式互選一人為副董事長。董事會設有常務董事者，其常務董事依前項選舉方式互選之，名額至少三人，最多不得超過董事人數三分之一。董事長或副董事長由常務董事依前項選舉方式互選之。董事長對內為股東會、董事會及常務董事會主席，對外代表公司。董事長請假或因故不能行使職權時，由副董事長代理之；無副董事長或副董事長亦請假或因故不能行使職權時，由董事長指定常務董事一人代理之；其未設常務董事者，指定董事一人代理之；董事長未指定代理人者，由常務董事或董事互推一人代理之。常務董事於董事會休會時，依法令、章程、股東會決議及董事會決議，以集會方式經常執行董事會職權，由董事長隨時召集，以半數以上常務董事之出席，及出席過半數之決議行之。董事為自己或他人為屬於公司營業範圍內之行為，應對股東會說明其行為之重要內容並取得其許可。

監察人

公司監察人，由股東會選任之，監察人中至少須有一人在國內有住所。公開發行股票之公司依前項選任之監察人須有二人以上，其全體監察人合計持股比例，證券管理機關另有規定者，從其規定。公司與監察人間之關係，從民法關於委任之規定。監察人任期不得逾三年。但得連選連任。監察人任期屆滿而不及改選時，延長其執行職務至改選監察人就任時為止。但主管機關得依職權，限期令公司改選；屆期仍不改選者，自限期屆滿時，當然解任。

會計

每會計年度終了，董事會應編造左列表冊，於股東常會開會三十日前交監察人查核：

一、營業報告書。

二、財務報表。

三、盈餘分派或虧損撥補之議案。

前項表冊，應依中央主管機關規定之規章編造。監察人並得請求董事會提前交付營業報告書查核。

公司非彌補虧損及依本法規定提出法定盈餘公積後，不得分派股息及紅利。公司無盈餘時，不得分派股息及紅利。但法定盈餘公積已超過實收資本額百分之五十時，得以其超過部分派充股息及紅利。公司負責人違反規定分派股息及紅利時，各處一年以下有期徒刑、拘役或科或併科新臺幣六萬元以下罰金。公司之債權人，得請求退還，並得請求賠償因此所受之損害。

公司債

公司經董事會決議後，得募集公司債。但須將募集公司債之原因及有關事項報告股東會。前項決議，應由三分之二以上董事之出席，及出席董事過半數之同意行之。公司於發行公司債時，得約定其受償順序次於公司其他債權。公司債之總額，不得逾公司現有全部資產減去全部負債及無形資產後之餘額。無擔保公司債之總額，不得逾前項之餘額二分之一。

公司發行公司債時，應載明下列事項，向證券管理機關辦理之：

一、公司名稱。

二、公司債總額及債券每張之金額。

三、公司債之利率。

四、公司債償還方法及期限。

五、償還公司債款之籌集計畫及保管方法。

六、公司債募得價款之用途及運用計畫。

七、前已募集公司債者，其未償還之數額。

八、公司債發行價格或最低價格。

九、公司股份總數與已發行股份總數及其金額。

一〇、公司現有全部資產，減去全部負債及無形資產後之餘額。

一一、證券管理機關規定之財務報表。

一二、公司債權人之受託人名稱及其約定事項。

一三、代收款項之銀行或郵局名稱及地址。

一四、有承銷或代銷機構者，其名稱及約定事項。

一五、有發行擔保者，其種類、名稱及證明文件。

一六、有發行保證人者，其名稱及證明文件。

一七、對於前已發行之公司債或其他債務，曾有違約或遲延支
　　　付本息之事實或現況。

一八、可轉換股份者，其轉換辦法。

一九、附認股權者，其認購辦法。

二〇、董事會之議事錄。

二一、公司債其他發行事項，或證券管理機關規定之其他事項。

公司有左列情形之一者，不得發行無擔保公司債：

一、對於前已發行之公司債或其他債務，曾有違約或遲延支付
　　本息之事實已了結者。

二、最近三年或開業不及三年之開業年度課稅後之平均淨利，
　　未達原定發行之公司債，應負擔年息總額之百分之一百五
　　十者。

公司有左列情形之一者，不得發行公司債：

一、對於前已發行之公司債或其他債務有違約或遲延支付本息之事實，尚在繼續中者。

二、最近三年或開業不及三年之開業年度課稅後之平均淨利，未達原定發行之公司債應負擔年息總額之百分之一百者。但經銀行保證發行之公司債不受限制。

變更章程

公司非經股東會決議，不得變更章程。前項股東會之決議，應有代表已發行股份總數三分之二以上之股東出席，以出席股東表決權過半數之同意行之。公開發行股票之公司，出席股東之股份總數不足前項定額者，得以有代表已發行股份總數過半數股東之出席，出席股東表決權三分之二以上之同意行之。

公司重整

公開發行股票或公司債之公司，因財務困難，暫停營業或有停業之虞，而有重建更生之可能者，得由公司或下列利害關係人之一向法院聲請重整：

一、繼續六個月以上持有已發行股份總數百分之十以上股份之股東。

二、相當於公司已發行股份總數金額百分之十以上之公司債權人。

公司為前項聲請，應經董事會以董事三分之二以上之出席及出席董事過半數同意之決議行之。

公司重整之聲請，應由聲請人以書狀連同副本五份，載明左列事項，向法院為之：

一、聲請人之姓名及住所或居所；聲請人為法人、其他團體或
　　機關者，其名稱及公務所、事務所或營業所。

二、有法定代理人、代理人者，其姓名、住所或居所，及法定
　　代理人與聲請人之關係。

三、公司名稱、所在地、事務所或營業所及代表公司之負責人
　　姓名、住所或居所。

四、聲請之原因及事實。

五、公司所營事業及業務狀況。

六、公司最近一年度依第二百二十八條規定所編造之表冊；聲
　　請日期已逾年度開始六個月者，應另送上半年之資產負債
　　表。

七、對於公司重整之具體意見。

前項第五款至第七款之事項，得以附件補充之。

公司為聲請時，應提出重整之具體方案。

股東或債權人為聲請時，應檢同釋明其資格之文件，對第一項
第五款及第六款之事項，得免予記載。

重整之聲請，有左列情形之一者，法院應裁定駁回：

一、聲請程序不合者。但可以補正者，應限期命其補正。

二、公司未依本法公開發行股票或公司債者。

三、公司經宣告破產已確定者。

四、公司依破產法所為之和解決議已確定者。

五、公司已解散者。

六、公司被勒令停業限期清理者。

<u>清算</u>

公司之清算，以董事為清算人。但本法或章程另有規定或股東會另選清算人時，不在此限。不能依前之規定定清算人時，法院得因利害關係人之聲請，選派清算人。清算人除由法院選派者外，得由股東會決議解任。法院因監察人或繼續一年以上持有已發行股份總數百分之三以上股份股東之聲請，得將清算人解任。清算人於執行清算事務之範圍內，除公司法另有規定外，其權利義務與董事同。

<u>第六章之一　關係企業</u>

關係企業，指獨立存在而相互間具有下列關係之企業：

一、有控制與從屬關係之公司。

二、相互投資之公司。

有控制與從屬關係之公司的分別，在於公司持有他公司有表決權之股份或出資額，超過他公司已發行有表決權之股份總數或資本總額半數者為控制公司，該他公司為從屬公司。除前項外，公司直接或間接控制他公司之人事、財務或業務經營者亦為控制公司，該他公司為從屬公司。有下列情形之一者，推定為有控制與從屬關係：

一、公司與他公司之執行業務股東或董事有半數以上相同者。

二、公司與他公司之已發行有表決權之股份總數或資本總額有半數以上為相同之股東持有或出資者。

控制公司直接或間接使從屬公司為不合營業常規或其他不利益之經營，而未於會計年度終了時為適當補償，致從屬公司受有損害者，應負賠償責任。控制公司負責人使從屬公司為前項之經營者，應與控制公司就前項損害負連帶賠償責任。控制公司未為第一項之賠償，從屬公司之債權人或繼續一年以上持有從屬公司已發行有表

決權股份總數或資本總額百分之一以上之股東，得以自己名義行使前項從屬公司之權利，請求對從屬公司為給付。前項權利之行使，不因從屬公司就該請求賠償權利所為之和解或拋棄而受影響。

相互投資公司的定義，則為公司與他公司相互投資各達對方有表決權之股份總數或資本總額三分之一以上者，為相互投資公司。相互投資公司各持有對方已發行有表決權之股份總數或資本總額超過半數者，或互可直接或間接控制對方之人事、財務或業務經營者，互為控制公司與從屬公司。相互投資公司知有相互投資之事實者，其得行使之表決權，不得超過被投資公司已發行有表決權股份總數或資本總額之三分之一。但以盈餘或公積增資配股所得之股份，仍得行使表決權。公司依第三百六十九條之八規定通知他公司後，於未獲他公司相同之通知，亦未知有相互投資之事實者，其股權之行使不受前之限制。

第七章　外國公司

外國公司之名稱，應譯成中文，除標明其種類外，並應標明其國籍。外國公司非在其本國設立登記營業者，不得申請認許。非經認許，並辦理分公司登記者，不得在中華民國境內營業。外國公司應專撥其在中華民國境內營業所用之資金，並應受主管機關對其所營事業最低資本額規定之限制。外國公司應在中華民國境內指定其訴訟及非訴訟之代理人，並以之為在中華民國境內之公司負責人。

外國公司有下列情事之一者，不予認許：

一、其目的或業務，違反中華民國法律、公共秩序或善良風俗者。

二、公司之認許事項或文件，有虛偽情事者。

外國公司應於認許後，將章程備置於中華民國境內指定之訴訟及非訴訟代理人處所，或其分公司，如有無限責任股東者，並備置其名冊。公司負責人違反前之規定，不備置章程或無限責任股東名冊者，各處新臺幣一萬元以上五萬元以下罰鍰。連續拒不備置者，並按次連續各處新臺幣二萬元以上十萬元以下罰鍰。外國公司經認許後，其法律上權利義務及主管機關之管轄，除法律另有規定外，與中華民國公司同。

二、票據法

第一章　通則

台灣票據法所稱票據，為匯票、本票、及支票。稱匯票者，謂發票人簽發一定之金額，委託付款人於指定之到期日，無條件支付與受款人或執票人之票據。稱本票者，謂發票人簽發一定之金額，於指定之到期日，由自己無條件支付與受款人或執票人之票據。稱支票者，謂發票人簽發一定之金額，委託金融業者於見票時，無條件支付與受款人或執票人之票據。這裡所稱金融業者，係指經財政部核准辦理支票存款業務之銀行、信用合作社、農會及漁會。

在票據上簽名者，依票上所載文義負責。二人以上共同簽名時，應連帶負責。票據上之簽名，得以蓋章代之。票據上記載金額之文字與號碼不符時，以文字為準。 票據上雖有無行為能力人或限制行為能力人之簽名，不影響其他簽名之效力。代理人未載明為本人代理之旨而簽名於票據者，應自負票據上之責任。無代理權而以代理人名義簽名於票據者，應自負票據上之責任。代理人逾越權限時，就其權限外之部分，亦應自負票據上之責任。

欠缺票據法所規定票據上應記載事項之一者，其票據無效。但票據法別有規定者，不在此限。執票人善意取得已具備本法規定應記載事項之票據者，得依票據文義行使權利；票據債務人不得以票據原係欠缺應記載事項為理由，對於執票人，主張票據無效。票據上之記載，除金額外，得由原記載人於交付前改寫之。但應於改寫處簽名。

票據上記載本法所不規定之事項者，不生票據上之效力。票據債務人不得以自己與發票人或執票人之前手間所存抗辯之事由對抗執票人。但執票人取得票據出於惡意者，不在此限。

以惡意或有重大過失取得票據者，不得享有票據上之權利。無對價或以不相當之對價取得票據者，不得享有優於其前手之權利。票據之偽造或票據上簽名之偽造，不影響於真正簽名之效力。票據經變造時，簽名在變造前者，依原有文義負責；簽名在變造後者，依變造文義負責；不能辨別前後時，推定簽名在變造前。前項票據變造，其參與或同意變造者，不論簽名在變造前後，均依變造文義負責。票據上之簽名或記載被塗銷時，非由票據權利人故意為之者，不影響於票據上之效力。

票據喪失時，票據權利人得為止付之通知。但應於提出止付通知後五日內向付款人提出已為聲請公示催告之證明。未依前規定辦理者，止付通知失其效力。票據喪失時，票據權利人，得為公示催告之聲請。公示催告程序開始後，其經到期之票據，聲請人得提供擔保，請求票據金額之支付；不能提供擔保時，得請求將票據金額依法提存。其尚未到期之票據，聲請人得提供擔保，請求給與新票據。

為行使或保全票據上權利，對於票據關係人應為之行為，應在票據上指定之處所為之，無指定之處所者，在其營業所為之，無營業所者，在其住所或居所為之。票據關係人之營業所、住所或居所

不明時，因作成拒絕證書得請求法院公證處、商會或其他公共會所調查其人之所在，若仍不明時，得在該法院公證處、商會或其他公共會所作成之。為行使或保全票據上權利，對於票據關係人應為之行為，應於其營業日之營業時間內為之，如其無特定營業日或未訂有營業時間者，應於通常營業日之營業時間內為之。

關於票據上之權利，對匯票承兌人及本票發票人，自到期日起算；見票即付之本票，自發票日起算；三年間不行使，因時效而消滅。對支票發票人自發票日起算，一年間不行使，因時效而消滅。匯票、本票之執票人，對前手之追索權，自作成拒絕證書日起算，一年間不行使，因時效而消滅。支票之執票人，對前手之追索權，四個月間不行使，因時效而消滅。其免除作成拒絕證書者，匯票、本票自到期日起算；支票自提示日起算。匯票、本票之背書人，對於前手之追索權，自為清償之日或被訴之日起算，六個月間不行使，因時效而消滅。支票之背書人，對前手之追索權，二個月間不行使，因時效而消滅。票據上之債權，雖依票據法因時效或手續之欠缺而消滅，執票人對於發票人或承兌人，於其所受利益之限度，得請求償還。

第二章　匯票

發票及款式

匯票應記載下列事項，由發票人簽名。

一、表明其為匯票之文字。

二、一定之金額。

三、付款人之姓名或商號。

四、受款人之姓名或商號。

五、無條件支付之委託。

六、發票地。

七、發票年月日。

八、付款地。

九、到期日。

其中，「載明票據的種類」、「一定之金額」、「發票日」、「發票人簽名」為絕對必要記載事項，缺一即無效。

未載到期日者，視為見票即付。未載付款人者，以發票人為付款人。未載受款人者，以執票人為受款人。未載發票地者，以發票人之營業所、住所或居所所在地為發票地。未載付款地者，以付款人之營業所、住所或居所所在地為付款地。

發票人得以自己或付款人為受款人，並得以自己為付款人。匯票未載受款人者，執票人得於無記名匯票之空白內，記載自己或他人為受款人，變更為記名匯票。發票人得於付款人外，記載一人，為擔當付款人。發票人亦得於付款人外，記載在付款地之一人為預備付款人。發票人得記載在付款地之付款處所。發票人得記載對於票據金額支付利息及其利率。利率未經載明時，定為年利六釐。利息自發票日起算。但有特約者，不在此限。

發票人應照匯票文義擔保承兌及付款。但得依特約免除擔保承兌之責。前項特約，應載明於匯票。匯票上有免除擔保付款之記載者，其記載無效。

背書

匯票依背書及交付而轉讓。無記名匯票得僅依交付轉讓之。記名匯票發票人有禁止轉讓之記載者，不得轉讓。背書人於票上記載

禁止轉讓者,仍得依背書而轉讓之。但禁止轉讓者,對於禁止後再由背書取得匯票之人,不負責任。

背書由背書人在匯票之背面或其黏單上為之。背書人記載被背書人,並簽名於匯票者,為記名背書。背書人不記載被背書人,僅簽名於匯票者,為空白背書。前兩項之背書,背書人得記載背書之年、月、日。空白背書之匯票,得依匯票之交付轉讓之。匯票之最後背書為空白背書者,執票人得於該空白內,記載自己或他人為被背書人,變更為記名背書,再為轉讓。匯票得讓與發票人、承兌人、付款人或其他票據債務人。前項受讓人,於匯票到期日前,得再為轉讓。

背書人得記載在付款地之一人為預備付款人。就匯票金額之一部分所為之背書,或將匯票金額分別轉讓於數人之背書,不生效力,背書附記條件者,其條件視為無記載。執票人應以背書之連續,證明其權利,但背書中有空白背書時,其次之背書人,視為前空白背書之被背書人。塗銷之背書,不影響背書之連續者,對於背書之連續,視為無記載。塗銷之背書,影響背書之連續者,對於背書之連續,視為未塗銷。執票人故意塗銷背書者,其被塗銷之背書人及其被塗銷背書人名次之後,而於未塗銷以前為背書者,均免其責任。

執票人以委任取款之目的,而為背書時,應於匯票上記載之。前項被背書人,得行使匯票上一切權利,並得以同一目的,更為背書。其次之被背書人,所得行使之權利,與第一被背書人同。票據債務人對於受任人所得提出之抗辯,以得對抗委任人者為限。到期日後之背書,僅有通常債權轉讓之效力。背書未記明日期者,推定其作成於到期日前。

承兌

執票人於匯票到期日前，得向付款人為承兌之提示。承兌應在匯票正面記載承兌字樣，由付款人簽名。付款人僅在票面簽名者，視為承兌。除見票即付之匯票外，發票人或背書人得在匯票上為應請求承兌之記載，並得指定其期限。發票人得為於一定日期前，禁止請求承兌之記載。背書人所定應請求承兌之期限，不得在發票人所定禁止期限之內。

見票後定期付款之匯票，應自發票日起六個月內為承兌之提示。這項期限，發票人得以特約縮短或延長之。但延長之期限不得逾六個月。見票後定期付款之匯票，或指定請求承兌期限之匯票，應由付款人在承兌時，記載其日期。承兌日期未經記載時，承兌仍屬有效。但執票人得請求作成拒絕證書，證明承兌日期；未作成拒絕證書者，以前條所許或發票人指定之承兌期限之末日為承兌日。付款人承兌時，經執票人之同意，得就匯票金額之一部分為之。但執票人應將事由通知其前手。承兌附條件者，視為承兌之拒絕。但承兌人仍依所附條件負其責任。付款人於執票人請求承兌時，並得請其延期為之，但以三日為限。

付款人於承兌時，得指定擔當付款人。發票人已指定擔當付款人者，付款人於承兌時，得塗銷或變更之。付款人於承兌時，得於匯票上記載付款地之付款處所。付款人雖在匯票上簽名承兌，未將匯票交還執票人以前，仍得撤銷其承兌。但已向執票人或匯票簽名人以書面通知承兌者，不在此限。付款人於承兌後，應負付款之責。承兌人到期不付款者，執票人雖係原發票人，亦得就票據法第九十七條及第九十八條所定之金額，直接請求支付。

參加承兌

執票人於到期日前得行使追索權時，匯票上指定有預備付款人者，得請求其為參加承兌。除預備付款人與票據債務人外，不問何人，經執票人同意，得以票據債務人中之一人，為被參加人，而為參加承兌。

參加承兌，應在匯票正面記載下列各款，由參加承兌人簽名：

一、參加承兌之意旨。

二、被參加人姓名。

三、年、月、日。

未記載被參加人者，視為為發票人參加承兌。預備付款人為參加承兌時，以指定預備付款人之人，為被參加人。參加人非受被參加人之委託，而為參加者，應於參加後四日內，將參加事由，通知被參加人。參加人怠於為前之通知，因而發生損害時，應負賠償之責。執票人允許參加承兌後，不得於到期日前行使追索權。被參加人及其前手，仍得於參加承兌後，向執票人支付票據法第九十七條所定金額，請其交出匯票及拒絕證書。付款人或擔當付款人，不於票據法第六十九條及第七十條所定期限內付款時，參加承兌人，應負支付票據法第九十七條所定金額之責。

保證

匯票之債務，得由保證人保證之。保證人，除票據債務人外，不問何人，均得為之。保證應在匯票或其謄本上，記載下列各款，由保證人簽名。

一、保證人之意旨。

二、被保證人姓名。

三、年、月、日。

保證未載明年、月、日者，以發票年、月、日為年、月、日。保證未載明被保證人者，視為為承兌人保證；其未經承兌者，視為為發票人保證。但得推知其為何人保證者，不在此限。保證人與被保證人，負同一責任。被保證人之債務，縱為無效，保證人仍負擔其義務。但被保證人之債務，因方式之欠缺，而為無效者，不在此限。二人以上為保證時，均應連帶負責。保證得就匯票金額之一部分為之。保證人清償債務後，得行使執票人對承兌人、被保證人及其前手之追索權。

<u>到期日</u>

匯票之到期日，應依下列各式之一定之：

一、定日付款。

二、發票日後定期付款。

三、見票即付。

四、見票後定期付款。

分期付款之匯票，其中任何一期，到期不獲付款時，未到期部份，視為全部到期。視為到期之匯票金額中所含未到期之利息，於清償時，應扣減之。利息經約定於匯票到期日前分期付款者，任何一期利息到期不獲付款時，全部匯票金額視為均已到期。見票即付之匯票，以提示日為到期日。見票後定期付款之匯票，依承兌日或拒絕承兌證書作成日，計算到期日。匯票經拒絕承兌而未作成拒絕承兌證書者，依票據法第四十五條所規定承兌提示期限之末日，計算到期日。

發票日後或見票日後一個月或數個月付款之匯票，以在應付款之月與該日期相當之日為到期日，無相當日者，以該月末日為到期

日。發票日後或見票日後一個月半或數個月半付款之匯票，應依前項規定計算全月後，加十五日，以其末日為到期日。票上僅載月初、月中、月底者，謂月之一日、十五日、末日。

付款

執票人應於到期日或其後二日內，為付款之提示。匯票上載有擔當付款人者，其付款之提示，應向擔當付款人為之。為交換票據，向票據交換所提示者，與付款之提示，有同一效力。付款經執票人之同意，得延期為之。但以提示後三日為限。付款人對於背書不連續之匯票而付款者，應自負其責。付款人對於背書簽名之真偽，及執票人是否票據權利人，不負認定之責。但有惡意及重大過失時，不在此限。

到期日前之付款，執票人得拒絕之。付款人於到期日前付款者，應自負其責。一部分之付款，執票人不得拒絕。付款人付款時，得要求執票人記載收訖字樣，簽名為證，並交出匯票。付款人為一部分之付款時，得要求執票人在票上記載所收金額，並另給收據。表示匯票金額之貨幣，如為付款地不通用者，得依付款日行市，以付款地通用之貨幣支付之。但有特約者，不在此限。表示匯票金額之貨幣，如在發票地與付款地，名同價異者，推定其為付款地之貨幣。執票人在票據法第六十九條所定期限內不為付款之提示時，票據債務人得將匯票金額依法提存；其提存費用，由執票人負擔之。

參加付款

參加付款，應於執票人得行使追索權時為之。但至遲不得逾拒絕證書作成期限之末日。參加付款，不問何人，均得為之。執票人拒絕參加付款者，對於被參加人及其後手喪失追索權。付款人或擔

當付款人不於票據法第六十九條及第七十條所定期限內付款者，有參加承兌人時，執票人應向參加承兌人為付款之提示；無參加承兌人而有預備付款人時，應向預備付款人為付款之提示。參加承兌人或預備付款人，不於付款提示時為清償者，執票人應請作成拒絕付款證書之機關，於拒絕證書上載明之。執票人違反前二項規定時，對於被參加人與指定預備付款人之人及其後手，喪失追索權。

請為參加付款者，有數人時，其能免除最多數之債務者，有優先權。故意違反前之規定為參加付款者，對於因之未能免除債務之人，喪失追索權。能免除最多數之債務者有數人時，應由受被參加人之委託者或預備付款人參加之。參加付款，應就被參加人應支付金額之全部為之。參加付款，應於拒絕付款證書內記載之。參加承兌人付款，以被參加承兌人為被參加付款人，預備付款人付款，以指定預備付款人之人為被參加付款人。無參加承兌人或預備付款人，而匯票上未記載被參加付款人者，以發票人為被參加付款人。

參加付款後，執票人應將匯票及收款清單交付參加付款人，有拒絕證書者，應一併交付之。違反前項之規定者，對於參加付款人，應負損害賠償之責。參加付款人對於承兌人、被參加付款人及其前手取得執票人之權利。但不得以背書更為轉讓。被參加付款人之後手，因參加付款而免除債務。

追索權

匯票到期不獲付款時，執票人於行使或保全匯票上權利之行為後，對於背書人、發票人及匯票上其他債務人得行使追索權。有下列情形之一者，雖在到期日前，執票人亦得行使前項權利：

一、匯票不獲承兌時。

二、付款人或承兌人死亡、逃避或其他原因無從為承兌或付款提示時。

三、付款人或承兌人受破產宣告時。

匯票全部或一部不獲承兌或付款，或無從為承兌或付款提示時，執票人應請求作成拒絕證書證明之。付款人或承兌人在匯票上記載提示日期，及全部或一部承兌或付款之拒絕，經其簽名後，與作成拒絕證書，有同一效力。付款人或承兌人之破產，以宣告破產裁定之正本或節本證明之。拒絕承兌證書，應於提示承兌期限內作成之。拒絕付款證書，應以拒絕付款日或其後五日內作成之。但執票人允許延期付款時，應於延期之末日，或其後五日內作成之。拒絕承兌證書作成後，無須再為付款提示，亦無須再請求作成付拒絕證書。

執票人應於拒絕證書作成後四日內，對於背書人發票人及其他匯票上債務人，將拒絕事由通知之。如有特約免除作成拒絕證書時，執票人應於拒絕承兌或拒絕付款後四日內，為前之通知。背書人應於收到前項通知後四日內，通知其前手。背書人未於票據上記載住所或記載不明時，其通知對背書人之前手為之。發票人背書人及匯票上其他債務人，得於票據法所定通知期限前，免除執票人通知之義務。通知得用任何方法為之。付郵遞送之通知，如封面所記被通知人之住所無誤，視為已經通知。

發票人或背書人，得為免除作成拒絕證書之記載。發票人為前項記載時，執票人得不請求作成拒絕證書而行使追索權。但執票人仍請求作成拒絕證書時，應自負擔其費用。背書人為第一項記載時，僅對於該背書人發生效力。執票人作成拒絕證書者，得向匯票上其他簽名人，要求償還其費用。

匯票上雖有免除作成拒絕證書之記載，執票人仍應於所定期限內，為承兌或付款之提示，但對於執票人主張未為提示者，應負舉證之責。發票人承兌人背書人及其他票據債務人，對於執票人連帶負責。執票人得不依負擔債務之先後，對於前項債務人之一人或數人或全體行使追索權。執票人對於債務人之一人或數人已為追索者，對於其他票據債務人，仍得行使追索權。被追索者，已為清償時，與執票人有同一權利。

執票人向匯票債務人行使追索權時，得要求下列金額：

一、被拒絕承兌或付款之匯票金額，如有約定利息者，其利息。

二、自到期日起如無約定利率者，依年利六釐計算之利息。

三、作成拒絕證書與通知及其他必要費用。

於到期日前付款者，自付款日至到期日前之利息，應由匯票金額內扣除。

無約定利率者，依年利六釐計算。為清償者，得向承兌人或前手要求下列金額：

一、所求付之總金額。

二、前款金額之利息。

三、所支出之必要費用。

執票人為發票人時，對其前手無追索權。執票人為背書人時，對該背書之後手無追索權。匯票債務人為清償時，執票人應交出匯票，有拒絕證書時，應一併交出。匯票債務人為前之清償，如有利息及費用者，執票人應出具收據及償還計算書。背書人為清償時，得塗銷自己及其後手之背書。匯票金額一部分獲承兌時，清償未獲承兌部分之人，得要求執票人在匯票上記載其事由，另行出具收據，並交出匯票之膳本及拒絕承兌證書。

有追索權者,得以發票人或前背書人之一人或其他票據債務人為付款人,向其住所所在地發見票即付之匯票。但有相反約定時,不在此限。執票人不於本法所定期限內為行使或保全匯票上權利之行為者,對於前手喪失追索權。執票人不於約定期限內為前項行為者,對該約定之前手,喪失追索權。但執票人因不可抗力之事變,不能於所定期限內為承兌或付款之提示,應將其事由從速通知發票人、背書人及其他票據債務人。不可抗力之事變終止後,執票人應即對付款人提示。如事變延至到期日後三十日以外時,執票人得逕行使追索權,無須提示或作成拒絕證書。匯票為見票即付或見票後定期付款者,前項三十日之期限自執票人通知其前手之日起算。

拒絕證書

拒絕證書,由執票人請求拒絕承兌地或拒絕付款地之法院公證處、商會或銀行公會作成之。拒絕證書應記載下列各款,由作成人簽名並蓋作成機關之印章:

一、拒絕者及被拒絕者之姓名或商號。

二、對於拒絕者,雖為請求,未得允許之意旨,或不能會晤拒絕者之事由或其營業所、住所或居所不明之情形。

三、為前款請求或不能為前款請求之地及其年月日。

四、於法定處所外作成拒絕證書時當事人之合意。

五、有參加承兌時,或參加付款時,參加之種類及參加人,並被參加人之姓名或商號。

六、拒絕證書作成之處所及其年月日。

對數人行使追索權時,祇須作成拒絕證書一份。拒絕證書作成人,應將證書原本交付執票人,並就證書全文另作抄本,存於事務所,以備原本滅失時之用。抄本與原本有同一效力。

複本

匯票之受款人,得自負擔其費用,請求發票人發行複本。但受款人以外之執票人,請求發行複本時,須依次經由其前手請求之,並由其前手在各複本上,為同樣之背書。前項複本以三份為限。複本應記載同一文句,標明複本字樣,並編列號數,未經標明複本字樣,並編列號數者,視為獨立之匯票。就複本之一付款時,其他複本失其效力。但承兌人對於經其承兌而未取回之複本,應負其責。背書人將複本分別轉讓於二人以上時,對於經其背書而未收回之複本,應負其責。將複本各份背書轉讓與同一人者,該背書人為償還時,得請求執票人交出複本之各份。但執票人已立保證或提供擔保者,不在此限。

謄本

執票人有作成匯票謄本之權利。謄本應標明謄本字樣,謄寫原本之一切事項,並註明迄於何處為謄寫部分。執票人就匯票作成謄本時,應將已作成謄本之旨,記載於原本。背書及保證,亦得在謄本上為之,與原本上所為之背書及保證,有同一效力。為提示承兌送出原本者,應於謄本上載明,原本接收人之姓名或商號及其住址。匯票上有前項記載者,執票人得請求接收人交還原本。接收人拒絕交還時,執票人非將曾向接收人請求交還原本而未經其交還之事由,以拒絕證書證明,不得行使追索權。

第三章　本票

本票應記載下列事項,由發票人簽名:
一、表明其為本票之文字。

二、一定之金額。

三、受款人之姓名或商號。

四、無條件擔任支付。

五、發票地。

六、發票年、月、日。

七、付款地。

八、到期日。

未載到期日者，視為見票即付。未載受款人者，以執票人為受款人。未載發票地者，以發票人之營業所、住所或居所所在地為發票地。未載付款地者，以發票地為付款地。見票即付，並不記載受款人之本票，其金額須在五百元以上。本票發票人所負責任，與匯票承兌人同。見票後定期付款之本票，應由執票人向發票人為見票之提示，請其簽名，並記載見票字樣及日期。未載見票日期者，應以所定提示見票期限之末日為見票日。發票人於提示見票時，拒絕簽名者，執票人應於提示見票期限內，請求作成拒絕證書。執票人依前項規定作成見票拒絕證書後，無須再為付款之提示，亦無須再請求作成付款拒絕證書。執票人不於票據法第四十五條所定期限內為見票之提示或作拒絕證書者，對於發票人以外之前手喪失追索權。

執票人向本票發票人行使追索權時，得聲請法院裁定後強制執行。本票準用匯票關於發票人、背書、保證、到期日、付款、追索權、參加付款、拒絕證書、謄本之大部分規定。

第四章　支票

支票應記載下列事項，由發票人簽名：

一、表明其為支票之文字。

二、一定之金額。

三、付款人之商號。

四、受款人之姓名或商號。

五、無條件支付之委託。

六、發票地。

七、發票年、月、日。

八、付款地。

未載受款人者，以執票人為受款人。未載發票地者，以發票人之營業所、住所或居所所在地為發票地。發票人得以自己或付款人為受款人，並得以自己為付款人。發票人應照支票文義擔保支票之支付。支票之付款人，以票據法所定之金融業者為限。支票限於見票即付，有相反之記載者，其記載無效。支票在票載發票日期前，執票人不得為付款之提示。以支票轉帳或抵銷者，視為支票之支付。

支票之執票人，應於下列期限內，為付款之提示：

一、發票地與付款地在同一省（市）區內者，發票日後七日內。

二、發票地與付款地不在同一省（市）區內者，發票日後十五日內。

三、發票地在國外，付款地在國內者，發票日後二個月內。

執票人於所定提示期限內，為付款之提示而被拒絕時，對於前手得行使追索權。但應於拒絕付款日或其後五日內，請求作成拒絕證書。付款人於支票或黏單上記載拒絕文義及其年、月、日並簽名者，與作成拒絕證書，有同一效力。執票人不於第一百三十條所定期限內為付款之提示，或不於拒絕付款日或其後五日內，請求作成拒絕證書者，對於發票人以外之前手，喪失追索權。

執票人向支票債務人行使追索權時，得請求自為付款提示日起之利息，如無約定利率者，依年利六釐計算。發票人雖於提示期限經過後，對於執票人仍負責任。但執票人怠於提示，致使發票人受

損失時，應負賠償之責，其賠償金額，不得超過票面金額。發票人於票據法第一百三十條所定期限內，不得撤銷付款之委託。付款人於提示期限經過後，仍得付款，但有下列情事之一者，不在此限：

一、發票人撤銷付款之委託時。

二、發行滿一年時。

付款於發票人之存款或信用契約所約定之數不敷支付支票金額時，得就一部分支付之。前項情形，執票人應於支票上記明實收之數目。付款人於支票上記載照付或保付或其他同義字樣並簽名後，其付款責任，與匯票承兌人同。付款人於支票上已為前項之記載時，發票人及背書人免除其責任。付款人不得為存款額外或信用契約所約定數目以外之保付，違反者應科以罰鍰。但罰鍰不得超過支票金額。

支票經在正面劃平行線二道者，付款人僅得對金融業者支付票據金額。支票上平行線內記載特定金融業者，付款人僅得對特定金融業者支付票據金額。但該特定金融業者為執票人時，得以其他金融業者為被背書人，背書後委託其取款。劃平行線支票之執票人，如非金融業者，應將該項支票存入其在金融業者之帳戶，委託其代為取款。支票上平行線內，記載特定金融業者，應存入其在該特定金融業者之帳戶，委託其代為取款。劃平行線之支票，得由發票人於平行線內記載照付現款或同義字樣，由發票人簽名或蓋章於其旁，支票上有此記載者，視為平行線之撤銷。但支票經背書轉讓者，不在此限。違反規定而付款者，應負賠償損害之責。但賠償金額不得超過支票金額。

付款人於發票人之存款或信用契約所約定之數，足敷支付支票金額時，應負支付之責。但收到發票人受破產宣告之通知者，不在

此限。此外，支票準用匯票關於發票人、背書、付款、追索權、拒絕證書之大部分規定。

三、保險法

第一章　總則

保險之定義及分類

　　保險，謂當事人約定，一方交付保儉費於他方，他方對於因不可預料，或不可抗力之事故所致之損害，負擔賠償財物之行為。根據前項所訂之契約，稱為保險契約。保險人，係指經營保險事業之各種組織，在保險契約成立時，有保險費之請求權；在承保危險事故發生時，依其承保之責任，負擔賠償之義務。要保人，指對保險標的具有保險利益，向保險人申請訂立保險契約，並負有交付保險費義務之人。被保險人，指於保險事故發生時，遭受損害，享有賠償請求權之人；要保人亦得為被保險人。受益人，指被保險人或要保人約定享有賠償請求權之人，要保人或被保險人均得為受益人。

　　保險業，指依保險法組織登記，以經營保險為業之機構。外國保險業，指依外國法律組織登記，並經主管機關許可，在中華民國境內經營保險為業之機構。保險業負責人，指依公司法或合作社法應負責之人。保險代理人，指根據代理契約或授權書，向保險人收取費用，並代理經營業務之人。保險業務員，指為保險業、保險經紀人公司、保險代理人公司，從事保險招攬之人。保險經紀人，指基於被保險人之利益，代向保險人洽訂保險契約，而向承保之保險業收取佣金之人。公證人，指向保險人或被保險人收取費用，為其辦理保險標的之查勘、鑑定及估價與賠款之理算、洽商，而予證明之人。

　　保險法所稱各種責任準備金，包括責任準備金、未滿期保費準備金、特別準備金及賠款準備金。保險主管機關為財政部，但保險合作社除其經營之業務，以財政部為主管機關外，其社務以合作主管機關為主管機關。

　　保險分為財產保險及人身保險。 財產保險，包括火災保險、海上保險、陸空保險、責任保險、保證保險及經主管機關核准之其他保險。人身保險，包括人壽保險、健康保險、傷害保險及年金保險。

保險利益

　　要保人對於財產上之現有利益，或因財產上之現有利益而生之期待利益，有保險利益。運送人或保管人對於所運送或保管之貨物，以其所負之責任為限，有保險利益。要保人對於下列各人之生命或身體，有保險利益：

一、本人或其家屬。

二、生活費或教育費所仰給之人。

三、債務人。

四、為本人管理財產或利益之人。

　　為避免道德風險，要保人或被保險人，對於保險標的物無保險利益者，保險契約失其效力。被保險人死亡或保險標的物所有權移轉時，保險契約除另有訂定外，仍為繼承人或受讓人之利益而存在。合夥人或共有人聯合為被保險人時，其中一人或數人讓與保險利益於他人者，保險契約不因之而失效。凡基於有效契約而生之利益，亦得為保險利益。

保險費

　　保險費分一次交付，及分期交付兩種。保險契約規定一次交付，或分期交付之第一期保險費，應於契約生效前交付之，但保險契約簽訂時，保險費未能確定者，不在此限。

　　保險費應由要保人依契約規定交付。要保人為他人利益訂立之保險契約，保險人對於要保人所得為之抗辯，亦得以之對抗受益人。以同一保險利益，同一保險事故，善意訂立數個保險契約，其保險金額之總額超過保險標的之價值者，在危險發生前，要保人得依超過部份，要求比例返還保險費。保險契約因第三十七條之情事而無效時，保險人於不知情之時期內，仍取得保險費。

　　保險費依保險契約所載增加危險之特別情形計算者，其情形在契約存續期內消滅時，要保人得按訂約時保險費率，自其情形消滅時起算，請求比例減少保險費。保險人對於前項減少保險費不同意時，要保人得終止契約。其終止後之保險費已交付者，應返還之。

　　保險人破產時，保險契約於破產宣告之日終止，其終止後之保險費，已交付者，保險人應返還之。要保人破產時，保險契約仍為破產債權人之利益而存在，但破產管理人或保險人得於破產宣告三個月內終止契約。其終止後之保險費已交付者，應返還之。

保險人之責任

　　保險人對於由不可預料或不可抗力之事故所致之損害，負賠償責任，但保險契約內有明文限制者，不在此限。保險人對於由要保人或被保險人之過失所致之損害，負賠償責任，但出於要保人或被保險人之故意者，不在此限。保險人對於因履行道德上之義務所致之損害，應負賠償責任。

保險人對於因要保人，或被保險人之受僱人，或其所有之物或動物所致之損害，應負賠償責任。保險人對於因戰爭所致之損害，除契約有相反之訂定外，應負賠償責任。保險人對於要保人或被保險人，為避免或減輕損害之必要行為所生之費用，負償還之責。其償還數額與賠償金額，合計雖超過保險金額，仍應償還。保險人對於前項費用之償還，以保險金額對於保險標的之價值比例定之。

保險人應於要保人或被保險人交齊證明文件後，於約定期限內給付賠償金額。無約定期限者，應於接到通知後十五日內給付之。保險人因可歸責於自己之事由致未在前項規定期限內為給付者，應給付遲延利息年利一分。

複保險

複保險，謂要保人對於同一保險利益，同一保險事故，與數保險人分別訂立數個保險之契約行為。複保險，除另有約定外，要保人應將他保險人之名稱及保險金額通知各保險人。要保人故意不為前條之通知，或意圖不當得利而為複保險者，其契約無效。

善意之複保險，其保險金額之總額超過保險標的之價值者，除另有約定外，各保險人對於保險標的之全部價值，僅就其所保金額負比例分擔之責；但賠償總額，不得超過保險標的之價值。

再保險

再保險，謂保險人以其所承保之危險，轉向他保險人為保險之契約行為。原保險契約之被保險人，對於再保險人無賠償請求權。再保險人不得向原保險契約之要保人請求交付保險費。

原保險人不得以再保險人不履行再保險金額給付之義務為理由，拒絕或延遲履 行其對於被保險人之義務。

第二章　保險契約

通則

　　保險契約，應以保險單或暫保單為之。保險契約，由保險人於同意要保人聲請後簽訂。利害關係人，均得向保險人請求保險契約之謄本。要保人得不經委任，為他人之利益訂立保險契約。受益人有疑義時，推定要保人為自己之利益而訂立。保險契約由代理人訂立者，應載明代訂之意旨。為他人利益訂立之保險契約，於訂約時，該他人未確定者，由要保人或保險契約所載可得確定之受益人，享受其利。

　　保險契約由合夥人或共有人中之一人或數人訂立，而其利益及於全體合夥人或共有人者，應載明為全體合夥人或共有人訂立之意旨。保險人得約定保險標的物之一部份，應由要保人自行負擔由危險而生之損失。有前項約定時，要保人不得將未經保險之部份，另向他保險人訂立保險契約。保險契約除人身保險外，得為指示式或無記名式。保險人對於要保人所得為之抗辯，亦得以之對抗保險契約之受讓人。

　　保險契約分不定值保險契約，及定值保險契約。不定值保險契約，為契約上載明保險標的之價值，須至危險發生後估計而訂之保險契約。定值保險契約，為契約上載明保險標的物一定價值之保險契約。

　　保險契約訂立時，保險標的之危險已發生或已消滅者，其契約無效；但為當事人雙方所不知者，不在此限。 訂約時，僅要保人知危險已發生者，保險人不受契約之拘束。訂約時，僅保險人知危險已消滅者，要保人不受契約之拘束。

　　被保險人因保險人應負保險責任之損失發生，而對於第三人有損失賠償請求權者，保險人得於給付賠償金額後，代位行使被保

人對於第三人之請求權：但其所請求之數額，以不逾賠償金額為限。前項第三人為被保險人之家屬或受僱人時，保險人無代位請求權；但損失係由其故意所致者，不在此限。

保險法之強制規定，不得以契約變更之。但有利於被保險人者，不在此限。保險契約之解釋，應探求契約當事人之真意，不得拘泥於所用之文字；如有疑義時，以作有利於被保險人之解釋為原則。保險契約中有左列情事之一，依訂約時情形顯失公平者，該部分之約定無效：免除或減輕保險人依本法應負之義務者；使要保人、受益人或被保險人拋棄或限制其依本法所享之權利者；加重要保人或被保險人之義務者；其他於要保人、受益人或被保險人有重大不利益者。

保險契約之基本條款

保險契約，除本法另有規定外，應記載下列各款事項：

1、當事人之姓名及住所。

2、保險之標的物。

3、保險事故之種類。

4、保險責任開始之日時及保險期間。

5、保險金額。

6、保險費。

7、無效及失權之原因。

8、訂約之年月日。

變更保險契約或恢復停止效力之保險契約時，保險人於接到通知後十日內不為拒絕者，視為承諾；但人壽保險不在此限。當事人之一方對於他方應通知之事項而怠於通知者，除不可抗力之事故外，不問是否故意，他方得據為解除保險契約之原因。要保人、被

保險人或受益人，遇有保險人應負保險責任之事故發生，除本法另有規定，或契約另有訂定外，應於知悉後五日內通知保險人。

要保人對於保險契約內所載增加危險之情形應通知者，應於知悉後通知保險人。危險增加，由於要保人或被保險人之行為所致，其危險達於應增加保險費或終止契約之程度者，要保人或被保險人應先通知保險人。危險增加，不由於要保人或被保險人之行為所致者，要保人或被保險人應於知悉後十日內通知保險人。危險減少時，被保險人得請求保險人重新核定保費。保險遇有此情形，得終止契約，或提議另定保險費。要保人對於另定保險費不同意者，其契約即為終止；但因前條第二項情形終止契約時，保險人如有損失，並得請求賠償。保險人知危險增加後，仍繼續收受保險費，或於危險發生後給付賠償金額，或其他維持契約之表示者，喪失前項之權利。

危險增加如有下列情形之一時，不適用前述之規定：

1、損害之發生不影響保險人之負擔者。

2、為防護保險人之利益者。

3、為履行道德上之義務者。

當事人之一方對於下列各款，不負通知之義務：

1、為他方所知者。

2、依通常注意為他方所應知，或無法諉為不知者。

3、一方對於他方經聲明不必通知者。

要保人或被保險人不於保險法所規定之限期內為通知者，對於保險人因此所受之損失，應負賠償責任。

訂立契約時，要保人對於保險人之書面詢問，應據實說明。要保人故意隱匿，或因過失遺漏，或為不實之說明，足以變更或減少保險人對於危險之估計者，保險人得解除契約；其危險發生後亦同。但要保人證明危險之發生未基於其說明或未說明之事實時，不在此

限。前項解除契約權，自保險人知有解除之原因後，經過一個月不行使而消滅；或契約訂立後經過二年，即有可以解除之原因，亦不得解除契約。

由保險契約所生之權利，自得為請求之日起，經過二年不行使而消滅。有下列各款情形之一者，其期限之起算，依各該款之規定：

1、 要保人或被保險人對於危險之說明，有隱匿遺漏或不實者，自保險人知情之日起算。

2、 危險發生後，利害關係人能證明其非因疏忽而不知情者，自其知情之日被起算。

3、 要保人或被保險人對於保險人之請求，係由於第三人之請求而生者，自要保人或被保險人受請求之日起算。

特約條款

特約條款，為當事人於保險契約基本條款外，承認履行特種義務之條款。與保險契約有關之一切事項，不問過去現在或將來，均得以特約條款定之。保險契約當事人之一方違背特約條款時，他方得解除契約。其危險發生後亦同。關於未來事項之特約條款，於未屆履行期前危險已發生，或其履行為不可能，或在訂約地為不合法而未履行者，保險契約不因之而失效。

第三章　財產保險

火災保險

火災保險人，對於由火災所致保險標的物之毀損或滅失，除契約另有訂定外，負賠償之責。因救護保險標的物，致保險標的物發生損失者，視同所保危險所生之損失。就集合之物而總括為保險者，

133

被保險人家屬、受僱人或同居人之物，亦得為保險標的，載明於保險契約，在危險發生時，就其損失享受賠償。前項保險契約，視同並為第三人利益而訂立。

保險金額為保險人在保險期內，所負責任之最高額度。保險人應於承保前，查明保險標的物之市價，不得超額承保。保險標的，得由要保人，依主管機關核定之費率及條款，作定值或不定值約定之要保。保險標的，以約定價值為保險金額者，發生全部損失或部份損失時，均按約定價值為標準計算賠償。保險標的未經約定價值者，發生損失時，按保險事故發生時實際價值為標準，計算賠償，其賠償金額，不得超過保險金額。全部損失，係指保險標的全部滅失或毀損，達於不能修復或其修復之費用，超過保險標的恢復原狀所需者。保險標的物不能以市價估計者，得由當事人約定其價值。賠償時從其約定。

保險金額超過保險標的價值之契約，係由當事人一方之詐欺而訂立者，他方得解除契約。如有損失，並得請求賠償。無詐欺情事者，除定值保險外，其契約僅於保險標的價值之限度內為有效。無詐欺情事之保險契約，經當事人一方將超過價值之事實通知他方後，保險金額及保險費，均應按照保險標的之價值比例減少。

保險金額不及保險標的物之價值者，除契約另有訂定外，保險人之負擔，以保險金額對於保險標的物之價值比例定之。損失之估計，因可歸責於保險人之事由而遲延者，應自被保險人交出損失清單一個月後加給利息。損失清單交出二個月後損失尚未完全估定者，被保險人得請求先行交付其所應得之最低賠償金額。保險人或被保險人為證明及估計損失所支出之必要費用，除契約另有訂定外，由保險人負擔之。損失未估定前，要保人或被保險人除為公共利益或避免擴大損失外，非經保險人同意，對於保險標的物不得加

以變更。保險標的物非因保險契約所載之保險事故而完全滅失時，保險契約即為終止。

保險標的物受部份之損失者，保險人與要保人均有終止契約之權。終止後，已交付未損失部份之保險費應返還之。前項終止契約權，於賠償金額給付後，經過一個月不行使而消滅。保險人終止契約時，應於十五日前通知要保人。要保人與保險人均不終止契約時，除契約另有訂定外，保險人對於以後保險事故所致之損失，其責任以賠償保險金額之餘額為限。

海上保險

海上保險人對於保險標的物，除契約另有規定外，因海上一切事變及災害所生之毀損、滅失及費用，負賠償之責。

陸空保險

陸上，內河及航空保險人，對於保險標的物，除契約另有訂定外，因陸上、內河及航空一切事變及災害所致之毀損、滅失及費用，負賠償之責。關於貨物之保險，除契約另有訂定外，自交運之時以迄於其目的地收貨之時為其期間。保險契約，除記載保險法應規定事項外，並應載明下列事項：

一、運送路線及方法。

二、運送人姓名或商號名稱。

三、交運及取貨地點。

四、運送有期限者，其期限。

但因運送上之必要，暫時停止或變更運送路線或方法時，保險契約除另有訂定外，仍繼續有效。

責任保險

責任保險人於被保險人對於第三人，依法應負賠償責任，而受賠償之請求時，負賠償之責。被保險人因受第三人之請求而為抗辯，所支出之訴訟上或訴訟外之必要費用，除契約另有訂定外，由保險人負擔之。被保險人得請求保險人墊給前項費用。保險契約係為被保險人所營事業之損失賠償責任而訂立者，被保險人之代理人、管理人或監督人所負之損失賠償責任，亦享受保險之利益，其契約視同並為第三人之利益而訂立。

保險人得約定被保險人對於第三人就其責任所為之承認、和解或賠償，未經其參與者，不受拘束。但經要保人或被保險人通知保險人參與而無正當理由拒絕或藉故遲延者，不在此限。

保險人於第三人由被保險人應負責任事故所致之損失，未受賠償以前，不得以賠償金額之全部或一部給付被保險人。被保險人對第三人應負失賠償責任確定時，第三人得在保險金額範圍，內依其應得之比例，直接向保險人請求給付賠償金額。保險人得經被保險人通知，直接對第三人為賠償金額之給付。

保證保險

保證保險人於被保險人因其受僱人之不誠實行為或其債務人之不履行債務所致損失，負賠償之責。以受僱人之不誠實行為為保險事故之保證保險契約，除記載保險法應規定事項外，並應載明下列事項：

一、被保險人之姓名及住所。

二、受僱人之姓名、職稱或其他得以認定為受僱人之方式。

以債務人之不履行債務為保險事故之保證保險契約，除記載保險法應規定事項外，並應載明左列事項：

一、被保險人之姓名及住所。

二、債務人之姓名或其他得以認定為債務人之方式。

其他財產保險

其他財產保險為不屬於火災保險、海上保險、陸空保合、責任保險及保證保險之範圍，而以財物或無形利益為保險標的之各種保險。保險人有隨時查勘保險標的物之權，如發現全部或一部分處於不正常狀態，經建議要保人或被保險人修復後，再行使用。如要保人或被保險人不接受建議時，得以書面通知終止保險契約或其有關部份。

要保人或被保險人，對於保險標的物未盡約定保護責任所致之損失，保險人不負賠償之責。危險事故發生後，經鑑定係因要保人或被保險人未盡合理方法保護標的物，因而增加之損失，保險人不負賠償之責。保險標的物受部份之損失，經賠償或回復原狀後，保險契約繼續有效；但與原保險情況有異時，得增減其保險費。

第四章　人身保險

人壽保險

人壽保險人於被保險人在契約規定年限內死亡，或屆契約規定年限而仍生存時，依照契約負給付保險金額之責。人壽保險之保險金額，依保險契約之所定。人壽保險之保險人，不得代位行使要保人或受益人因保險事故所生對於第三人之請求權。人壽保險契約，得由本人或第三人訂立之。

　　由第三人訂立之死亡保險契約，未經被保險人書面同意，並約定保險金額，其契約無效。被保險人依前項所為之同意，得隨時撤銷之。其撤銷之方式應以書面通知保險人及要保人。被保險人依前項規定行使其撤銷權者，視為要保人終止保險契約。由第三人訂立之人壽保險契約，其權利之移轉或出質，非經被保險人以書面承認者，不生效力。

　　訂立人壽保險契約時，以未滿十四歲之未成年人，或心神喪失或精神耗弱之人為被保險人，除喪葬費用之給付外，其餘死亡給付部分無效。前項喪葬費用之保險金額，不得超過主管機關所規定之金額。

　　人壽保險契約，除記載保險法應規定事項外，並應載明下列事項：

　　一、被保險人之姓名、性別、年齡及住所。

　　二、受益人姓名及與被保險人之關係或確定受益人之方法。

　　三、請求保險金額之保險事故及時期。

　　四、依保險法第一百十八條之規定，有減少保險金額之條者，
　　　　其條件。

　　被保險人故意自殺者，保險人不負給付保險金額之責任，但應將保險之保單價值準備金返還於應得之人。保險契約載有被保險人故意自殺，保險人仍應給付保險金額之條款者，其條款於訂約二年後始生效力。恢復停止效力之保險契約，其二年期限應自恢復停止效力之日起算。被保險人因犯罪處死或拒捕或越獄致死者，保險人不負給付保險金額之責任；但保險費已付足二年以上者，保險人應將其責任準備金返還於應得之人。

　　要保人得通知保險人，以保險金額之全部或一部，給付其所指定之受益人一人或數人。前項指定之受益人，以於請求保險金額時

生存者為限。受益人經指定後，要保人對其保險利益，除聲明放棄處分權者外，仍得以契約或遺囑處分之。要保人行使前項處分權，非經通知不得對抗保險人。保險金額約定於被保險人死亡時給付於其所指定之受益人者，其金額不得作為被保險人之遺產。死亡保險契約未指定受益人者，其保險金額作為被保險人遺產。受益人非經要保人之同意，或保險契約載明允許轉讓者，不得將其利益轉讓他人。利害關係人，均得代要保人交付保險費。

人壽保險之保險費到期未交付者，除契約另有訂定外，經催告到達後逾三十日仍不交付時，保險契約之效力停止。催告應送達於要保人，或負有交付保險費義務之人之最後住所或居所，保險費經催告後，應於保險人營業所交付之。第一項停止效力之保險契約，於保險費及其他費用清償後，翌日上午零時，開始恢復其效力。保險人於第一項所規定之期限屆滿後，有終止契約之權。

保險人對於保險費，不得以訴訟請求交付。保險費如有未能依約交付時，保險人得依前條第四項之規定終止契約，或依保險契約所載條件減少保險金額或年金。

保險契約終止時，保險費已付足二年以上者，保險人應返還其保單價值準備金。

以被保險人終身為期，不附生存條件之死亡保險契約，或契約訂定於若干年後給付保險金額或年金者，如保險費已付足二年以上而有不交付時，保險人僅得減少保險金額或年金。保險人依規定，或因要保人請求，得減少保險金額或年金。其條件及可減少之數額，應載明於保險契約。減少保險金額或年金，應以訂原約時之條件，訂立同類保險契約為計算標準。其減少後之金額，不得少於原契約終止時已有之保單價值準備金，減去營業費用，而以之作為保險費一次交付所能得之金額。營業費用以原保險金額百分之一為限。保

險金額之一部，係因其保險費全數一次交付而訂定者，不因其他部分之分期交付保險費之不交付而受影響。

要保人終止保險契約，而保險費已付足一年以上者，保險人應於接到通知後一個月內償付解約金；其金額不得少於要保人應得保單價值準備金之四分之三。償付解約金之條件及金額，應載明於保險契約。保險費付足一年以上者，要保人得以保險契約為質，向保險人借款。保險人於接到要保人之借款通知後，得於一個月以內之期間，貸給可得質借之金額。

受益人故意致被保險人於死或雖未致死者，喪失其受益權。這種情形，如因該受益人喪失受益權，而致無受益人受領保險金額時，其保險金額作為被保險人遺產。

要保人故意致被保險人於死者，保險人不負給付保險金額之責。保險費付足二年以上者，保險人應將其保單價值準備金給付與應得之人，無應得之人時，應解交國庫。

被保險人年齡不實，而其真實年齡已超過保險人所定保險年齡限度者，其契約無效。因被保險人年齡不實，致所付之保險費少於應付數額者，保險金額應按照所付之保險費與被保險人之真實年齡比例減少之。保險人破產時，受益人對於保險人得請求之保險金額之債權，以其保單價值準備金按訂約時之保險費率比例計算之。要保人破產時，保險契約訂有受益人者，仍為受益人之利益而存在。投資型保險契約之投資資產，非各該投資型保險之受益人不得主張，亦不得請求扣押或行使其他權利。人壽保險之要保人、被保險人、受益人，對於被保險人之保單價值準備金，有優先受償之權。

健康保險

健康保險人於被保險人疾病、分娩及其所致殘廢或死亡時，負給付保險金額之責。保險人於訂立保險契約前，對於被保險人得施以健康檢查。前項檢查費用，由保險人負擔。保險契約訂立時，被保險人已在疾病或妊娠情況中者，保險人對是項疾病或分娩，不負給付保險金額之責任。

被保險人故意自殺或墮胎所致疾病、殘廢、流產或死亡，保險人不負給付保險金額之責。被保險人不與要保人為同一入時，保險契約除載明第五十五條規定事項外，並應載明下列各款事項：

一、被保險人之姓名、年齡及住所。

二、被保險人與要保人之關係。

傷害保險

傷害保險人於被保險人遭受意外傷害及其所致殘廢或死亡時，負給付保險金額之責。傷害保險契約，除記載第五十五條規定事項外，並應載明下列事項：

一、被保險人之姓名、年齡、住所及與要保人之關係。

二、受益人之姓名及與被保險人之關係或確定受益人之方法。

三、請求保險金額之事故及時期。

被保險人故意自殺，或因犯罪行為，所致傷害、殘廢或死亡，保險人不負給付保險金之責任。受益人故意傷害被保險人者，無請求保險金額之權。受益人故意傷害被保險人未遂時，被保險人得撤銷其受益權利。

年金保險

年金保險人於被保險人生存期間或特定期間內，依照契約負一次或分期給付一定金額之責。年金保險契約，除記載保險法通常規定事項外，並應載明下列事項：

一、被保險人之姓名、姓別、年齡及住所。

二、年金金額或確定年金金額之方法。

三、受益人之姓名及與被保險人之關係。

四、請求年金之期間、日期及給付方法。

五、依保險法第一百十八條規定，有減少年金之條件者，其條件。

受益人於被保險人生存期間為被保險人本人。年金給付期間，要保人不得終止契約或以保險契約為質，向保險人借款。

第五章　保險業

通則

保險業之組織，以股份有限公司或合作社為限。但依其他法律規定或經主管機關核准設立者，不在此限。非保險業不得兼營保險或類似保險之業務。違反前項規定者，由主管機關或目的事業主管機關會同司法警察機關取締，並移送法辦；如屬法人組織，其負責人對有關債務，應負連帶清償責任。執行前項任務時，得依法搜索扣押被取締者之會計帳簿及文件，並得撤除其標誌等設施或為其他必要之處置。保險業非申請主管機關核准，並依法為營業登記，繳存保證金，領得營業執照後，不得開始營業。保險業之設立標準，由主管機關定之。外國保險業非經主管機關許可，並依法為營業登記，繳存保證金，領得營業執照後，不得開始營業。有關保險業之

規定，除法令另有規定外，外國保險業亦適用之。外國保險業之許可標準及管理辦法，由主管機關定之。保險業負責人應具備之資格，由主管機關定之。

財產保險業經營財產保險，人身保險業經營人身保險，同一保險業不得兼營財產保險及人身保險業務。但法律另有規定或財產保險業經主管機關核准經營傷害保險者，不在此限。責任保險及傷害保險，得視保險事業發展情況，經主管機關核准，得獨立經營。保險業不得兼營本法規定以外之業務。但法律另有規定或經主管機關核准辦理其他與保險有關業務者，不在此限。保險合作社不得經營非社員之業務。

保險業應承保住宅地震危險，以共保方式及主管機關建立之危險承擔機制為之。

前項危險承擔機制，其超過共保承擔限額部分，得成立住宅地震保險基金或由政府承受或向國內、外之再保險業為再保險。前有關共保方式、危險承擔機制及限額、保險金額、保險費率、責任準備金之提存及其他主管機關指定之事項，由主管機關定之。住宅地震保險基金為財團法人。其捐助章程及管理辦法，由主管機關定之。

保險公司得簽訂參加保單紅利之保險契約。保險業應按資本或基金實收總額百分之十五，繳存保證金於國庫。保證金之繳存應以現金為之；但經主管機公債或庫券代繳之。前項繳存保證金非俟宣告停業依法完成清算，不予發還。以有價證券抵繳保證金者，其息票部份，在宣告停業依法清算時，得准移充清算費用。

保障被保險人之權益，並維護金融之安定，財產保險業及人身保險業應分別提撥資金，設置安定基金。安定基金為財團法人，其基金管理辦法，由主管機關定之。安定基金由各保險業者提撥；其

提撥比例，由主管機關審酌經濟、金融發展情形及保險業務實際需
要定之。

參、大陸商事法概述（公司法、票據法）

　　中國的商事法，可說是在最近十年才慢慢形成的，台商投資中
國，最初實際接觸到最多的可以說首推「三資企業法」（獨資經營企
業法、合資經營企業法、合作經營企業法），因為依據這三項法令，
台商才能在中國開公司做生意，不過，近年中國相繼公布票據法、
公司法等商事法律，這些中國新的商事法律，包括中國最新公司法
規定，企業內部必須成立工會與共產黨的組織，對於台商相繼產生
衝擊，此外，隨著越來越多台商經營中國內銷市場，也把許多台灣
商業上的習慣帶到大陸，但大陸商業法令其實與台灣差距頗大，例
如大陸票據法，規定支票為見票即付，並不承認有遠期支票的存
在，也因此，大陸支票不管發票日是否到期，反正支票一旦被要求
兌現，台商帳戶就必須要有足額金額支付，否則就構成退票，在中
國商法中多附帶配套刑法上的規定，退票當然也不像台灣票據法退
票早已除罪化，因此，台商若不熟悉中國商事相關法令，甚至有在
大陸被刑事拘留的可能，讀者同學如果有興趣，可上網查詢拙著「投
資中國需預防的 72 種犯罪陷阱」，在這裡限於篇幅，將只跟讀者介
紹，未來同學若到大陸創業或工作，碰到機率最高的大陸公司法與
票據法。

一、大陸公司法

<u>總則</u>

中國公司法所稱公司是指依照本法在中國境內設立的有限責任公司和股份有限公司。公司是企業法人,有獨立的法人財產,享有法人財產權。公司以其全部財產對公司的債務承擔責任。有限責任公司的股東以其認繳的出資額為限對公司承擔責任;股份有限公司的股東以其認購的股份為限對公司承擔責任。公司股東依法享有資產收益、參與重大決策和選擇管理者等權利。公司從事經營活動,必須遵守法律、行政法規,遵守社會公德、商業道德,誠實守信,接受政府和社會公眾的監督,承擔社會責任。公司的合法權益受法律保護,不受侵犯。

中國設立公司,應當依法向公司登記機關申請設立登記。符合規定的設立條件的,由公司登記機關分別登記為有限責任公司或者股份有限公司;不符合本法規定的設立條件的,不得登記為有限責任公司或者股份有限公司。中國法律、行政法規規定設立公司必須報經批准的,應當在公司登記前依法辦理批准手續。民眾可以向公司登記機關申請查詢公司登記事項,公司登記機關應當提供查詢服務。

依法設立的公司,應由公司登記機關(工商局)發給公司營業執照。公司營業執照簽發日期為公司成立日期。公司營業執照應當載明公司的名稱、住所、註冊資本、實收資本、經營範圍、法定代表人姓名等事項。公司營業執照記載的事項發生變更的,公司應當依法辦理變更登記,由公司登記機關換發營業執照。中國設立的有限責任公司,必須在公司名稱中標明有限責任公司或者有限公司字樣。依法設立的股份有限公司,必須在公司名稱中標明股份有限公司或者股份公司字樣。有限責任公司變更為股份有限公司的,或者

股份有限公司變更為有限責任公司的，公司變更前的債權、債務由變更後的公司承繼。

公司以其主要辦事機構所在地為住所。設立公司必須依法制定公司章程。公司章程對公司、股東、董事、監事、高級管理人員具有約束力。

中國公司法有下列特殊用語，含義分述如下：

(一) 高級管理人員，是指公司的經理、副經理、財務負責人，上市公司董事會秘書和公司章程規定的其他人員。

(二) 控股股東，是指其出資額占有限責任公司資本總額百分之五十以上或者其持有的股份占股份有限公司股本總額百分之五十以上的股東；出資額或者持有股份的比例雖然不足百分之五十，但依其出資額或者持有的股份所享有的表決權已足以對股東會、股東大會的決議產生重大影響的股東。

(三) 實際控制人，是指雖不是公司的股東，但通過投資關係、協定或者其他安排，能夠實際支配公司行為的人。

(四) 關聯關係，是指公司控股股東、實際控制人、董事、監事、高級管理人員與其直接或者間接控制的企業之間的關係，以及可能導致公司利益轉移的其他關係。但是，國家控股的企業之間不僅因為同受國家控股而具有關聯關係。

外商投資的有限責任公司和股份有限公司適用中國公司法；有關外商投資的法律另有規定的，適用其規定。因此，台商公司雖依據三資企業法成立，但也要適用中國公司法。公司的經營範圍由公司章程規定，並依法登記。公司可以修改公司章程，改變經營範圍，但是應當辦理變更登記。公司的經營範圍中屬於法律、行政法規規定須經批准的項目，應當依法經過批准。

司法定代表人依照公司章程的規定，由董事長、執行董事或者經理擔任，並依法登記。公司法定代表人變更，應當辦理變更登記。公司可以設立分公司。設立分公司，應當向公司登記機關申請登記，領取營業執照。分公司不具有法人資格，其民事責任由公司承擔。公司可以設立子公司，子公司具有法人資格，依法獨立承擔民事責任。

公司可以向其他企業投資；但除中國法律另有規定外，不得成為對所投資企業的債務承擔連帶責任的出資人。公司向其他企業投資或者為他人提供擔保，依照公司章程的規定，由董事會或者股東會、股東大會決議；公司章程對投資或者擔保的總額及單項投資或者擔保的數額有限額規定的，不得超過規定的限額。公司為公司股東或者實際控制人提供擔保的，必須經股東會或者股東大會決議。股東或者受前款規定的實際控制人支配的股東，不得參加前款規定事項的表決。該項表決由出席會議的其他股東所持表決權的過半數通過。

公司必須保護職工的合法權益，依法與職工簽訂勞動合同，參加社會保險，加強勞動保護，實現安全生產，並採用多種形式，加強公司職工的職業教育和崗位培訓，提高職工素質。

公司職工依照《中華人民共和國工會法》組織工會，開展工會活動，維護職工合法權益。公司應當為本公司工會提供必要的活動條件。公司工會代表職工就職工的勞動報酬、工作時間、福利、保險和勞動安全衛生等事項依法與公司簽訂集體合同。

公司依照憲法和有關法律的規定，通過職工代表大會或者其他形式，實行民主管理。公司研究決定改制以及經營方面的重大問題、制定重要的規章制度時，應當聽取公司工會的意見，並通過職工代表大會或者其他形式聽取職工的意見和建議。

在公司中，需根據中國共產黨章程的規定，設立中國共產黨的組織，開展黨的活動。公司應當為黨組織的活動提供必要條件。

公司股東應當遵守法律、行政法規和公司章程，依法行使股東權利，不得濫用股東權利損害公司或者其他股東的利益；不得濫用公司法人獨立地位和股東有限責任損害公司債權人的利益。公司股東濫用股東權利給公司或者其他股東造成損失的，應當依法承擔賠償責任。公司股東濫用公司法人獨立地位和股東有限責任，逃避債務，嚴重損害公司債權人利益的，應當對公司債務承擔連帶責任。

公司的控股股東、實際控制人、董事、監事、高級管理人員不得利用其關聯關係損害公司利益。違反規定，給公司造成損失的，應當承擔賠償責任。

公司股東會或者股東大會、董事會的決議內容違反法律、行政法規的無效。股東會或者股東大會、董事會的會議召集程式、表決方式違反法律、行政法規或者公司章程，或者決議內容違反公司章程的，股東可以自決議作出之日起六十日內，請求人民法院撤銷。股東依規定提起訴訟的，人民法院可以應公司的請求，要求股東提供相應擔保。公司根據股東會或者股東大會、董事會決議已辦理變更登記的，人民法院宣告該決議無效或者撤銷該決議後，公司應當向公司登記機關申請撤銷變更登記。

有限責任公司的設立和組織機構

中國設立有限責任公司，應當具備下列條件：

(一) 股東符合法定人數；

(二) 股東出資達到法定資本最低限額；

(三) 股東共同制定公司章程；

(四) 有公司名稱，建立符合有限責任公司要求的組織機構；

(五) 有公司住所。

有限責任公司由五十個以下股東出資設立。有限責任公司章程應當載明下列事項：

(一) 公司名稱和住所；

(二) 公司經營範圍；

(三) 公司註冊資本；

(四) 股東的姓名或者名稱；

(五) 股東的出資方式、出資額和出資時間；

(六) 公司的機構及其產生辦法、職權、議事規則；

(七) 公司法定代表人；

(八) 股東會會議認為需要規定的其他事項。

股東應當在公司章程上簽名、蓋章。有限責任公司的註冊資本為在公司登記機關登記的全體股東認繳的出資額。公司全體股東的首次出資額不得低於註冊資本的百分之二十，也不得低於法定的註冊資本最低限額，其餘部分由股東自公司成立之日起兩年內繳足；其中，投資公司可以在五年內繳足。

有限責任公司註冊資本的最低限額為人民幣三萬元。法律、行政法規對有限責任公司註冊資本的最低限額有較高規定的，從其規定。股東可以用貨幣出資，也可以用實物、知識產權、土地使用權等可以用貨幣估價並可以依法轉讓的非貨幣財產作價出資；但中國法律、行政法規規定不得作為出資的財產除外。

對作為出資的非貨幣財產應當評估作價，核實財產，不得高估或者低估作價。法律、行政法規對評估作價有規定的，從其規定。全體股東的貨幣出資金額不得低於有限責任公司註冊資本的百分之三十。

股東應當按期足額繳納公司章程中規定的各自所認繳的出資額。股東以貨幣出資的，應當將貨幣出資足額存入有限責任公司在

銀行開設的帳戶；以非貨幣財產出資的，應當依法辦理其財產權的轉移手續。股東不按照前款規定繳納出資的，除應當向公司足額繳納外，還應當向已按期足額繳納出資的股東承擔違約責任。

股東繳納出資後，必須經依法設立的驗資機構驗資並出具證明。股東的首次出資經依法設立的驗資機構驗資後，由全體股東指定的代表或者共同委託的代理人向公司登記機關報送公司登記申請書、公司章程、驗資證明等文件，申請設立登記。有限責任公司成立後，發現作為設立公司出資的非貨幣財產的實際價額顯著低於公司章程所定價額的，應當由交付該出資的股東補足其差額；公司設立時的其他股東承擔連帶責任。有限責任公司成立後，應當向股東簽發出資證明書。

出資證明書應當載明下列事項：

(一) 公司名稱；

(二) 公司成立日期；

(三) 公司註冊資本；

(四) 股東的姓名或者名稱、繳納的出資額和出資日期；

(五) 出資證明書的編號和核發日期。

出資證明書由公司蓋章。有限責任公司應當置備股東名冊，記載下列事項：

(一) 股東的姓名或者名稱及住所；

(二) 股東的出資額；

(三) 出資證明書編號。

記載於股東名冊的股東，可以依股東名冊主張行使股東權利。公司應當將股東的姓名或者名稱及其出資額向公司登記機關登記；登記事項發生變更的，應當辦理變更登記。未經登記或者變更登記

的，不得對抗第三人。股東有權查閱、複製公司章程、股東會會議記錄、董事會會議決議、監事會會議決議和財務會計報告。

股東可以要求查閱公司會計賬簿。股東要求查閱公司會計賬簿的，應當向公司提出書面請求，說明目的。公司有合理根據認為股東查閱會計賬簿有不正當目的，可能損害公司合法利益的，可以拒絕提供查閱，並應當自股東提出書面請求之日起十五日內書面答復股東並說明理由。公司拒絕提供查閱的，股東可以請求人民法院要求公司提供查閱。

公司成立後，股東不得抽逃出資。股東按照實繳的出資比例分取紅利；公司新增資本時，股東有權優先按照實繳的出資比例認繳出資。但是，全體股東約定不按照出資比例分取紅利或者不按照出資比例優先認繳出資的除外。

有限責任公司股東會由全體股東組成。股東會是公司的權力機構，依照本法行使職權。股東會行使下列職權：

(一) 決定公司的經營方針和投資計畫；

(二) 選舉和更換非由職工代表擔任的董事、監事，決定有關董事、監事的報酬事項；

(三) 審議批准董事會的報告；

(四) 審議批准監事會或者監事的報告；

(五) 審議批准公司的年度財務預算方案、決算方案；

(六) 審議批准公司的利潤分配方案和彌補虧損方案；

(七) 對公司增加或者減少註冊資本作出決議；

(八) 對發行公司債券作出決議；

(九) 對公司合併、分立、解散、清算或者變更公司形式作出決議；

(十) 修改公司章程；

(十一) 公司章程規定的其他職權。

　　對前款所列事項股東以書面形式一致表示同意的，可以不召開股東會會議，直接作出決定，並由全體股東在決定文件上簽名、蓋章。首次股東會會議由出資最多的股東召集和主持，依照本法規定行使職權。

　　股東會會議分為定期會議和臨時會議。定期會議應當依照公司章程的規定按時召開。代表十分之一以上表決權的股東，三分之一以上的董事，監事會或者不設監事會的公司的監事提議召開臨時會議的，應當召開臨時會議。

　　有限責任公司設立董事會的，股東會會議由董事會召集，董事長主持；董事長不能履行職務或者不履行職務的，由副董事長主持；副董事長不能履行職務或者不履行職務的，由半數以上董事共同推舉一名董事主持。有限責任公司不設董事會的，股東會會議由執行董事召集和主持。董事會或者執行董事不能履行或者不履行召集股東會會議職責的，由監事會或者不設監事會的公司的監事召集和主持；監事會或者監事不召集和主持的，代表十分之一以上表決權的股東可以自行召集和主持。

　　召開股東會會議，應當於會議召開十五日前通知全體股東；但是，公司章程另有規定或者全體股東另有約定的除外。股東會應當對所議事項的決定作成會議記錄，出席會議的股東應當在會議記錄上簽名。股東會會議由股東按照出資比例行使表決權；但是，公司章程另有規定的除外。股東會的議事方式和表決程式，除本法有規定的外，由公司章程規定。股東會會議作出修改公司章程、增加或者減少註冊資本的決議，以及公司合併、分立、解散或者變更公司形式的決議，必須經代表三分之二以上表決權的股東通過。

　　有限責任公司設董事會，其成員為三人至十三人；但是，中國公司法另有規定的除外。兩個以上的國有企業或者兩個以上的其他

國有投資主體投資設立的有限責任公司，其董事會成員中應當有公司職工代表；其他有限責任公司董事會成員中可以有公司職工代表。董事會中的職工代表由公司職工通過職工代表大會、職工大會或者其他形式民主選舉產生。董事會設董事長一人，可以設副董事長。董事長、副董事長的產生辦法由公司章程規定。

董事任期由公司章程規定，但每屆任期不得超過三年。董事任期屆滿，連選可以連任。董事任期屆滿未及時改選，或者董事在任期內辭職導致董事會成員低於法定人數的，在改選出的董事就任前，原董事仍應當依照法律、行政法規和公司章程的規定，履行董事職務。董事會對股東會負責，行使下列職權：

(一) 召集股東會會議，並向股東會報告工作；

(二) 執行股東會的決議；

(三) 決定公司的經營計畫和投資方案；

(四) 制訂公司的年度財務預算方案、決算方案；

(五) 制訂公司的利潤分配方案和彌補虧損方案；

(六) 制訂公司增加或者減少註冊資本以及發行公司債券的方案；

(七) 制訂公司合併、分立、解散或者變更公司形式的方案；

(八) 決定公司內部管理機構的設置；

(九) 決定聘任或者解聘公司經理及其報酬事項，並根據經理的提名決定聘任或者解聘公司副經理、財務負責人及其報酬事項；

(十) 制定公司的基本管理制度；

(十一) 公司章程規定的其他職權。

董事會會議由董事長召集和主持；董事長不能履行職務或者不履行職務的，由副董事長召集和主持；副董事長不能履行職務或者不履行職務的，由半數以上董事共同推舉一名董事召集和主持。董

事會的議事方式和表決程序，一般由公司章程規定。董事會應當對
所議事項的決定作成會議記錄，出席會議的董事應當在會議記錄上
簽名。董事會決議的表決，實行一人一票。

有限責任公司可以設經理，由董事會決定聘任或者解聘。經理
對董事會負責，行使下列職權：

(一) 主持公司的生產經營管理工作，組織實施董事會決議；

(二) 組織實施公司年度經營計畫和投資方案；

(三) 擬訂公司內部管理機構設置方案；

(四) 擬訂公司的基本管理制度；

(五) 制定公司的具體規章；

(六) 提請聘任或者解聘公司副經理、財務負責人；

(七) 決定聘任或者解聘除應由董事會決定聘任或者解聘以外的
　　負責管理人員；

(八) 董事會授與的其他職權。

公司章程對經理職權另有規定的，從其規定。經理列席董事會
會議。股東人數較少或者規模較小的有限責任公司，可以設一名執
行董事，不設董事會。執行董事可以兼任公司經理。執行董事的職
權由公司章程規定。

有限責任公司設監事會，其成員不得少於三人。股東人數較少
或者規模較小的有限責任公司，可以設一至二名監事，不設監事會。
監事會應當包括股東代表和適當比例的公司職工代表，其中職工代
表的比例不得低於三分之一，具體比例由公司章程規定。監事會中
的職工代表由公司職工通過職工代表大會、職工大會或者其他形式
民主選舉產生。

監事會設主席一人，由全體監事過半數選舉產生。監事會主席
召集和主持監事會會議；監事會主席不能履行職務或者不履行職務

的，由半數以上監事共同推舉一名監事召集和主持監事會會議。董事、高級管理人員不得兼任監事。監事的任期每屆為三年。監事任期屆滿，連選可以連任。監事任期屆滿未及時改選，或者監事在任期內辭職導致監事會成員低於法定人數的，在改選出的監事就任前，原監事仍應當依照法律、行政法規和公司章程的規定，履行監事職務。監事會與不設監事會的公司的監事行使下列職權：

(一) 檢查公司財務；

(二) 對董事、高級管理人員執行公司職務的行為進行監督，對違反法律、行政法規、公司章程或者股東會決議的董事、高級管理人員提出罷免的建議；

(三) 當董事、高級管理人員的行為損害公司的利益時，要求董事、高級管理人員予以糾正；

(四) 提議召開臨時股東會會議，在董事會不履行本法規定的召集和主持股東會會議職責時召集和主持股東會會議；

(五) 向股東會會議提出提案；

(六) 依照本法第一百五十二條的規定，對董事、高級管理人員提起訴訟；

(七) 公司章程規定的其他職權。

一人有限責任公司的特別規定

中國公司法所稱一人有限責任公司，是指只有一個自然人股東或者一個法人股東的有限責任公司。一人有限責任公司的註冊資本最低限額為人民幣十萬元。股東應當一次足額繳納公司章程規定的出資額。一個自然人只能投資設立一個一人有限責任公司。該一人有限責任公司不能投資設立新的一人有限責任公司。一人有限責任公司應當在公司登記中注明自然人獨資或者法人獨資，並在公司營業執照中載明。一人有限責任公司章程由股東制定。一人有限責任

公司不設股東會。一人有限責任公司應當在每一會計年度終了時編制財務會計報告，並經會計師事務所審計。一人有限責任公司的股東不能證明公司財產獨立於股東自己的財產的，應當對公司債務承擔連帶責任。

國有獨資公司的特別規定

國有獨資公司，是指中國政府單獨出資、由國務院或者地方人民政府授權本級人民政府國有資產監督管理機構履行出資人職責的有限責任公司。國有獨資公司章程由國有資產監督管理機構制定，或者由董事會制訂報國有資產監督管理機構批准。國有獨資公司不設股東會，由國有資產監督管理機構行使股東會職權。國有資產監督管理機構可以授權公司董事會行使股東會的部分職權，決定公司的重大事項，但公司的合併、分立、解散、增加或者減少註冊資本和發行公司債券，必須由國有資產監督管理機構決定；其中，重要的國有獨資公司合併、分立、解散、申請破產的，應當由國有資產監督管理機構審核後，報本級人民政府批准。

有限責任公司的股權轉讓

有限責任公司的股東之間可以相互轉讓其全部或者部分股權。股東向股東以外的人轉讓股權，應當經其他股東過半數同意。股東應就其股權轉讓事項書面通知其他股東徵求同意，其他股東自接到書面通知之日起滿三十日未答復的，視為同意轉讓。其他股東半數以上不同意轉讓的，不同意的股東應當購買該轉讓的股權；不購買的，視為同意轉讓。經股東同意轉讓的股權，在同等條件下，其他股東有優先購買權。兩個以上股東主張行使優先購買權的，協商確

定各自的購買比例；協商不成的，按照轉讓時各自的出資比例行使優先購買權。公司章程對股權轉讓另有規定的，從其規定。

中國人民法院依照法律規定的強制執行程式轉讓股東的股權時，應當通知公司及全體股東，其他股東在同等條件下有優先購買權。其他股東自人民法院通知之日起滿二十日不行使優先購買權的，視為放棄優先購買權。

有下列情形之一的，對股東會該項決議投反對票的股東可以請求公司按照合理的價格收購其股權：

(一) 公司連續五年不向股東分配利潤，而公司該五年連續盈利，並且符合本法規定的分配利潤條件的；

(二) 公司合併、分立、轉讓主要財產的；

(三) 公司章程規定的營業期限屆滿或者章程規定的其他解散事由出現，股東會會議通過決議修改章程使公司存續的。

自股東會會議決議通過之日起六十日內，股東與公司不能達成股權收購協議的，股東可以自股東會會議決議通過之日起九十日內向人民法院提起訴訟。此外，自然人股東死亡後，其合法繼承人可以繼承股東資格；但是，公司章程另有規定的除外。

<u>股份有限公司的設立和組織機構</u>

中國設立股份有限公司，應當具備下列條件：

(一) 發起人符合法定人數；

(二) 發起人認購和募集的股本達到法定資本最低限額；

(三) 股份發行、籌辦事項符合法律規定；

(四) 發起人制訂公司章程，採用募集方式設立的經創立大會通過；

(五) 有公司名稱，建立符合股份有限公司要求的組織機構；

(六) 有公司住所。

股份有限公司的設立，可以採取發起設立或者募集設立的方式。發起設立，是指由發起人認購公司應發行的全部股份而設立公司。募集設立，是指由發起人認購公司應發行股份的一部分，其餘股份向社會公開募集或者向特定物件募集而設立公司。

設立股份有限公司，應當有二人以上二百人以下為發起人，其中須有半數以上的發起人在中國境內有住所。股份有限公司發起人承擔公司籌辦事務。發起人應當簽訂發起人協定，明確各自在公司設立過程中的權利和義務。股份有限公司採取發起設立方式設立的，註冊資本為在公司登記機關登記的全體發起人認購的股本總額。公司全體發起人的首次出資額不得低於註冊資本的百分之二十，其餘部分由發起人自公司成立之日起兩年內繳足；其中，投資公司可以在五年內繳足。在繳足前，不得向他人募集股份。

股份有限公司採取募集方式設立的，註冊資本為在公司登記機關登記的實收股本總額。股份有限公司註冊資本的最低限額為人民幣五百萬元。法律、行政法規對股份有限公司註冊資本的最低限額有較高規定的，從其規定。

股份有限公司章程應當載明下列事項：

(一) 公司名稱和住所；

(二) 公司經營範圍；

(三) 公司設立方式；

(四) 公司股份總數、每股金額和註冊資本；

(五) 發起人的姓名或者名稱、認購的股份數、出資方式和出資時間；

(六) 董事會的組成、職權和議事規則；

(七) 公司法定代表人；

(八) 監事會的組成、職權和議事規則；

(九) 公司利潤分配辦法；

(十) 公司的解散事由與清算辦法；

(十一) 公司的通知和公告辦法；

(十二) 股東大會會議認為需要規定的其他事項。

以發起設立方式設立股份有限公司的，發起人應當書面認足公司章程規定其認購的股份；一次繳納的，應即繳納全部出資；分期繳納的，應即繳納首期出資。以非貨幣財產出資的，應當依法辦理其財產權的轉移手續。發起人不依照前款規定繳納出資的，應當按照發起人協議承擔違約責任。

發起人首次繳納出資後，應當選舉董事會和監事會，由董事會向公司登記機關報送公司章程、由依法設定的驗資機構出具的驗資證明以及法律、行政法規規定的其他檔，申請設立登記。以募集設立方式設立股份有限公司的，發起人認購的股份不得少於公司股份總數的百分之三十五；但中國法律、行政法規另有規定的，從其規定。

發起人向社會公開募集股份，必須公告招股說明書，並製作認股書。認股書應當由認股人填寫認購股數、金額、住所，並簽名、蓋章。認股人按照所認購股數繳納股款。招股說明書應當附有發起人制訂的公司章程，並載明下列事項：

(一) 發起人認購的股份數；

(二) 每股的票面金額和發行價格；

(三) 無記名股票的發行總數；

(四) 募集資金的用途；

(五) 認股人的權利、義務；

(六) 本次募股的起止期限及逾期未募足時認股人可以撤回所認股份的說明。

發起人向社會公開募集股份，應當由依法設立的證券公司承銷，簽訂承銷協定。發起人向社會公開募集股份，應當同銀行簽訂代收股款協議。代收股款的銀行應當按照協議代收和保存股款，向繳納股款的認股人出具收款單據，並負有向有關部門出具收款證明的義務。

發行股份的股款繳足後，必須經依法設立的驗資機構驗資並出具證明。發起人應當自股款繳足之日起三十日內主持召開公司創立大會。創立大會由發起人、認股人組成。發行的股份超過招股說明書規定的截止期限尚未募足的，或者發行股份的股款繳足後，發起人在三十日內未召開創立大會的，認股人可以按照所繳股款並加算銀行同期存款利息，要求發起人返還。發起人應當在創立大會召開十五日前將會議日期通知各認股人或者予以公告。創立大會應有代表股份總數過半數的發起人、認股人出席，方可舉行。創立大會行使下列職權：

(一) 審議發起人關於公司籌辦情況的報告；

(二) 通過公司章程；

(三) 選舉董事會成員；

(四) 選舉監事會成員；

(五) 對公司的設立費用進行審核；

(六) 對發起人用於抵作股款的財產的作價進行審核；

(七) 發生不可抗力或者經營條件發生重大變化直接影響公司設立的，可以作出不設立公司的決議。

創立大會對前款所列事項作出決議，必須經出席會議的認股人所持表決權過半數通過。發起人、認股人繳納股款或者交付抵作股款的出資後，除未按期募足股份、發起人未按期召開創立大會或者創立大會決議不設立公司的情形外，不得抽回其股本。

董事會應於創立大會結束後三十日內，向公司登記機關報送下列文件，申請設立登記：

(一) 公司登記申請書；

(二) 創立大會的會議記錄；

(三) 公司章程；

(四) 驗資證明；

(五) 法定代表人、董事、監事的任職文件及其身份證明；

(六) 發起人的法人資格證明或者自然人身份證明；

(七) 公司住所證明。

股份有限公司成立後，發起人未按照公司章程的規定繳足出資的，應當補繳；其他發起人承擔連帶責任。股份有限公司成立後，發現作為設立公司出資的非貨幣財產的實際價額顯著低於公司章程所定價額的，應當由交付該出資的發起人補足其差額；其他發起人承擔連帶責任。

股東大會

股份有限公司股東大會由全體股東組成。股東大會是公司的權力機構，應當每年召開一次年會。有下列情形之一的，應當在兩個月內召開臨時股東大會：

(一) 董事人數不足本法規定人數或者公司章程所定人數的三分之二時；

(二) 公司未彌補的虧損達實收股本總額三分之一時；

(三) 單獨或者合計持有公司百分之十以上股份的股東請求時；

(四) 董事會認為必要時；

(五) 監事會提議召開時；

(六) 公司章程規定的其他情形。

　　股東大會會議由董事會召集，董事長主持；董事長不能履行職務或者不履行職務的，由副董事長主持；副董事長不能履行職務或者不履行職務的，由半數以上董事共同推舉一名董事主持。董事會不能履行或者不履行召集股東大會會議職責的，監事會應當及時召集和主持；監事會不召集和主持的，連續九十日以上單獨或者合計持有公司百分之十以上股份的股東可以自行召集和主持。召開股東大會會議，應當將會議召開的時間、地點和審議的事項於會議召開二十日前通知各股東；臨時股東大會應當于會議召開十五日前通知各股東；發行無記名股票的，應當於會議召開三十日前公告會議召開的時間、地點和審議事項。

　　單獨或者合計持有公司百分之三以上股份的股東，可以在股東大會召開十日前提出臨時提案並書面提交董事會；董事會應當在收到提案後二日內通知其他股東，並將該臨時提案提交股東大會審議。臨時提案的內容應當屬於股東大會職權範圍，並有明確議題和具體決議事項。無記名股票持有人出席股東大會會議的，應當於會議召開五日前至股東大會閉會時將股票交存於公司。股東出席股東大會會議，所持每一股份有一表決權。但是，公司持有的本公司股份沒有表決權。股東大會作出決議，必須經出席會議的股東所持表決權過半數通過。但是，股東大會作出修改公司章程、增加或者減少註冊資本的決議，以及公司合併、分立、解散或者變更公司形式的決議，必須經出席會議的股東所持表決權的三分之二以上通過。

　　中國公司法和公司章程規定公司轉讓、受讓重大資產或者對外提供擔保等事項必須經股東大會作出決議的，董事會應當及時召集股東大會會議，由股東大會就上述事項進行表決。

董事會、經理

股份有限公司設董事會,其成員為五人至十九人。董事會成員中可以有公司職工代表。董事會中的職工代表由公司職工通過職工代表大會、職工大會或者其他形式民主選舉產生。董事會設董事長一人,可以設副董事長。董事長和副董事長由董事會以全體董事的過半數選舉產生。

董事長召集和主持董事會會議,檢查董事會決議的實施情況。副董事長協助董事長工作,董事長不能履行職務或者不履行職務的,由副董事長履行職務;副董事長不能履行職務或者不履行職務的,由半數以上董事共同推舉一名董事履行職務。董事會每年度至少召開兩次會議,每次會議應當於會議召開十日前通知全體董事和監事。

代表十分之一以上表決權的股東、三分之一以上董事或者監事會,可以提議召開董事會臨時會議。董事長應當自接到提議後十日內,召集和主持董事會會議。

董事會召開臨時會議,可以另定召集董事會的通知方式和通知時限。董事會會議應有過半數的董事出席方可舉行。董事會作出決議,必須經全體董事的過半數通過。董事會決議的表決,實行一人一票。

股份有限公司設經理,由董事會決定聘任或者解聘。公司董事會可以決定由董事會成員兼任經理。公司不得直接或者通過子公司向董事、監事、高級管理人員提供借款。公司應當定期向股東披露董事、監事、高級管理人員從公司獲得報酬的情況。

監事會

股份有限公司設監事會，其成員不得少於三人。監事會應當包括股東代表和適當比例的公司職工代表，其中職工代表的比例不得低於三分之一，具體比例由公司章程規定。監事會中的職工代表由公司職工通過職工代表大會、職工大會或者其他形式民主選舉產生。監事會設主席一人，可以設副主席。監事會主席和副主席由全體監事過半數選舉產生。監事會主席召集和主持監事會會議；監事會主席不能履行職務或者不履行職務的，由監事會副主席召集和主持監事會會議；監事會副主席不能履行職務或者不履行職務的，由半數以上監事共同推舉一名監事召集和主持監事會會議。董事、高級管理人員不得兼任監事。

上市公司組織機構的特別規定

上市公司，是指其股票在證券交易所上市交易的股份有限公司。上市公司在一年內購買、出售重大資產或者擔保金額超過公司資產總額百分之三十的，應當由股東大會作出決議，並經出席會議的股東所持表決權的三分之二以上通過。上市公司設立獨立董事，具體辦法由中國國務院規定。上市公司設董事會秘書，負責公司股東大會和董事會會議的籌備、檔保管以及公司股東資料的管理，辦理資訊披露事務等事宜。

上市公司董事與董事會會議決議事項所涉及的企業有關聯關係的，不得對該項決議行使表決權，也不得代理其他董事行使表決權。該董事會會議由過半數的無關聯關係董事出席即可舉行，董事會會議所作決議須經無關聯關係董事過半數通過。出席董事會的無關聯關係董事人數不足三人的，應將該事項提交上市公司股東大會審議。

股份有限公司的股份發行和轉讓

股份有限公司的資本劃分為股份，每一股的金額相等。公司的股份採取股票的形式。股票是公司簽發的證明股東所持股份的憑證。同次發行的同種類股票，每股的發行條件和價格應當相同；任何單位或者個人所認購的股份，每股應當支付相同價額。

股票發行價格可以按票面金額，也可以超過票面金額，但不得低於票面金額。中國股票採用紙面形式或者國務院證券監督管理機構規定的其他形式。股票應當載明下列主要事項：

(一) 公司名稱；

(二) 公司成立日期；

(三) 股票種類、票面金額及代表的股份數；

(四) 股票的編號。

股票由法定代表人簽名，公司蓋章。發起人的股票，應當標明發起人股票字樣。公司發行的股票，可以為記名股票，也可以為無記名股票。公司向發起人、法人發行的股票，應當為記名股票，並應當記載該發起人、法人的名稱或者姓名，不得另立戶名或者以代表人姓名記名。公司發行記名股票的，應當置備股東名冊，記載下列事項：

(一) 股東的姓名或者名稱及住所；

(二) 各股東所持股份數；

(三) 各股東所持股票的編號；

(四) 各股東取得股份的日期。

發行無記名股票的，公司應當記載其股票數量、編號及發行日期。股份有限公司成立後，即向股東正式交付股票。公司成立前不得向股東交付股票。

股份轉讓

股東持有的股份可以依法轉讓。股東轉讓其股份,應當在依法
設立的證券交易場所進行或者按照國務院規定的其他方式進行。記
名股票,由股東以背書方式或者法律、行政法規規定的其他方式轉
讓;轉讓後由公司將受讓人的姓名或者名稱及住所記載于股東名
冊。股東大會召開前二十日內或者公司決定分配股利的基準日前五
日內,不得進行前款規定的股東名冊的變更登記。但是,法律對上
市公司股東名冊變更登記另有規定的,從其規定。無記名股票的轉
讓,由股東將該股票交付給受讓人後即發生轉讓的效力。

發起人持有的本公司股份,自公司成立之日起一年內不得轉
讓。公司公開發行股份前已發行的股份,自公司股票在證券交易所
上市交易之日起一年內不得轉讓。公司董事、監事、高級管理人員
應當向公司申報所持有的本公司的股份及其變動情況,在任職期間
每年轉讓的股份不得超過其所持有本公司股份總數的百分之二十
五;所持本公司股份自公司股票上市交易之日起一年內不得轉讓。
上述人員離職後半年內,不得轉讓其所持有的本公司股份。公司章
程可以對公司董事、監事、高級管理人員轉讓其所持有的本公司股
份作出其他限制性規定。

公司不得收購本公司股份。但是,有下列情形之一的除外:

(一) 減少公司註冊資本;

(二) 與持有本公司股份的其他公司合併;

(三) 將股份獎勵給本公司職工;

(四) 股東因對股東大會作出的公司合併、分立決議持異議,要
　　求公司收購其股份的。

公司董事、監事、高級管理人員的資格和義務

有下列情形之一的，不得擔任公司的董事、監事、高級管理人員：

(一) 無民事行為能力或者限制民事行為能力；

(二) 因貪污、賄賂、侵佔財產、挪用財產或者破壞社會主義市場經濟秩序，被判處刑罰，執行期滿未逾五年，或者因犯罪被剝奪政治權利，執行期滿未逾五年；

(三) 擔任破產清算的公司、企業的董事或者廠長、經理，對該公司、企業的破產負有個人責任的，自該公司、企業破產清算完結之日起未逾三年；

(四) 擔任因違法被吊銷營業執照、責令關閉的公司、企業的法定代表人，並負有個人責任的，自該公司、企業被吊銷營業執照之日起未逾三年；

(五) 個人所負數額較大的債務到期未清償。

公司違反規定選舉、委派董事、監事或者聘任高級管理人員的，該選舉、委派或者聘任無效。董事、監事、高級管理人員在任職期間出現上述所列情形的，公司應當解除其職務。 董事、監事、高級管理人員應當遵守法律、行政法規和公司章程，對公司負有忠實義務和勤勉義務。董事、監事、高級管理人員不得利用職權收受賄賂或者其他非法收入，不得侵佔公司的財產。董事、高級管理人員不得有下列行為：

(一) 挪用公司資金；

(二) 將公司資金以其個人名義或者以其他個人名義開立帳戶存儲；

(三) 違反公司章程的規定，未經股東會、股東大會或者董事會同意，將公司資金借貸給他人或者以公司財產為他人提供擔保；

(四) 違反公司章程的規定或者未經股東會、股東大會同意，與本公司訂立合同或者進行交易；

(五) 未經股東會或者股東大會同意，利用職務便利為自己或者他人謀取屬於公司的商業機會，自營或者為他人經營與所任職公司同類的業務；

(六) 接受他人與公司交易的傭金歸為己有；

(七) 擅自披露公司祕密；

(八) 違反對公司忠實義務的其他行為。

董事、高級管理人員違反規定所得的收入應當歸公司所有。董事、監事、高級管理人員執行公司職務時違反法律、行政法規或者公司章程的規定，給公司造成損失的，應當承擔賠償責任。

公司債券

公司債券，是指中國公司依照法定程式發行、約定在一定期限還本付息的有價證券。公司發行公司債券應當符合《中華人民共和國證券法》規定的發行條件。

發行公司債券的申請經國務院授權的部門核准後，應當公告公司債券募集辦法。公司債券募集辦法中應當載明下列主要事項：

(一) 公司名稱；

(二) 債券募集資金的用途；

(三) 債券總額和債券的票面金額；

(四) 債券利率的確定方式；

(五) 還本付息的期限和方式；

(六) 債券擔保情況；

(七) 債券的發行價格、發行的起止日期；

(八) 公司淨資產額；

(九) 已發行的尚未到期的公司債券總額；

(十) 公司債券的承銷機構。

公司以實物券方式發行公司債券的，必須在債券上載明公司名稱、債券票面金額、利率、償還期限等事項，並由法定代表人簽名，公司蓋章。公司債券，可以為記名債券，也可以為無記名債券。

上市公司經股東大會決議可以發行可轉換為股票的公司債券，並在公司債券募集辦法中規定具體的轉換辦法。上市公司發行可轉換為股票的公司債券，應當報國務院證券監督管理機構核准。發行可轉換為股票的公司債券，應當在債券上標明可轉換公司債券字樣，並在公司債券存根簿上載明可轉換公司債券的數額。發行可轉換為股票的公司債券的，公司應當按照其轉換辦法向債券持有人換發股票，但債券持有人對轉換股票或者不轉換股票有選擇權。

公司財務、會計

公司應當在每一會計年度終了時編制財務會計報告，並依法經會計師事務所審計。財務會計報告應當依照法律、行政法規和國務院財政部門的規定製作。

公司分配當年稅後利潤時，應當提取利潤的百分之十列入公司法定公積金。公司法定公積金累計額為公司註冊資本的百分之五十以上的，可以不再提取。公司的法定公積金不足以彌補以前年度虧損的，在依照前款規定提取法定公積金之前，應當先用當年利潤彌補虧損。公司從稅後利潤中提取法定公積金後，經股東會或者股東大會決議，還可以從稅後利潤中提取任意公積金。公司持有的本公

司股份不得分配利潤。公司除法定的會計賬簿外，不得另立會計賬簿。對公司資產，不得以任何個人名義開立帳戶存儲。

<u>公司合併、分立、增資、減資</u>

公司合併可以採取吸收合併或者新設合併。一個公司吸收其他公司為吸收合併，被吸收的公司解散。兩個以上公司合併設立一個新的公司為新設合併，合併各方解散。公司合併，應當由合併各方簽訂合併協定，並編制資產負債表及財產清單。公司應當自作出合併決議之日起十日內通知債權人，並在三十日內在報紙上公告。債權人自接到通知書之日起三十日內，未接到通知書的自公告之日起四十五日內，可以要求公司清償債務或者提供相應的擔保。

公司合併時，合併各方的債權、債務，應當由合併後存續的公司或者新設的公司承繼。

公司分立，其財產作相應的分割。公司分立，應當編制資產負債表及財產清單。公司應當自作出分立決議之日起十日內通知債權人，並于三十日內在報紙上公告。公司分立前的債務由分立後的公司承擔連帶責任。但是，公司在分立前與債權人就債務清償達成的書面協定另有約定的除外。

公司需要減少註冊資本時，必須編制資產負債表及財產清單。公司應當自作出減少註冊資本決議之日起十日內通知債權人，並于三十日內在報紙上公告。債權人自接到通知書之日起三十日內，未接到通知書的自公告之日起四十五日內，有權要求公司清償債務或者提供相應的擔保。公司減資後的註冊資本不得低於法定的最低限額。

有限責任公司增加註冊資本時，股東認繳新增資本的出資，依中國公司法設立有限責任公司繳納出資的有關規定執行。股份有限公司為增加註冊資本發行新股時，股東認購新股，依照中國公司法

設立股份有限公司繳納股款的有關規定執行。公司合併或者分立，登記事項發生變更的，應當依法向公司登記機關辦理變更登記；公司解散的，應當依法辦理公司註銷登記；設立新公司的，應當依法辦理公司設立登記。公司增加或者減少註冊資本，應當依法向公司登記機關辦理變更登記。

<u>公司解散和清算</u>

中國公司因下列原因解散：

(一) 公司章程規定的營業期限屆滿或者公司章程規定的其他解
　　散事由出現；

(二) 股東會或者股東大會決議解散；

(三) 因公司合併或者分立需要解散；

(四) 依法被吊銷營業執照、責令關閉或者被撤銷；

(五) 人民法院依照本法第一百八十三條的規定予以解散。

公司經營管理發生嚴重困難，繼續存續會使股東利益受到重大損失，通過其他途徑不能解決的，持有公司全部股東表決權百分之十以上的股東，可以請求人民法院解散公司。

有限責任公司的清算組由股東組成，股份有限公司的清算組由董事或者股東大會確定的人員組成。逾期不成立清算組進行清算的，債權人可以申請人民法院指定有關人員組成清算組進行清算。人民法院應當受理該申請，並及時組織清算組進行清算。清算組在清算期間行使下列職權：

(一) 清理公司財產，分別編制資產負債表和財產清單；

(二) 通知、公告債權人；

(三) 處理與清算有關的公司未了結的業務；

(四) 清繳所欠稅款以及清算過程中產生的稅款；

(五) 清理債權、債務；

(六) 處理公司清償債務後的剩餘財產；

(七) 代表公司參與民事訴訟活動。

　　清算組應當自成立之日起十日內通知債權人，並于六十日內在報紙上公告。債權人應當自接到通知書之日起三十日內，未接到通知書的自公告之日起四十五日內，向清算組申報其債權。債權人申報債權，應當說明債權的有關事項，並提供證明材料。清算組應當對債權進行登記。在申報債權期間，清算組不得對債權人進行清償。

　　清算組在清理公司財產、編制資產負債表和財產清單後，應當制定清算方案，並報股東會、股東大會或者人民法院確認。公司財產在分別支付清算費用、職工的工資、社會保險費用和法定補償金，繳納所欠稅款，清償公司債務後的剩餘財產，有限責任公司按照股東的出資比例分配，股份有限公司按照股東持有的股份比例分配。清算期間，公司存續，但不得開展與清算無關的經營活動。公司財產在未依照前款規定清償前，不得分配給股東。清算組在清理公司財產、編制資產負債表和財產清單後，發現公司財產不足清償債務的，應當依法向人民法院申請宣告破產。

外國公司的分支機構

　　外國公司是指依照外國法律在中國境外設立的公司。外國公司在中國境內設立分支機構，必須向中國主管機關提出申請，並提交其公司章程、所屬國的公司登記證書等有關文件，經批准後，向公司登記機關依法辦理登記，領取營業執照。

　　外國公司在中國境內設立分支機構，必須在中國境內指定負責該分支機構的代表人或者代理人，並向該分支機構撥付與其所從事的經營活動相適應的資金。

外國公司的分支機構應當在其名稱中標明該外國公司的國籍及責任形式。外國公司的分支機構應當在本機構中置備該外國公司章程。

外國公司在中國境內設立的分支機構不具有中國法人資格。外國公司對其分支機構在中國境內進行經營活動承擔民事責任。經批准設立的外國公司分支機構，在中國境內從事業務活動，必須遵守中國的法律，不得損害中國的社會公共利益，其合法權益受中國法律保護。外國公司撤銷其在中國境內的分支機構時，必須依法清償債務，依照本法有關公司清算程式的規定進行清算。未清償債務之前，不得將其分支機構的財產移至中國境外。

法律責任

違反中國公司法規定，虛報註冊資本、提交虛假材料或者採取其他欺詐手段隱瞞重要事實取得公司登記的，由公司登記機關責令改正，對虛報註冊資本的公司，處以虛報註冊資本金額百分之五以上百分之十五以下的罰款；對提交虛假材料或者採取其他欺詐手段隱瞞重要事實的公司，處以五萬元以上五十萬元（以下皆為人民幣）以下的罰款；情節嚴重的，撤銷公司登記或者吊銷營業執照。

公司的發起人、股東虛假出資，未交付或者未按期交付作為出資的貨幣或者非貨幣財產的，由公司登記機關責令改正，處以虛假出資金額百分之五以上百分之十五以下的罰款。公司的發起人、股東在公司成立後，抽逃其出資的，由公司登記機關責令改正，處以所抽逃出資金額百分之五以上百分之十五以下的罰款。

公司違反規定，在法定的會計賬簿以外另立會計賬簿的，由縣級以上人民政府財政部門責令改正，處以五萬元以上五十萬元以下的罰款。公司在依法向有關主管部門提供的財務會計報告等材料上

作虛假記載或者隱瞞重要事實的，由有關主管部門對直接負責的主管人員和其他直接責任人員處以三萬元以上三十萬元以下的罰款。公司不依照規定提取法定公積金的，由縣級以上人民政府財政部門責令如數補足應當提取的金額，可以對公司處以二十萬元以下的罰款。

公司在合併、分立、減少註冊資本或者進行清算時，不依照規定通知或者公告債權人的，由公司登記機關責令改正，對公司處以一萬元以上十萬元以下的罰款。公司在進行清算時，隱匿財產，對資產負債表或者財產清單作虛假記載或者在未清償債務前分配公司財產的，由公司登記機關責令改正，對公司處以隱匿財產或者未清償債務前分配公司財產金額百分之五以上百分之十以下的罰款；對直接負責的主管人員和其他直接責任人員處以一萬元以上十萬元以下的罰款。

未依法登記為有限責任公司或者股份有限公司，而冒用有限責任公司或者股份有限公司名義的，或者未依法登記為有限責任公司或者股份有限公司的分公司，而冒用有限責任公司或者股份有限公司的分公司名義的，由公司登記機關責令改正或者予以取締，可以並處十萬元以下的罰款。

公司成立後無正當理由超過六個月未開業的，或者開業後自行停業連續六個月以上的，可以由公司登記機關吊銷營業執照。公司登記事項發生變更時，未依照本法規定辦理有關變更登記的，由公司登記機關責令限期登記；逾期不登記的，處以一萬元以上十萬元以下的罰款。外國公司違反本法規定，擅自在中國境內設立分支機構的，由公司登記機關責令改正或者關閉，可以並處五萬元以上二十萬元以下的罰款。利用公司名義從事危害國家安全、社會公共利益的嚴重違法行為的，吊銷營業執照。

公司違反中國公司法規定，應當承擔民事賠償責任和繳納罰款、罰金的，其財產不足以支付時，先承擔民事賠償責任，違反本法規定，構成犯罪的，依法追究刑事責任，讀者可上網查詢拙著「投資中國需預防的 72 種犯罪陷阱」。

二、票據法

（一）總則

在中國境內的票據活動，都適用中國票據法。中國票據法所稱票據，是指匯票、本票和支票。票據出票人製作票據，應當按照法定條件在票據上簽章，並按照所記載的事項承擔票據責任。持票人行使票據權利，應當按照法定程式在票據上簽章，並出示票據。其他票據債務人在票據上簽章的，按照票據所記載的事項承擔票據責任。

票據法所稱票據權利，是指持票人向票據債務人請求支付票據金額的權利，包括付款請求權和追索權；所稱票據責任，是指票據債務人向持票人支付票據金額的義務。票據當事人可以委託其代理人在票據上簽章，並應當在票據上表明其代理關係。沒有代理權而以代理人名義在票據上簽章的，應當由簽章人承擔票據責任；代理人超越代理許可權的，應當就其超越許可權的部分承擔票據責任。

無民事行為能力人或者限制民事行為能力人在票據上簽章的，其簽章無效，但是不影響其他簽章的效力。票據上的簽章，為簽名、蓋章或者簽名加蓋章。法人和其他使用票據的單位在票據上的簽章，為該法人或者該單位的蓋章加其法定代表人或者其授權的代理人的簽章。在票據上的簽名，應當為該當事人的本名。

票據金額以中文大寫和數碼同時記載，二者必須一致，二者不一致的，票據無效票據上的記載事項必須符合本法的規定。票據金額、日期、收款人名稱不得更改，更改的票據無效。對票據上的其他記載事項，原記載人可以更改，更改時應當由原記載人簽章證明。票據的簽發、取得和轉讓，應當遵循誠實信用的原則，具有真實的交易關係和債權債務關係。票據的取得，必須給付對價，即應當給付票據雙方當事人認可的相對應的代價，但因稅收、繼承、贈與可以依法無償取得票據的，不受給付對價的限制。但是，所享有的票據權利不得優於其前手的權利。前手是指在票據簽章人或者持票人之前簽章的其他票據債務人。

以欺詐、偷盜或者脅迫等手段取得票據的，或者明知有前列情形，出於惡意取得票據的，不得享有票據權利。持票人因重大過失取得不符合中國票據法規定的票據的，也不得享有票據權利。票據債務人不得以自己與出票人或者與持票人的前手之間的抗辯事由，對抗持票人。但是，持票人明知存在抗辯事由而取得票據的除外。

票據債務人可以對不履行約定義務的與自己有直接債權債務關係的持票人，進行抗辯。中國票據法所稱抗辯，是指票據債務人根據本法規定對票據債權人拒絕履行義務的行為。票據上的記載事項應當真實，不得偽造、變造。偽造、變造票據上的簽章和其他記載事項的，應當承擔法律責任。票據上有偽造、變造的簽章的，不影響票據上其他真實簽章的效力。票據上其他記載事項被變造的，在變造之前簽章的人，對原記載事項負責；在變造之後簽章的人，對變造之後的記載事項負責；不能辨別是在票據被變造之前或者之後簽章的，視同在變造之前簽章。

票據喪失，失票人可以及時通知票據的付款人掛失止付，但是，未記載付款人或者無法確定付款人及其代理付款人的票據除外。收

到掛失止付通知的付款人,應當暫停支付。失票人應當在通知掛失止付後三日內,也可以在票據喪失後,依法向人民法院申請公示催告,或者向人民法院提起訴訟。持票人對票據債務人行使票據權利,或者保全票據權利,應當在票據當事人的營業場所和營業時間內進行,票據當事人無營業場所的,應當在其住所進行。

票據權利在下列期限內不行使而消滅:

(一) 持票人對票據的出票人和承兌人的權利,自票據到期日起二年。見票即付的匯票、本票,自出票日起二年;

(二) 持票人對支票出票人的權利,自出票日起六個月;

(三) 持票人對前手的追索權,自被拒絕承兌或者被拒絕付款之日起六個月;

(四) 持票人對前手的再追索權,自清償日或者被提起訴訟之日起三個月。

票據的出票日、到期日由票據當事人依法確定。

持票人因超過票據權利時效或者因票據記載事項欠缺而喪失票據權利的,仍享有民事權利,可以請求出票人或者承兌人返還其與未支付的票據金額相當的利益。

(二) 匯票

匯票分為銀行匯票和商業匯票。匯票是出票人簽發的,委託付款人在見票時或者在指定日期無條件支付確定的金額給收款人或者持票人的票據。出票是指出票人簽發票據並將其交付給收款人的票據行為。匯票的出票人必須與付款人具有真實的委託付款關係,並且具有支付匯票金額的可靠資金來源。不得簽發無對價的匯票用以騙取銀行或者其他票據當事人的資金。匯票必須記載下列事項:

1.表明「匯票」的字樣;

2. 無條件支付的委託；

3. 確定的金額；

4. 付款人名稱；

5. 收款人名稱；

6. 出票日期；

7. 出票人簽章。

匯票上未記載前款規定事項之一的，匯票無效。匯票上記載付款日期、付款地、出票地等事項的，應當清楚、明確。匯票上未記載付款日期的，為見票即付。匯票上未記載付款地的，付款人的營業場所、住所或者經常居住地為付款地。匯票上未記載出票地的，出票人的營業場所、住所或者經常居住地為出票地。匯票上可以記載本法規定事項以外的其他出票事項，但是該記載事項不具有匯票上的效力。匯票付款日期可以按照下列形式之一記載：

1. 見票即付；

2. 定日付款；

3. 出票後定期付款；

4. 見票後定期付款。

前款規定的付款日期為匯票到期日。出票人簽發匯票後，即承擔保證該匯票承兌和付款的責任。出票人在匯票得不到承兌或者付款時，應當向持票人清償。

匯票背書

背書是指在票據背面或者粘單上記載有關事項並簽章的票據行為。持票人可以將匯票權利轉讓給他人或者將一定的匯票權利授與他人行使。出票人在匯票上記載「不得轉讓」字樣的，匯票不得轉讓。票據憑證不能滿足背書人記載事項的需要，可以加附粘單，粘

附於票據憑證上。粘單上的第一記載人,應當在匯票和粘單的粘接處簽章。背書由背書人簽章並記載背書日期。背書未記載日期的,視為在匯票到期日前背書。

匯票以背書轉讓或者以背書將一定的匯票權利授與他人行使時,必須記載被背書人名稱。以背書轉讓的匯票,背書應當連續。持票人以背書的連續,證明其匯票權利;非經背書轉讓,而以其他合法方式取得匯票的,依法舉證,證明其匯票權利。背書連續,是指在票據轉讓中,轉讓匯票的背書人與受讓匯票的被背書人在匯票上的簽章依次前後銜接。以背書轉讓的匯票,後手應當對其直接前手背書的真實性負責。後手是指在票據簽章人之後簽章的其他票據債務人。背書不得附有條件。背書時附有條件的,所附條件不具有匯票上的效力。將匯票金額的一部分轉讓的背書或者將匯票金額分別轉讓給二人以上的背書無效。背書人在匯票上記載「不得轉讓」字樣,其後手再背書轉讓的,原背書人對後手的被背書人不承擔保證責任。背書記載「委託收款」字樣的,被背書人有權代背書人行使被委託的匯票權利。但是,被背書人不得再以背書轉讓匯票權利。

匯票可以設定質押;質押時應當以背書記載「質押」字樣。被背書人依法實現其質權時,可以行使匯票權利。匯票被拒絕承兌、被拒絕付款或者超過付款提示期限的,不得背書轉讓;背書轉讓的,背書人應當承擔匯票責任。背書人以背書轉讓匯票後,即承擔保證其後手所持匯票承兌和付款的責任。背書人在匯票得不到承兌或者付款時,應當向持票人清償。

承兌

承兌是指匯票付款人承諾在匯票到期日支付匯票金額的票據行為。定日付款或者出票後定期付款的匯票,持票人應當在匯票到期

日前向付款人提示承兌。提示承兌是指持票人向付款人出示匯票，並要求付款人承諾付款的行為。見票後定期付款的匯票，持票人應當自出票日起一個月內向付款人提示承兌。匯票未按照規定期限提示承兌的，持票人喪失對其前手的追索權。見票即付的匯票無需提示承兌。

付款人對向其提示承兌的匯票，應當自收到提示承兌的匯票之日起三日內承兌或者拒絕承兌。付款人收到持票人提示承兌的匯票時，應當向持票人簽發收到匯票的回單。回單上應當記明匯票提示承兌日期並簽章。付款人承兌匯票的，應當在匯票正面記載「承兌」字樣和承兌日期並簽章；見票後定期付款的匯票，應當在承兌時記載付款日期。付款人承兌匯票，不得附有條件；承兌附有條件的，視為拒絕承兌。付款人承兌匯票後，應當承擔到期付款的責任。

保證

匯票的債務可以由保證人承擔保證責任。保證人由匯票債務人以外的他人擔當。保證人必須在匯票或者粘單上記載下列事項：

1. 表明「保證」的字樣；
2. 保證人名稱和住所；
3. 被保證人的名稱；
4. 保證日期；
5. 保證人簽章。

保證不得附有條件；附有條件的，不影響對匯票的保證責任。保證人對合法取得匯票的持票人所享有的匯票權利，承擔保證責任。但是，被保證人的債務因匯票記載事項欠缺而無效的除外。被保證的匯票，保證人應當與被保證人對持票人承擔連帶責任。匯票到期後得不到付款的，持票人有權向保證人請求付款，保證人應當

足額付款。保證人為二人以上的，保證人之間承擔連帶責任。保證人清償匯票債務後，可以行使持票人對被保證人及其前手的追索權。

付款

持票人應當按照下列期限提示付款：

1. 見票即付的匯票，自出票日起一個月內向付款人提示付款；
2. 定日付款、出票後定期付款或者見票後定期付款的匯票，自到期日起十日內向承兌人提示付款。

持票人未按照前款規定期限提示付款的，在作出說明後，承兌人或者付款人仍應當繼續對持票人承擔付款責任。通過委託收款銀行或者通過票據交換系統向付款人提示付款的，視同持票人提示付款。持票人依照規定提示付款的，付款人必須在當日足額付款。持票人獲得付款的，應當在匯票上簽收，並將匯票交給付款人。持票人委託銀行收款的，受委託的銀行將代收的匯票金額轉賬收入持票人帳戶，視同簽收。持票人委託的收款銀行的責任，限於按照匯票上記載事項將匯票金額轉入持票人帳戶。付款人委託的付款銀行的責任，限於按照匯票上記載事項從付款人帳戶支付匯票金額。

追索權

匯票到期被拒絕付款的，持票人可以對背書人、出票人以及匯票的其他債務人行使追索權。匯票到期日前，有下列情形之一的，持票人也可以行使追索權：

1. 匯票被拒絕承兌的；
2. 承兌人或者付款人死亡、逃匿的；
3. 承兌人或者付款人被依法宣告破產的或者因違法被責令終止業務活動的。

持票人行使追索權時，應當提供被拒絕承兌或者被拒絕付款的有關證明。持票人提示承兌或者提示付款被拒絕的，承兌人或者付款人必須出具拒絕證明，或者出具退票理由書。未出具拒絕證明或者退票理由書的，應當承擔由此產生的民事責任。

持票人不能出示拒絕證明、退票理由書或者未按照規定期限提供其他合法證明的，喪失對其前手的追索權。但是，承兌人或者付款人仍應當對持票人承擔責任持票人應當自收到被拒絕承兌或者被拒絕付款的有關證明之日起三日內，將被拒絕事由書面通知其前手；其前手應當自收到通知之日起三日內書面通知其再前手。持票人也可以同時向各匯票債務人發出書面通知。未按照規定期限通知的，持票人仍可以行使追索權。因延期通知給其前手或者出票人造成損失的，由沒有按照規定期限通知的匯票當事人，承擔對該損失的賠償責任，但是所賠償的金額以匯票金額為限。在規定期限內將通知按照法定地址或者約定的地址郵寄的，視為已經發出通知。

（三）本票

本票是出票人簽發的，承諾自己在見票時無條件支付確定的金額給收款人或者持票人的票據。中國票據法所稱本票，只能是指銀行本票。本票的出票人必須具有支付本票金額的可靠資金來源，並保證支付。本票必須記載下列事項：

1. 表明「本票」的字樣；
2. 無條件支付的承諾；
3. 確定的金額；
4. 收款人名稱；
5. 出票日期；
6. 出票人簽章。

本票上未記載前款規定事項之一的，本票無效。本票上記載付款地、出票地等事項的，應當清楚、明確。本票上未記載付款地的，出票人的營業場所為付款地。本票上未記載出票地的，出票人的營業場所為出票地。本票的出票人在持票人提示見票時，必須承擔付款的責任。本票自出票日起，付款期限最長不得超過二個月。本票的持票人未按照規定期限提示見票的，喪失對出票人以外的前手的追索權。

（四）支票

中國支票是出票人簽發的，委託辦理支票存款業務的銀行或者其他金融機構在見票時無條件支付確定的金額給收款人或者持票人的票據。

開立支票存款帳戶，申請人必須使用其本名，並提交證明其身份的合法證件。開立支票存款帳戶和領用支票，應當有可靠的資信，並存入一定的資金。開立支票存款帳戶，申請人應當預留其本名的簽名式樣和印鑒。

支票可以支取現金，也可以轉賬，用於轉賬時，應當在支票正面注明。支票中專門用於支取現金的，可以另行製作現金支票，現金支票只能用於支取現金。

支票中專門用於轉賬的，可以另行製作轉賬支票，轉賬支票只能用於轉賬，不得支取現金。支票必須記載下列事項：

1. 表明「支票」的字樣；
2. 無條件支付的委託；
3. 確定的金額；
4. 付款人名稱；
5. 出票日期；
6. 出票人簽章。

支票上未記載前款規定事項之一的，支票無效。支票上的金額可以由出票人授權補記，未補記前的支票，不得使用。支票上未記載收款人名稱的，經出票人授權，可以補記。支票上未記載付款地的，付款人的營業場所為付款地。支票上未記載出票地的，出票人的營業場所、住所或者經常居住地為出票地。出票人可以在支票上記載自己為收款人。

支票的出票人所簽發的支票金額不得超過其付款時在付款人處實有的存款金額。出票人簽發的支票金額超過其付款時在付款人處實有的存款金額的，為空頭支票。禁止簽發空頭支票。出票人必須按照簽發的支票金額承擔保證向該持票人付款的責任。出票人在付款人處的存款足以支付支票金額時，付款人應當在當日足額付款。

支票限於見票即付，不得另行記載付款日期。另行記載付款日期的，該記載無效。支票的持票人應當自出票日起十日內提示付款；異地使用的支票，其提示付款的期限由中國人民銀行另行規定。超過提示付款期限的，付款人可以不予付款；付款人不予付款的，出票人仍應當對持票人承擔票據責任。付款人依法支付支票金額的，對出票人不再承擔受委託付款的責任，對持票人不再承擔付款的責任。但是，付款人以惡意或者有重大過失付款的除外。

（五）涉外票據的法律適用

涉外票據，是指出票、背書、承兌、保證、付款等行為中，既有發生在中華人民共和國境內又有發生在中華人民共和國境外的票據。中華人民共和國締結或者參加的國際條約同本法有不同規定的，適用國際條約的規定。但是，中華人民共和國聲明保留的條款除外。中國票據法和中華人民共和國締結或者參加的國際條約沒有規定的，可以適用國際慣例。

　　票據債務人的民事行為能力，適用其本國法律。票據債務人的民事行為能力，依照其本國法律為無民事行為能力或者為限制民事行為能力而依照行為地法律為完全民事行為能力的，適用行為地法律。

　　匯票、本票出票時的記載事項，適用出票地法律。支票出票時的記載事項，適用出票地法律，經當事人協議，也可以適用付款地法律。

　　票據的背書、承兌、付款和保證行為，適用行為地法律。票據追索權的行使期限，適用出票地法律。票據的提示期限、有關拒絕證明的方式、出具拒絕證明的期限，適用付款地法律。票據喪失時，失票人請求保全票據權利的程式，適用付款地法律。

（六）法律責任

　　中國票據法規定，有下列票據欺詐行為之一的，依法追究刑事責任：

1. 偽造、變造票據的；
2. 故意使用偽造、變造的票據的；
3. 簽發空頭支票或者故意簽發與其預留的本名簽名式樣或者印鑒不符的支票，騙取財物的；
4. 簽發無可靠資金來源的匯票、本票，騙取資金的；
5. 匯票、本票的出票人在出票時作虛假記載，騙取財物的；
6. 冒用他人的票據，或者故意使用過期或者作廢的票據，騙取財物的；
7. 付款人同出票人、持票人惡意串通，實施前六項所列行為之一的。

智慧財產權認識篇

壹、兩岸智慧財產權總論

　　兩岸智慧財產權法律制度的發展，系出同源，最早可先溯源到中國秦朝，不過，關於中國法制史秦朝的智財權保護文獻其實並不多，甚至可說中國先秦時期並沒有給智財權私權保護，這除了當政者的統治思想方向影響外，很大程度上受社會價值取向的影響。先秦儒家的人生價值理論及義利的理論，至少抑制了在知識產品上設立私權的可能，當時「德主刑輔」的治理模式，也根本沒有個人民事權利的空間[1]。

　　當時以孔子為代表，先秦儒家主張人生的理想在於「弘道」，弘揚仁義道德才是奮鬥終生的事業，所以對人一生的價值評論落腳在對社會貢獻的大小、對社會的影響是否深遠，後世有了「天下為公」、「雁過留聲，人過留名」，多少仁人志士都孜孜不倦地追求這種人生的完美結局，能夠被社會承認和需要並對他人有所幫助就是社會給知識份子的最好獎賞，難怪一些名家對仿製他們作品的行為表現出與西方大相逕庭的寬容甚至是欣然的態度。在「公」字之下，根本沒有「私」生存的空間與土壤。

　　先秦儒家對義利關係的態度也說明私利是多麼不入社會道德之主流，義指道德理想，利指物質利益，孔子主張「義以為上」，即道德理想高於物質利益，也就是社會利益高於個人利益，藝術的創作

---

[1]　崔立紅，「先秦儒家文化與知識產權法律」，*北大知識產權評論*，北京：法律出版社，2002 年 7 月第 1 版，頁 86。

往往被視為道德的表達和昇華，所謂：「書畫之事，勿論價值，君子不為錢財所役」，從此可略見一般。

先秦儒家的治國之道以道德教化為首選，孔子認為這樣老百姓才會自覺從善；孟子在強調仁政的同時，指出「徒善不足以為政，徒法不能以自行」。也就是說，對古代知識份子而言，他們更相信道德的作用，法只是指用來震懾的刑罰，有關「戶婚田土」的「民間詞訟」的處理，在更多的情況下，依憑不是法條而是禮，也就是理、義，它是與民法截然不同的東西，它不講權利，沒有個人，追求絕對之和諧，從而阻礙了民事方面法律的成長[2]。因此，影響所及，中國法制史中關於商標、專利等文獻相當少。只有在著作權方面，從漢朝開始，就已注意對未經授權複製經典的做法予以禁止，到唐朝時，唐文宗直接以敕令的形式禁止人們在未經許可的情況下，複製曆法、曆書及相關文獻，等到印刷技術和識字率大大提高的宋朝，要求私人印刷者把他們要出版的著作呈交地方官署，作出版前的審查和登記，直到明、清，照樣是對官方文獻及含有異端邪說的著作的印刷、出版嚴加審查和控制[3]。

宋以後的中國皇朝尤其是明朝（1368 年至 1644 年）曾竭力加強國家對出版的控制，但宋以後的歷朝法典都對擅自翻刻有關天文學的官方著作、文官考試和一向被認為是敏感的其他主題屬行禁止。此外，歷朝法典都有禁絕「妖書」的規定[4]。

---

[2] 梁治平，「禮法文化」，*法律的文化解釋*，北京：新知三聯書店，1994 年第 1 版，頁 398。

[3] 中國古代官方這些做法的目的是一樣的，主要在維護社會秩序的和諧，鞏固統治地位。儘管宋朝出版前審查制度下曾帶來反對私自翻印的聲明，如出於四川的「眉山程舍人宅刊行，已審上市，不許覆梓」[3]，但法律並沒有明確對盜印行為具體處罰，所以，在此基礎上沒有發展現代意義的版權制度，確切的說只是一種嚴密的思想控制。

[4] 這些規定每過一段時間就為特別法所補充，例如，洪武皇帝（1368 年至 1392

　　儘管明朝統治者有意對出版施以更嚴密的控制，由宋代發展起來的正式的出版前審查制度看來已經難以為繼。明代中期和晚期，朝廷曾努力要恢復，主要是在地方一級的國家控制，但是由有關私自翻刻和為商業目的而作的文本改編的廣泛記載來判斷，這種努力似乎並未取得特別的成功。其結果，清人致力於加強地方官在這方面的職能，以至在 1778 年重新建立了地方的出版前審查的嚴格制度[5]。

　　關於中國近代智財權制度的起源與發展，主要有「二十年說」和「百年左右說」兩種學說[6]。「二十年說」主要認為在改革開放以來，中國《專利法》、《商標法》等法律才開始制定，並建立起行政和司法保護的事實驗證，認為中國大陸現代的知識產權制度是產生於近二十年間，「二十年前，中國在知識產權制度方面，幾乎是一片空白」。「百年左右說」認為，從鴉片戰爭以來，中國陸續出現近代工業，並與西方各國有了較多的接觸，從 1882 年清光緒皇帝批准中國第一件專利和第一套專利法規起，直到民國國民政府頒布專利等法規，以及知識產權法律在中國文革後的發展，「僅是百年左右的歷史而已」。因此，這兩學說經事實驗證，可說中國現代化的知識產權法律制度是在改革開放的二十年間才建立起來的。但若談及中國知識產權制度的萌芽，則須追溯到中國近現代百年左右的歷史。中國第一部專利法的雛形應為清朝戊戌變法中光緒皇帝頒布的《振興工藝給獎章程》，後被廢除，惟專利制度仍在各省扎根。民國第一部專

　　年）要求禁絕所有哪怕是借諧音雙關手法間接的詆毀新興明王朝的作品的命令；還有乾隆皇帝（1732 年至 1799 年）命令審查所有文獻，以便禁毀一切包含異端觀念的作品或著作。

[5]　Willian P. Alford,*To Steal a Book is an Elegant Offense*,（Stanford University Press，1995），pp.1-25。

[6]　任建新，「回顧中國知識產權制度的建立」，劉春田主編，*中國知識產權二十年*，北京：專利出版社，1998 年第 1 版，頁 18。

利法的雛形為 1911 年 12 月日由工商部頒布的《獎勵工藝品暫行章程》，該章程已揭示了「先申請原則」、「權利轉讓」、「法律責任」等重要觀念。1932 年頒布的《獎勵工業技術暫行條例》以及其實行細則、《獎勵工業技術審查委員會規則》等構成了比較完整的體系。1944年 5 月 4 日國民政府經立法院第四屆第 206 次會議通過中國歷史上第一部稱為《專利法》的法律。在商標制度方面則也是至晚清時，註冊商標的保護始自對外國商標的保護起，清政府的第一部商標法是英國人於 1904 年起草的。1923 年當時北京政府頒布 44 條《商標法》，同年又頒布 37 條的施行細則，這是中國第一部付諸實行的《商標法》。1925 年國民政府對商標法幾經修改，除 1930 年重新頒布《商標法》外，並無大的改進。此外，著作權方面，1910 年清政府頒布了中國第一部著作權法《大清著作權律》，雖然 1911 年清政府即宣告倒台，但該部法律的主要內容則影響了 1915 年北洋政府頒布的《著作權法》、1928 年國民政府頒布的《著作權法》及其以後幾次對該法的修改。

而中共自 1949 年中國建政後，由於長期實行高度集中的計畫經濟體制，而此種體制又排斥私權和知識產權，所以儘管建政後先後頒布過《保障發明與專利權暫行條例》等五個發明獎勵條例，但發明的所有權還是在國家，全大陸各個單位都可以無償使用。當時許多人不瞭解知識產權的意義和作用，更有人認為知識產權制度與社會主義公有制格格不入[7]，因為中國在 1979 年以前，採行封閉式產品經濟，認為智力成果均屬於社會主義國家公有，任何單位或個

---

[7] 例如，1979 年中國全國政協五屆二次會議上，當時文學家羅大同曾談到：當他對別人抄襲自己作品的行為提出質疑時，有人竟說這是光榮的事，知識不是個人的財產。直到 1980 年代末，中國在起草、審查《著作權法（草案）》的過程中，還有一種說法是社會主義條件下應當講「奉獻」，立法時要少給作者和其他著作權人享有一點權利。

人均可以無償使用，亦即否認智力成果是個人所有的無形財產，對於智力成果之創造者，主要給予精神或物質方面之獎勵，而不保護其個人權益，中國法制史學者任建新稱此為「智力成果非個人財產論」[8]。

1979 年中國大陸在開放改革後，才認為在商品經濟或市場經濟條件下，智力成果如同其他勞動創作的有形產品一樣，具有商品及財產屬性，在使用或轉讓時，應當給予報酬，先後公布《商標法》（1982 年）、《專利法》（1984 年）、《著作權法》（1990 年）及《反不正當競爭法》（1993 年）等。

中國大陸直至 1999 年 11 月 15 日，因其與美國就加入 WTO 達成雙邊協議。世貿組織在烏拉圭回合談判結束後簽訂 TRIPs 協定，成為調整所有 WTO 成員貿易行為規範的重要知識產權法律制度。當然同時也使中國知識產權法律制度面臨一種新的挑戰和嚴峻的形勢，因為「入世」後中國知識產權法律制度的保護水平，才逐漸提高到 TRIPs 協定所要求的程度。

台灣的智慧財產權法，也在 1949 年後，有了自成一格的發展，但無論如何，現今兩岸都不能脫離國際智慧財產權的體系，並且其內國的智慧財產權法，都必須符合國際智慧財產權的發展與潮流。

一、台灣智慧財產權總論

「智慧財產權」是指對包括著作權、專利權、商標權、發明權、發現權、商業祕密、廠商名稱、地理標記等智力成果權的總稱。換句話說，是人們基於智力活動所創造的成果和經營管理活動中的經

---

[8] 可參考任建新著，前揭書，頁 18-30

驗、知識的結晶而依法享有的民事權利，也可以說是法律對人類智
慧或精神創作及勞動成果行為所保護的權利，這個名詞從 1967 年 7
月 14 日在瑞典的斯德哥爾摩簽訂，並於 1970 年代生效的《建立世
界知識產權組織公約》（Convention Establishing the World Intellectual
Property Organization），並根據該公約成立了《世界知識產權組織》
（The World Intellectual Property Organization，簡稱 WIPO）開始後[9]，
智財權的概念已為現代世界上多數國家的立法和法學家採用。

　　台灣法律對「智慧財產權」並未有明確定義，故一般多是以國
際上有關智慧財產權的公約所列舉之類型或定義之概念為其內涵，
透過對國際有關公約之歸納[10]，台灣學者認為，「智慧財產權」之範
圍除了包含與產業活動有關之「產業財產權」外，尚包括文化面有
關之「著作權」，以及「其他精神活動所得之權利」[11]。另有學者認
為「智慧財產權」應稱為「人類智慧成果創作成果之保護權」[12]。

---

[9] 世界知識產權組織目前已經有 179 個成員國，管理 23 個國際條約，擁有一座
日內瓦標誌性建築及來自 84 個國家 800 多名工作人員的龐大機構。世界知識
產權組織的最高決策機構是成員國大會（General Assembly）。另外，成員國
會議（Conference）及聯席委員會（Coordination Committee）也在各自職權範
圍內享有相對的決策權。其下並設有世界知識產權組織國際局，是該組織及
根據其管理的國際條約成立的多個國際聯盟的秘書處，擔負著處理該組織及
其管理的 23 個國際條約的日常事務的重要職能。關於其組織架構及相關狀
況，詳見參照 WIPO 官方網站（http//www.wipo.org/）
[10] 除本論文提及的智慧財產權相關國際條約外，1994 年北美自由貿易協定
（North American Free Trade Agreements, NAFTA）第 1721 條第 2 項中定義智
慧財產權係涉及著作權與著作鄰接權、商標權、發明專利權、半導體積體電
路之布局設計權、營業祕密權、植物種苗權（Plant breeder's rights）、地理標
示權（Rights in geographical indications）與新式樣權（industrial design rights）；
同條第 1 項定義機密資訊（confidential information）包括營業祕密、享有特
權之資訊及其他依據締約國內國法規定豁免公開之資料。北美自由貿易協定
明訂「智慧財產權」包含植物種苗權，此為其特殊且值得注意之處。
[11] 謝銘洋，「智慧財產權之基礎理論」，台北：*台灣大學法學叢書（84）*，1997
年 10 月，第二版，頁 14。
[12] 蔡明誠，「論智慧財產權之類型與其法體系」，台北：*政大法學評論，第 57 期*，
1997 年 6 月，頁 435。

　　亦有學者就台灣保護智慧財產權之法律體系，以規範目的為基礎，來觀察台灣之智慧財產權法制。以下即將台灣智慧財產權內涵，分成下列三項來進行說明：

（一）保護「文化創作」內涵

　　包含有〈著作權法〉以及〈專利法〉中的「新式樣」[13]。台灣的著作權又可分成「著作權人格」與「著作財產權」二種權利，依〈著作權法〉第 3 條第 1 項第 1 款的規定，著作權的定義為「凡是屬於文學、科學、藝術或其他學術範圍之創作，原則上均為〈著作權法〉所保護之對象」。

（二）保護「技術創新」的內涵

　　包含有〈專利法〉中的「發明」與「新型」、〈植物種苗法〉以及〈積體電路電路布局保護法〉；在〈專利法〉中的「發明」部分，按〈專利法〉第 21 條的定義，發明係謂「利用自然法則之技術思想之創作」；〈專利法〉中的「新型」，則是依第 97 條的定義，新型係謂「利用自然法則之技術思想，對物品之形狀、構造或裝置之創作[14]」，〈植物種苗法〉主要是對於育成或發現植物新品種予以權利保護，所謂「種苗」依〈植物種苗法〉第 3 條第 1 款的規定，係指「植物體之全部或一部可供繁殖或栽培之用者」。最後，〈積體電路布局保護法〉的制定，乃因積體電路[15]布局本身具有相當多的特殊

---

[13]　〈專利法〉中的「新式樣」，則按其法第 109 條第 1 項之規定，新式樣的定義係指「對物品之形狀、花紋、色彩或其結合，透過視覺訴求之創作」。

[14]　李鎂：專利法，台北大專院校與研發機構智慧財產權與技術移轉人員培訓講座，2002 年 10 月，頁 2。

[15]　「積體電路」按〈積體電路布局保護法〉第 2 條第 1 款的定義係指「將電晶體、電容器、電阻器或其他電子元件及其間之連接線路，集積在半導體材料上或材料中，而具有電子電路功能之成品或半成品」；同款第 2 款定義「電路

性，若以〈著作權法〉或〈專利法〉來保護恐有缺失，加以積體電路電路布局的開發不易，需要相當高的技術與成本，然其拷貝卻相當容易，往往使從事研究開發的業者不易生存，故為促進科技進步及保護業者的正當利益，特意單獨立法之方式加以保護。

（三）保障「正當交易秩序」之內涵

包含有〈商標法〉、〈公平交易法〉中的不公平競爭以及營業祕密，其中商標[16]之受到保護，乃因商標的使用人將其用以表彰自己營業的產品，該商標已成為使用人之標識，並成為消費者認同商來源之依據，在交易秩序上具有重要的意義，在〈公平交易法〉方面，台灣〈公平交易法〉包含二部分，一是有關「競爭限制之防止[17]」，即對於獨占、結合、聯合行為之規範；另一則是有關「不正當競爭的防止」，即對於不公平競爭行為的規範，特別是不公平競爭規範中的商業標記、商號、公司名稱、原產地標示有關者，以及與智慧財產權的行使有關的部分；在營業祕密的保護上，依〈營業祕密法〉第 2 條的規定，營業祕密為「方法、技術、製成、配方、程式、設計及其他可用於生產、銷售或經營的資訊，而符合非一般涉及該類資訊的人所知者、因其祕密而具有實際或潛在之經濟價值者、所有人已採取合理之保密措施者」[18]。綜上所述，可知智慧財產權實質上是人類智力創造性勞動的成物化、法律化、權利化。

布局」為「在積體電路上之電子元件及接續此元件導線的平面或立體設計」。
[16] 依〈商標法〉第 5 條規定，所謂商標為「表彰自己營業範圍人所生產的、製造、加工、揀選、批售或經紀之商品或服務的圖樣。此圖樣所用之文字、圖形、記號、顏色組合與聯合方式，應足以使一般商品購買人認識其為表彰商品或服務之標識，並得藉以與他人之商品或服務相區別」。
[17] 依〈公平交易法〉法第 4 條的規定，所謂「競爭」為「二以上是事業在市場比較有利的價格、數量、品質、服務與其他條件，爭取交易機會的行為」。
[18] 在營業祕密中占有重要地位且具有特別高之經濟價值者，通常係於技術有關之

二、中國知識產權法總論

中國過去在二十世紀 50 年代的法學理論，基本上是學習前蘇聯的，法學界通常使用源於前蘇聯的「智力成果權」一詞來統稱著作權、專利權、商標權等一類的民事權利，但 1986 年後，由於中國《民法通則》正式使用了「知識產權」一詞，「知識產權」在中國開始取代「智力成果權」，並為當今中國法學界普遍採用。

中國知識產權有廣義和狹義之分。廣義的知識產權應當包括：專利權、商標權、著作權、著作鄰接權（台灣稱著作相關權）、發明權、發現權、商業祕密權、商號權、地理標記權、植物品種權等文學、藝術、資訊網絡技術、生物技術、新能源技術等方面的知識產權。

廣義的知識產權的範圍，目前在世界上已為三個國際性的知識產權公約或協議所認可。這三個公約或協議在規範知識產權的範圍上是大同小異的。其中，根據 TRIPs 協定有關知識產權範圍的規定，第 1 條第 2 項規定，「知識產權是指從該協定第二章第一節到第七章，一切為標的知識產權類型，包括著作權、著作鄰接權（Related Rights，即著作相關權）、商標、地理標示（Geographical Indications）、新式樣（Industrial designs）、發明專利（Patents）、集成電路布圖（Topographies，即積體電路布圖）、未公開信息之保護（Protection of undisclosed information，即未公開資訊之保護）、反不正當競爭行為之規則（即契約授權時反競爭行為之規則）」。而在 1883 年 3 月，由法國、比利時、巴西、瓜地馬拉、義大利、荷蘭、葡萄牙、西班牙、薩爾瓦多、瑞士及塞爾維亞等十一國發起，在巴黎外交會議上締結

Know-how，這些技術中有些可能具有申請取得專利保護之能力，有些則無，而所謂的 Know-how 即為通常所稱的專門技術。

的《保護工業產權巴黎公約》(Paris Convention for the Protection of Industrial Property,以下簡稱巴黎公約)[19]。《巴黎公約》規定工業產權的保護對象包括:專利、實用新型、外觀設計、商標、服務標記、廠商名稱、貨源標記、原產地名稱(即地理標記)、反不正當競爭。此外,依照前述 1967 年在斯德哥爾摩訂立的《建立世界知識產權組織公約》第 2 條的規定,知識產權的範圍有以下八類:一是文學、藝術和科學作品,即著作權;二是表演藝術家的演出、錄音製品和廣播節目,即鄰接權;三是人類在各領域內的發明和其有關的權利;四是科學發現;五是工業品外觀設計;六是商標、服務標誌和商號及其他商業標誌;七是禁止不正當競爭;八是一切在工業、科學、文學或藝術領域由於智力活動而產生的其他權利。

其中,TRIPs 協定作為 WTO 最重要關於知識產權的實體協定,又具有獨特的作用和鮮明的特色。TRIPs 協定是在吸收和確認已有知識產權國際公約保護標準的基礎,細化和提高保護標準,進一步規定了各類知識產權保護的實體規範。它是一部最低標準法,即規定了 WTO 成員必須遵循的各類知識產權最低保護標準;既規定了各類知識產權保護的實體標準,又對成員保護知識產權的行政程序、民事程序和司法審查提出了明確要求和規範標準,這在其他國際公約中是非常罕見的[20];它將涉及知識產權國際爭端引入到 WTO 的爭端解決機制之中,為知識產權國際保護提供了有利的保障;它在具體條款中還蘊涵豐富的現代法制理念資源,如權利觀念、證據

---

[19] 巴黎公約於 1884 年生效,到目前約已進行過六次較重大正式的修訂,分別是:1900 年修訂於布魯塞爾;1911 年修訂於華盛頓;1925 年修訂於海牙;1934 年修訂於倫敦;1958 年修訂於里斯本;1967 年修訂於斯德哥爾摩。此外,1891 年曾於馬德里通過一個附加議定書加以完善,並於 1979 年進行了一定的改動。目前最新的本文即是 1967 年的斯德哥爾摩文本。

[20] 孔祥俊著,《WTO 知識產權協定及其國內適用》,北京,法律出版社,2002 年 1 月,第一版,頁 20。

觀念、正當程序觀念和司法審查觀念，對保護知識產權有著明確的法治要求。按照中國大陸在加入 WTO 議定書的承諾，中國大陸需按照 TRIPs 協定的要求和入世的承諾，修訂和制定知識產權保護相關的法律法規。

貳、智慧財產權國際上的發展

國際主要智財權條約，主要就以《巴黎公約》、《伯爾尼公約》、《馬德里協定》及《專利合作條約》等，以及最後等於是集其大成的 TRIPs 協定為主，因此，本文以下將主要分析這五部智財權國際條約的背景沿革與內容。

一、《保護工業產權的巴黎公約》（Paris Convention for Protection of Industrial Property，簡稱《巴黎公約》）

《保護工業產權的巴黎公約》是指保護工業產權方面簽訂最早，成員國最為廣泛，也是最具重要意義的一個國際公約。

（一）《巴黎公約》的產生

1873 年，當時的奧匈帝國在維也納舉辦萬國工業博覽會，為免除各國參展廠商對其所展示的新發明或商標得不到應有保護的擔憂，奧匈帝國制定對參展外國發明、商標及外觀設計給予臨時保護的特別法令，並在維也納召開了第一次國際專利會議，研究對專利權的國際保護問題。在這次會議上，提出制定統一專利法的問題，但由於各國利益的衝突和立法的差異，會議未能取得一致的結果。

1878 年，在巴黎舉辦第二次國際展覽會，會議期間召開了第二次國際專利會議，會議的中心議題不再是制定統一法律的問題，而著重討論制定關於建立保護工業產權「聯盟」建議的草案問題，與會各國一致認為有必要立即制定一項各國共同遵守的國際公約。1879 年起草委員會完成工業產權保護公約草案。1880 年，在巴黎召開的討論會議上，正式通過該草案。1883 年 3 月 20 日在巴黎召開的外交會議上，最後通過並正式簽署《巴黎公約》[21]。

《巴黎公約》簽訂後，曾於 1900 年（布魯塞爾）、1911 年（華盛頓）、1925 年（海牙）、1934 年（倫敦）、1958 年（里斯本）、1967 年（斯德哥爾摩）經過多次修改，現在所使用的是 1967 年在斯德哥爾摩會議上通過的修訂文本。自 1974 年以來，《巴黎公約》成員國已召開多次外交會議，具體討論公約條款的修訂工作。到目前為止，世界上已有一百多個國家成為該公約成員國。

中國於 1984 年 12 月 19 日向世界知識產權組織遞交《巴黎公約》的加入書。從 1985 年 3 月 19 日起，中國正式成為《巴黎公約》成員國。適用的是 1967 年的斯德哥爾摩文本[22]。

---

[21] 當時，比利時、法國、巴西、義大利、西班牙、葡萄牙、瑞士、薩爾瓦多、瓜地馬拉、荷蘭和塞爾維亞等十一個國家參加了該公約。1884 年 6 月，該公約經各國批准後，於同年 7 月 4 日正式生效。公約生效後，英國、突尼西亞、厄瓜多爾等三國也宣布參加，故最早的成員國有十四個。

[22] 在此需注意，中國聲明對公約第 38 條第 1 款即「締約國之間對公約的解釋或適用有爭議不能協商解決時，爭議的一方可向國際法院起訴」的規定予以保留，也就是說，中國不受該條款的約束。

(二)《巴黎公約》的主要內容

I. 《巴黎公約》的保護範圍

按照《巴黎公約》第一條規定,《巴黎公約》應作廣義解釋[23],
不僅包括發明專利、商標、服務商標與工業品式樣,而且也包括實
用新型、廠商名稱、產地標記或原產地名稱以及制止不正當競爭。
不僅適用於工業和商業本身,也適用於農業和採掘業以及一切製造
品或天然產品。

2.《巴黎公約》的基本原則和內容

(1) 國民待遇原則。該原則有兩層含意,一是給予成員國國民
以國民待遇。公約規定,在工業產權保護方面,每一個成
員國必須在法律上給予其他成員國的國民以本國國民所能
夠享受到的同等待遇;二是給予某類人與成員國國民以同
樣的待遇。公約規定,非成員國的國民,只要他在任何一
個成員國內有法律認可的住所或有真實、有效的營業所,
則也應給予其相同於該國國民的同等待遇。
國民待遇原則是《巴黎公約》所建立的國際保護制度的基
礎性原則,該原則保證外國人受到保護,保證他們不會受
到任何歧視。

(2) 優先權原則。某一成員國的國民,將一項發明首先在任何
一個成員國提出專利申請或其他工業產權申請,如果該申
請人自申請日起一定時間內(發明和實用新型為十二個

---

[23] 唐廣良等著,*知識產權的國際保護*,北京:知識產權出版社,2002 年 10 月
第一版,頁 34。

月，外觀設計和商標為六個月）再向其他成員國提出同樣的申請，則其他成員國必須承認該申請在第一個國家的申請日為在該國的申請日，即後一個申請視為第一個申請日提出的。這就是「國際優先權」，或「按照《巴黎公約》取得的優先權」。

(3) 專利、商標獨立原則。根據《巴黎公約》的規定，各成員國可以獨立按照本國的國內法授與專利權和商標專用權。就同一發明而言，一個成員國授與其專利權，其他成員國沒有義務也要授與其專利權；一個成員國對同一發明專利也不得以其在別國被駁回、撤銷或終止為由，而予以駁回、撤銷或終止[24]。

(4) 臨時保護原則。《巴黎公約》規定，各成員國必須在本國的國內法中規定，對在任何一個成員國領土上舉辦的官方或經官方認可的國際展覽會上展出的商品中可以取得專利的發明、實用新型、工業品外觀設計以及可以申請註冊的商標，給予臨時保護。保護期限與優先期相同，即發明和實用新型的臨時保護期一般為十二個月，商標、工業品外觀設計的臨時保護期一般為六個月。在臨時保護期內，各成員國均不允許展品所有人以外的任何人以展出的任何內容申請工業產權。

(5) 強制許可原則。《巴黎公約》規定，各成員國針對專利權人自己不實施、也不許可他人實施其專利的情況，有權規定專利權的強制許可。條件是：專利權人在其專利申請提出

---

[24] 一個商標在一個成員國註冊，跟它在其他國家的註冊是各自獨立的；一個註冊商標在某一個成員國過期或被撤銷，並不影響它在其他成員國註冊的效力。也就是說，各成員國所授予的工業產權是相互獨立的。

之日起四年或其專利核准之日起三年（取其中期限較長者），對其不作為的行為不能提出合法的理由，那麼，該國專利管理機關就有權頒發專利實施強制許可證，而不需要專利權人的許可。

此外，《巴黎公約》還對各種類型的工業產權保護的基本要求作出了規定，對工業品外觀設計、廠商名稱、產地標記、反不正當競爭都制定了專門條款。

二、《保護文學藝術作品伯爾尼公約》（Berne Convention for the Protection of Literary and Artistic Works，簡稱《伯爾尼公約》）

《保護文學藝術作品伯爾尼公約》的締結，建立起多邊的版權國際保護制度，對各國版權立法產生了重大影響。

（一）《伯爾尼公約》的產生

十九世紀中葉，著作權的地域性方面的矛盾越來越尖銳，一些國家開始著手訂立雙邊條約，以加強相互之間的版權保護。1886 年 9 月，由比利時、法國、德國、英國、海地、義大利、利比亞、西班牙、瑞士、突尼西亞等十國發起，在瑞士伯爾尼召開歷史上第一次多邊版權會議，在會上簽訂《保護文學藝術作品伯爾尼公約》。

為因應國際版權保護制度發展的需要，《伯爾尼公約》曾於 1896 年（巴黎）、1908 年（柏林）、1914 年（伯爾尼）、1928 年（羅馬）、1948 年（布魯塞爾）、1967 年（斯德哥爾摩）、1971 年（巴黎）進行多次修訂或補充。現行的《伯爾尼公約》的文本是 1971 年修訂的巴黎文本。

到目前為止，世界上已有一百多個國家加入《伯爾尼公約》聯盟。中國於 1992 年 7 月 10 日加入《伯爾尼公約》成為該公約成員國，1992 年 10 月 15 日該公約在中國大陸正式生效。

(二)《伯爾尼公約》的主要內容

1.《伯爾尼公約》的保護範圍

公約明確規定，公約所保護的是「文學藝術作品」，包括科學和文學藝術領域內的一切作品，而不論其表現方式或形式如何；公約還保護一切演繹作品和匯編作品，包括翻譯作品、改編作品、改編樂曲以及文字或藝術作品的匯編本等。但不保護日常新聞或純屬報刊消息性質的社會新聞。

2.《伯爾尼公約》的基本原則和主要內容

(1) 國民待遇原則。國民待遇原則貫穿於公約的大部分實體條文，是公約的最基本的原則之一。該原則主要有幾層含意：一是各成員國的國民，無論其作品是否出版，在所有成員國均享有公約最低要求的保護。這是公約中的「作者國籍」標準，亦稱「人身標準」；二是非公約成員國國民，只要其作品的第一版是在公約的某一成員國出版，或同時在一成員國和其他非成員國出版，均在所有公約成員國中享有公約最低要求的保護。這是公約中的「作品國籍」標準，亦稱「地點標準」；三是非成員國的國民，只要在成員國中有長期居所，其作品在一切成員國中亦享有公約最低要求的保護；四是電影作品的作者及建築作品和建築物中的藝術作品的作者，只要有關電影的製片人的總部或經常居所在

成員國，只要有關建築物、建築物中的藝術作品位於成員
國的地域內，那麼，該電影作品、該建築物作品及該建築
物中的藝術作品的作者，在一切成員國中均享有公約所規
定的國民待遇。

(2) 自動保護原則。公約規定，享有及行使依國民待遇而獲得
的有關權利時，不需要履行任何手續，甚至不需要在受保
護的作品上加注任何主張權利保護的標識[25]。

(3) 版權獨立性原則。公約成員國按照本國的國內法對作品所
提供的保護，不受其他成員國對該作品的保護水準的影
響。或者換而言之，在公約規定的最低保護水準限度內，
各成員國可以在其國內法的範疇內獨立地規定作品的保護
範圍、要求和保護水準、救濟手段等。

(4) 公約保護的權利。公約主張並要求各成員國保護作者的精
神權利和經濟權利。公約規定，作者享有不依賴於經濟權
利而獨立存在的精神權利，包括署名權和保護作品完整
權；經濟權利則主要包括翻譯權、複製權、表演權、無線
電廣播與有線傳播權、改編權、錄制權、製片權等。

(5) 作品的權利保護期限。公約規定，對於一般作品而言，其
經濟權利的保護期限一般不少於作者有生之年加上死後五
十年；對於匿名作品和署筆名的作品，不少於自發表之日
起五十年；合作作品不少於最後一個去世作者死後五十
年；攝影作品及實用藝術作品，不少於作品完成後二十五
年；電影作品不少於公映後或攝製完成後五十年[26]。此外，

---

[25] 據此各成員國在提供版權保護時，不應要求被保護作者履行任何形式的手
續，包括註冊、登記，也不應要求被保護作品必須符合任何特有的形式。
[26] 根據公約，精神權利保護期至少要與經濟權利的保護期限相等；也可提供無

公約還就成員國對版權保護的追溯效力以及對發展中國家的優惠等項內容作出了具體的規定[27]。

三、《商標國際註冊馬德里協定》(Madrid Agreement Concerning the International Protection of Mark，簡稱《馬德里協定》)

《保護工業產權巴黎公約》確定了商標國際保護的基本原則，但未明確具體實施及註冊手續問題。1891年締結的《馬德里協定》，就是商標國際註冊程序方面的一個國際條約。

(一)《馬德里協定》的產生

十九世紀末，隨著國際貿易的迅速發展、國際市場的日益擴大，許多廠商強烈要求減少和簡化註冊手續並降低註冊成本，這一呼聲逐漸得到了已經實行商標註冊制度國家的認同。於是，在1891年4月，由法國、比利時、西班牙、瑞士、突尼西亞等國發起，在馬德里簽訂了《商標國際註冊馬德里協定》，於1892年7月正式生效。

《馬德里協定》生效後，先後進行過六次修訂，包括1900年的布魯塞爾文本、1911年的華盛頓文本、1925年的海牙文本、1943年的倫敦文本、1957年的突尼西亞文本、1967年的斯德哥爾摩文本。目前，1957年的突尼西亞文本和1967年的斯德哥爾摩文本才是有效文本。

《馬德里協定》的成員國近年來發展較快，至1985年1月，共有二十六個成員國，而到1997年1月時，成員國已發展到五十一個

限期保護。
[27] 王雲欣等編，*知識產權法教程*，天津，天津大學出版社，2002年3月第二版，頁256-258。

國家。中國於 1989 年 10 月正式加入《馬德里協定》，成為該協定的正式成員國[28]。

（二）《馬德里協定》的主要內容

1. 商標國際註冊的申請和程序

《馬德里協定》的保護對像是商標與服務商標。依照協定，進行國際商標註冊的申請人只要使用一種文字，向該國的商標主管部門遞交一份按照統一格式書寫的「國際註冊申請案」，並只要交付一次申請費，就可以獲得在兩個以上國家的商標註冊，根據國民待遇原則，有資格提出商標國際註冊的申請人，只能是《馬德里協定》成員國的國民和在成員國中有居所或有實際營業場所的非成員國的國民[29]。

2. 商標國際註冊的保護期限

經 WIPO 國際局註冊的商標，不論各成員國國內對註冊商標的保護期限如何規定，有效期統一規定為二十年。該協定還規定，任何註冊均可續展，期限自上一次期限屆滿時算起為二十年。國際局

---

[28] 劉春茂編，*知識產權原理*，北京：知識產權出版社，2002 年 9 月第一版，頁 61-62。

[29] 根據《馬德里協定》的規定，商標註冊的申請人首先要在本國獲得商標主管部門的同意，獲得註冊；本國商標主管部門進行審查核實後，再向 WIPO 國際局申請國際註冊，並指定若干個成員國予以保護；WIPO 國際局收到申請後，只進行形式審查。通過國際局的審查後，才能給予註冊，並要在國際局出版的刊物上予以公告，同時通知相關成員國。有關成員國在接到通知後的一年時間裡，必須作出是否給予保護的決定，否則即被視為該商標已在該國獲得核准註冊。

在保護期滿之前六個月，將發送非正式通知，提醒商標所有人或其代理人確切的屆滿日期[30]。

3.商標國際註冊的獨立性

根據協定的規定，從商標國際註冊日算起五年之內，如果該商標在原先註冊的所屬國已全部或部分地喪失了法律的保護，那麼，國際註冊所得到的保護，不論其是否已經轉讓，也全部或部分地喪失權利。在此期間，如果商標在原先註冊的所屬國自動或依法被註銷，所屬國商標主管部門應要求註銷在國際局註冊的商標，國際局將予以註銷。但是，從國際註冊日起滿五年後，國際註冊的商標將不受原先註冊的所屬國國內商標的影響，而得到獨立，也就是說，國際註冊所產生的權利是一種獨立的權利。

4.商標國際註冊的轉讓

國際註冊的商標原則上是可以自由轉讓的。但是，如果轉讓是在國際註冊獨立之前，即在國際註冊未滿五年的期限內進行轉讓，國際局應徵得受讓方所屬國商標主管部門的同意，否則就不能轉讓[31]。

（三）《關於商標國際註冊馬德里協定的議定書》

為擴大《馬德里協定》的成員國範圍，1989 年在世界知識產權組織的主持下，通過了《關於商標國際註冊馬德里協定的議定書》，

---

[30] 對於期滿而未提出續展要求的，可給予六個月的寬展期限，但要收取規定的罰款。按該協定的規定，續展僅需付基本費用，特殊情況下，才需要繳納附加費或補加費。

[31] 凡將國際註冊商標轉讓給一個無權申請國際商標的人，國際局將不予以登記。因上述兩種情況而不能在國際註冊簿上登記轉讓時，原所有人國家的商標主管部門有權要求國際局在其註冊簿上撤銷該商標。

簡稱《馬德里議定書》。該議定書於 1995 年 12 月 1 日正式生效。中國於 1995 年 12 月 1 日正式成為該議定書的成員國。

《馬德里議定書》是獨立的國際協議。與《馬德里協定》相比，《馬德里議定書》在國際註冊商標的申請條件、審查週期、工作語言、國際註冊與基礎註冊的關係、保護期限、收費標準等方面，都作了較大的補充和改進。最主要的改進是：把國際註冊的申請條件由申請人所屬國的批准註冊改為提出申請，也就是說，申請人可以以其在國內的註冊申請為依據申請國際註冊，而不需以獲得國內註冊為申請國際註冊的前提條件。

為實施《馬德里議定書》，馬德里聯盟還通過《商標國際註冊馬德里協定及其有關議定書共同實施細則》，該實施細則於 1996 年 4 月 1 日起生效。

四、《專利合作條約》（Patent Cooperation Treaty，簡稱 PCT）

《專利合作條約》是《巴黎公約》下屬的專門性國際條約，是一個涉及專利國際申請和專利國際合作的重要的國際性條約。

（一）《專利合作條約》的產生

早在《巴黎公約》醞釀之時，人們就提出了所謂「世界專利」的想法，即一次提出對所有國家都有效的專利申請，並對已有技術做一次集中的檢索，對構成專利申請主題的發明作一次集中審查，且頒布對所有國家都有效的專利。然而直到今天，這種設想也未實現。不過，從《巴黎公約》開始，專利制度國際化的步伐日益加快；《專利合作條約》的簽訂，是朝著國際統一專利制度目標邁出的重要一步。

　　1960 年，美國首先提出在世界建立一個國際專利合作機構的提議。1967 年，經過多次國際會議的討論，《專利合作條約》草案終於得以完成。1970 年 6 月，在華盛頓召開的《巴黎公約》成員國外交會議上，正式締結《專利合作條約》，三十五個國家的代表正式簽署了該條約，1978 年 1 月 24 日正式生效。

　　到 1997 年 1 月為止，已有八十九個國家加入了該條約。中國於 1993 年 9 月遞交加入書，自 1994 年 1 月 1 日起成為該條約的正式成員國。中國專利局成為 PCT 的受理局、國際檢索單位和國際初步審查單位，中文也成為 PCT 的工作語言。

（二）《專利合作條約》的主要內容

　　《專利合作條約》的基本內容是規定了一個發明要求在兩個或兩個以上國家取得保護的「國際申請」的問題。其國際申請及審批程式主要有以下五個環節構成：

I. 國際申請

　　成員國的任何國民或居住在某成員國的居民，按照規定的語言和規定的格式，均可提出國際申請，即申請人就某一項發明申請若干個國家的專利，可向 PCT 受理局提交申請。申請文件包括申請書、專利說明書、權項請求書、附圖與摘要等[32]。

---

[32] 申請文件所使用的工作語言必須是英語、俄語、法語、西班牙語、漢語、德語和日語中的一種。申請人在申請書中必須指定其所希望獲得專利保護的國家，即指定國，並將國際申請呈交國際申請案受理局。受理局在進行形式審查後，將符合規定的專利申請製作成兩份，一份送交國際局進行國際申請登記，另一份送交一個國際檢索單位進行國際檢索。

2.國際檢索及檢索報告

國際檢索局通過與「現有技術」資料的比較，確定該項專利國際申請的新穎性和創造性。所謂的「現有技術」資料，包括該國際檢索局所能蒐集到的、在該國際申請提交到受理局之前，在世界上任何地方已經形成文字（包括圖、表）的、能夠被公眾所利用的技術情報。根據比照的結果，提出國際檢索報告，一份送交申請人，另一份送交國際局，該國際局將檢索報告連同原已登記的申請檔轉交給申請人指定的國家專利局。目前，被指定為國際檢索單位的有八個，即澳大利亞專利局、奧地利專利局、日本特許廳、俄羅斯專利局、瑞典專利局、美國專利和商標局、歐洲專利局和中國專利局[33]。

3.國際公開

世界知識產權組織國際局在自國際申請日（或優先權日）起滿十八個月，將該申請連同國際檢索報告一起予以公布，向國際公開，並將國際申請和國際檢索報告送交每一指定國的國家專利局。根據PCT的規定，申請人也可以要求提前進行國際公開。

4.國際初步審查

根據規定，專利申請人還可以選定國際初審，對其所提出的國際申請請求進行國際初步審查。審查的目的是對發明的新穎性、創造性和工業實用性提出意見，並由國際初審單位提出審查報告，目前被認定的國際初審單位有九個，即歐洲專利局、日本特許廳、俄羅斯專利局、瑞典專利局、奧地利專利局、澳大利亞專利局、美國

---

[33] 黃勤南主編，*知識產權法*，北京：法律出版社，2000年1月版，頁481。

專利和商標局、英國專利局和中國專利局。國際初審單位就發明申
請專利的「三性」提出初審報告[34]。

5. 決定是否授與專利權

指定國的國家專利局分別對國際申請案、國際檢索報告、國際
初審報告進行審查,並根據本國的法律決定該申請是否應授與專
利權。

《專利合作條約》的實施,簡化了成員國國民在成員國範圍內
申請專利的手續,同時由於國際檢索單位和國際初審單位的參與,
既減輕了成員國專利局的負擔,又能在一定程度上統一專利審查標
準和專利批准標準。

五、TRIPs 協定的背景沿革與內容

TRIPs 協定是烏拉圭回合談判形成的最終文件之一,也是 WTO
的基本法律之一[35]。在 TRIPs 協定的名稱中,「與貿易有關的知識產
權」(Trade-related Aspects of Intellectual Property Rights)一詞的由
來,主要是與烏拉圭回合談判的歷史過程有關,而以其所體現的實
體內容則是次要的。實際上該協定並不只是涉及貿易問題,而幾乎
全部是知識產權保護的內容,因此,從一定意義上說,《與貿易有關
的知識產權協定》是名實不副的。

---

[34] 該報告對指定國的國家專利局並無法律上的約束力,但由於報告的權威性,
使得該報告得到各國專利局的普遍尊重和接納。國際初審單位將初審報告送
交國際局,國際局將一份初審報告轉交給申請人,將另一份報告及其譯本送
交申請人指定國的國家專利局。

[35] TRIPs 協議、TRIMs,與 WTO 其他兩個基本法律文件分別為《關稅貿易總協
定》(GATT)和《服務貿易總協定》(GATS),一般被認為是 WTO 主要法律
文件。

　　參與烏拉圭回合談判的大多數國家最初是反對將知識產權問題納入關貿總協定的談判範圍的。理由是，知識產權是由其他國際組織如 WIPO 管轄的，而且關貿總協定只對貿易領域具有管轄權。但後來作為一種妥協，烏拉圭回合談判的主題被確定為「與貿易有關的知識產權協定」[36]。在很長的一個時期，一些國家繼續反對將知識產權的實體問題納入談判之中，堅持只對其貿易後果進行討論。但是，最終還是同意將包括保護標準在內的有關知識產權的所有問題都納入談判。在此過程中，該協定中的知識產權與貿易的聯繫幾乎消失殆盡，但最初的名稱仍然保留。因此，最後形成的協定稱為《與貿易有關的知識產權協定》，這協定並成為 WTO 協定的一部分[37]。

　　知識產權對經濟貿易及社會發展的重要意義，已為國際社會普遍認同。但在 TRIPs 未簽定前，從整個國際社會來看，對知識產權的保護仍然很不力的原因主要有兩個方面。

（一）各國國內方面

　　雖然知識產權法律制度已經確立數百年，但仍有一些國家到目前為止知識產權法律制度不健全。即使在建立了知識產權法的國家裡，也存在著相當多問題。有許多國家對外國人在本國取得知識產權保護往往加以許多限制，要求履行一些複雜的手續，使得外國人的知識產權很難在本國受到法律保護。同時，各國在立法上相差甚大，也嚴重妨礙了知識產權的保護。

---

[36] 蔣志培，*入世後我國知識產權法律保護研究*，北京：中國人民大學出版社，2002 年 11 月第一版，頁 284－286。
[37] Bhagirath Lal Das, The World Trade Organization: A Guide to The Frame Work for International, Third World Network Penang, Malaysia, pp.355-356.

（二）國際方面

從《巴黎公約》於 1883 年締結到現在，出現了一系列知識產權國際條約，形成了知識產權國際保護的體系。就這一體系的狀況而言，雖然在知識產權國際保護方面起了很大的作用，但仍有許多不足，需要不斷完善。主要存在以下問題。

1. 許多國際條約的影響範圍太小。除幾個主要公約，如《巴黎公約》、《伯爾尼公約》、《世界版權公約》以及《建立世界知識產權組織公約》等締約國較多以外，其他許多國際條約的締約國因數目太少，如《商標註冊條約》只有幾個締約國，很難發揮作用。

2. 許多國際條約本身缺陷嚴重。依目前在知識產權國際保護領域中起作用最大的三個國際公約《巴黎公約》、《伯爾尼公約》和《世界版權公約》而言，它們本身就有欠缺[38]。

3. 各公約缺少相互協調機制，不能在知識產權保護領域進行廣泛的國際合作。

4. 現存的國際保護體系不適應新技術革命的要求。現存體系主要對專利權、商標權、版權及其鄰接權提供保護，對於一些新技術革命的成果，如生命工程、微電子技術等等，尚未納入這一體系當中。

知識產權國際保護不力已經對國際貿易構成嚴重的障礙。

---

[38] 一般公認有四項欠缺，第一，各公約均沒有一個強有力的機構來保證其實施。雖然主要公約大部分由世界知識產權組織來負責管理，但該組織也沒有建立起一套強有力的保證體系來確保各公約在各國得以遵守。第二，各公約均未規定某一締約國違反公約時應給予的懲罰，致使某一國違反自己的義務時各國束手無策，缺少有力的報復或懲罰措施。第三，許多公約允許締約國保留的範圍太寬，致使公約的規定名存實亡。第四，許多公約規定過於籠統，為締約國逃避義務留下很大的餘地。

首先，隨著高科技技術的不斷發展，國際貿易中的貨物，尤其是由發達國家輸往發展中國家的貨物的技術含量較高，經常含有許多專利技術；而大多數發展中國家的知識產權保護水平並不很高，對這些高新技術產品的法律保護不力，影響了高科技技術產品向這些國家的出口。

其次，技術貿易和版權貿易在國際貿易中的份額不斷上升，知識產權保護不力影響了技術貿易和版權貿易的正常發展。

最後，隨著國際服務貿易的發展，對商標、商號、商業祕密以及反不正當競爭保護的要求越來越高，而在這些方面尚未形成統一的國際標準，對國際服務貿易的發展構成障礙。

此外，主張在烏拉圭回合中就知識產權問題進行談判的是已發展國家。他們之所以力主把知識產權問題納入關貿總協定多邊法律框架當中，主要是基於以下幾個方面的考慮：

第一，利用總協定成員廣泛這一特點，擴大知識產權國際保護的範圍。關貿總協定成員，比前面介紹的任何一個公約的成員都要多。如果把知識產權保護納入總協定框架，可以在更廣泛的範圍內保護知識產權。

第二，利用總協定的監督執行機構，加強對知識產權的保護。關貿總協定有一套較為完整的監督執行體制，如締約國全體的報復等，一旦某一締約方違反其義務，能夠採取強有力的措施進行懲罰。這就不至於像違反前面介紹的國際公約而其他成員束手無策，迫使成員認真履行自己的義務。

基於上述原因，關貿總協定有關締約方，尤其是已發展國家的締約方，希望藉助關貿總協定，加強對知識產權的國際保護。

《烏拉圭回合部長宣言》關於「與貿易有關的知識產權問題，包括冒牌貨貿易問題」部分指出：

「為了減少對國際貿易的扭曲和障礙，考慮到促進充分有效地保護知識產權的必要性，並保證實施知識產權的措施和程式本身不對合法貿易構成障礙，談判應旨在澄清關貿總協定的規定，並視情況制定新的規則和紀律。

談判應旨在擬訂處理國際冒牌貨貿易的多邊原則、規則和紀律的框架，同時應考慮到總協定已進行的工作。

這些談判不得有礙於世界知識產權組織和其他機構在處理這些問題方面可能採取的其他補充行動。」

根據上述宣言，烏拉圭回合知識產權談判的原則和目標包括以下幾個方面。

1. 制定知識產權保護的新規則

已發展國家力主將與貿易有關的知識產權問題納入談判範圍，目的就在於制定新的知識產權保護規範。通過總協定制定知識產權國際保護的新規則，必將使知識產權問題與國際貿易的關係更加密切，使知識產權保護更加「世俗化」，符合已發展國家的要求。總協定原本要對那些「與貿易有關的」知識產權制定規則，但實際結果卻是，TRIPs 協定涉及到了知識產權的所有領域，遠遠超出了原訂的談判範圍。

2. 消除知識產權保護對國際貿易的障礙

知識產權談判既要考慮到知識產權保護的必要性，也要保證實施知識產權的措施和程序本身不對合法貿易構成障礙。也就是說，

總協定要避免有些國家以知識產權保護為理由對貿易進行不合理的限制，保障合法貿易的順利進行。

3.制定防止冒牌貨貿易的規則

冒牌貨對那些擁有眾多世界名牌產品的發達國家的出口貿易影響很大，烏拉圭回合知識產權談判的主要目的之一就是解決這個問題。

4.考慮與世界知識產權組織的合作

由於世界知識產權組織是專門處理知識產權國際保護問題的國際機構，總協定在知識產權保護方面需要世界知識產權組織的協調與合作。因此，部長宣言將不得妨礙世界知識產權組織和其他機構在處理知識產權問題方向可能採取的其他補充行動作為一項談判的原則。

《烏拉圭回合部長宣言》通過以後，「烏拉圭回合」正式開始。按最初的議題，只就與貿易有關的知識產權問題進行談判。但隨著談判的進展，有關知識產權問題的談判，已經遠遠超出了原定的範圍，而幾乎涉及知識產權各個領域，實際上對知識產權的全部問題進行了談判，而不再僅僅侷限於與貿易有關的知識產權問題。

基本上，WTO 把知識產權、貨物貿易、服務貿易並列，作為該組織的三大支柱，中國入世後的知識產權法律原則必須遵守 TRIPs 協定。而 TRIPs 協定作為世界貿易組織協定的重要組成部分，與其他相關國際公約有著密不可分的聯繫。該協議第 1 條第 3 款規定：成員均應將本協議提供的待遇，賦與其他成員的國民。對有關的知識產權，「其他成員的國民」應理解為合乎《巴黎公約》（1967 年文本）、《伯爾尼公約》（1971 年文本）、《羅馬公約》及《集成電路知

識產權條約》所規定的標準，從而可享有保護的自然人或法人。就此而言，WTO 的全體成員亦應視為上述公約的全體成員。任何可能適用《羅馬公約》第 5 條第 3 款或第 6 條第 2 款的成員，應依照規定通知「與貿易有關的知識產權理事會」。同時，協議第 2 條規定：關於知識產權協議第二部分有關知識產權效力，範圍和保護標準的規定；第三部分有關知識產權實施的規定；第四部分有關知識產權的取得，維持及有關程序的規定，協議成員應遵守《巴黎公約》（1967 年文本）第 1 條至第 12 條和第 19 條的規定，即《巴黎公約》有關工業產權的實體規定。TRIPs 協定第 2 條第 2 款規定：本協議第一部分至第四部分所有規定，均不應背離各成員在《巴黎公約》、《伯爾尼公約》、《羅馬公約》和《關於集成電路知識產權條約》項下現有的義務[39]。

因此，從 TRIPs 協定的上述規定可以看出，《巴黎公約》、《伯爾尼公約》等國際公約雖然各有自己獨立的適用範圍，保護對象及保護標準，但這些獨立的公約規定的實體內容幾乎完全被 TRIPs 協定吸收和包容。

此外，TRIPs 協定中的兩項基本原則是「國民待遇」原則和「最惠國待遇」原則。TRIPs 協定在第 1 條 2 款，專門對有關「國民」的特指含意作一個註解，所謂「國民」，乃包括獨立稅區的「居民」。這條註解，對兩岸有特別重要的意義。因為，台灣在兩岸均成為 WTO 成員後，也適用 WTO 的知識產權協議。在兩岸貿易中避開「國民」

[39] 在此，《巴黎公約》是指《保護工業產權巴黎公約》；《巴黎公約（1967）》是指 1967 年 7 月 14 日該公約的斯德哥爾摩文本。《伯爾尼公約》是指《保護文學藝術作品伯爾尼公約》；《伯爾尼公約（1971）》是指 1971 年 7 月 24 日該公約的巴黎文本。《羅馬公約》是指 1961 年 10 月 26 日在羅馬通過的《保護表演者、錄音製品製作者和廣播組織的國際公約》。《關於集成電路知識產權條約》（IPIC 條約）是指 1989 年 5 月 26 日在華盛頓通過的《關於集成電路知識產權公約》。《WTO 協定》是指《建立世界貿易組織協定》。

一語而給雙方以相同待遇，有利於兩岸離開政治敏感問題而發展貿
易，互相保護知識產權[40]。

TRIPs 協定的第 4 條，是「最惠國待遇」條款。最惠國待遇條
款包含兩方面內容。一方面，在知識產權保護上，一個國家或地區
成員給了任何另一個成員的利益、優惠、特權、豁免之類，均必須
立即無條件地給予所有其他成員。另一方面，在四種特例下，可以
不實行最惠國待遇原則。這實際上又是對最惠國待遇的修正與限
制。這四種特例，均包含在 TRIPs 協定第 4 條（a）到（d）項中。
它們是：(1) 已經簽訂的司法協助雙邊或多邊國際協議（而且並非
專對知識產權保護簽訂的這類協議），如果產生出優惠，可以不適用
到 WTO 其他成員國家或地區。(2) 和 (3)，是按《伯爾尼公約》
和《保護鄰接權羅馬公約》中的選擇性條款而在某些國家之間所特
有的保護（即帶一定互惠性質的保護）。同時，知識產權協議中未列
入的一部分表演者、錄制者及廣播組織權，即使承認這些權利的成
員之間相互予以保護，也可以不適用到其他未加保護的成員。(4)
在 TRIPs 協定 1995 年生效前，該成員已經與另一成員特別簽訂的協
定中產生出的優惠或特權，可以不對其他成員適用。

另一方面，TRIPs 協定中規定的最惠國待遇及國民待遇還有一
個例外。即協議第五條中指出的：凡參加世界知識產權公約的成員，
沒有義務向未參加這類公約的成員提供這些公約產生的、在程序上
的優惠待遇。兩岸在 2001 年 12 月，分別正式加入《世界貿易組織》
（World Trade Organization，以下簡稱 WTO）[41]，因此，WTO 的協

---

[40] WTO 相關知識產權協議中也提到，在「國民待遇」的標準方面，專門強調了
對《巴黎公約》來講，要符合其 1961 年斯德哥爾摩文本；對《伯爾尼公約》
來講，要符合其 1971 年巴黎文本。
[41] WTO 截至 2001 年 12 月底，共有 144 個會員，其中第 143 及第 144 分別是中
國及中華民國，詳細情況可參照 WTO News, Press Releases, press/252, 10/11

定及相關國際智慧財產權法律的發展，已經影響到兩岸智慧財產權，這也是為什麼本書特別在智慧財產權認識篇，提到國際智財權發展的原因，因為不斷持續瞭解國際智財權的發展，將是台商企業的智慧財產權，未來是否能在中國市場競爭力持續得到保護的關鍵。

November 2001, pp.1,2.

專利篇

壹、台灣專利法保護制度重點解析

一、專利的意義、基本認識與種類

（一）專利的意義與基本認識

「專利」就是當我們有一發明或創作，這項創作符合新穎性、進步性、實用性，為了保護其正當權益，向經濟部智慧財產局提出申請，經過審查認為符合專利法之規定，而授與專利權，給予物品專利權人在一定期間享有專有排除他人未經其同意而製造、販賣、為販賣之要約、使用或為上述目的而進口該物品之權；方法專利權人專有排除他人未經其同意而使用該方法及使用、販賣、為販賣之要約或為上述目的而進口該方法直接製成物品之權，這種權利就是專利權。

一項發明或創作通常依照其技術創新性、市場開發潛力、技術移轉可行性等，應該選擇適當時機赴相對之外國或其他地區申請專利。通常先向本國申請，而後申請外國專利。申請外國專利，均須委任當地專利律師或專利代理人辦理。另須注意避免因自己申請前之公開，致喪失新穎性。此外，如已在國內申請專利後，有向國外申請必要時，為避免新穎性喪失，請儘速向國外提出申請。反之亦同。

專利是屬地主義，必須要在當地取得專利權才會獲得保護，且申請人雖已向外國申請專利，倘欲在台灣受到專利保護，仍應向台灣申請專利。在廣告或產品型錄上曾見所稱「世界專利」或「國際專利」等詞句，事實上，專利僅在獲准的國家或地區之內有效，而

不及於其他國家或地區。所以專利必須在各國分別申請，分別接受審查，分別取得專利權，並無所謂「世界專利」或「國際專利」。

申請人並應注意主張優先權之期限，如逾主張優先權之法定期限，又因外國申請案已公開或已核准公告後才向我國申請，將喪失新穎性。不過，在外國已公開的專利和技術，除了依法主張優先權外，在我國申請專利會因為已經喪失新穎性而不會被核准。再者，專利制度係為保障並獎勵研究發明，若自己不研究發明而剽竊他人之技術仿製他人之產品，或以其他不正當方法企圖得到專利者，該專利即於法不合。

專利案提出申請後，申請中之專利案件，除發明採早期公開制，自申請日（有主張優先權者，為最早優先權日）起18個月後即予公開外，在核准公告或公開前，都應加以保密，不會被洩漏。若有洩漏之情事，應負洩漏祕密罪等之刑事責任及損害賠償之民事責任。

（二）專利之種類

台灣專利法規定之專利種類，分為發明、新型及新式樣等三種。

「發明」專利，依專利法第21條規定：「發明，指利用自然法則之技術思想之創作。」可定義發明係利用自然法則所產生的技術思想，表現在物或方法或物的用途上者。

需注意，「單純的發現」不能列為發明專利之類型，因為創作係「發明」要素之一，故如「礦石」等天然物及自然現象之發現等，僅為一種發現行為，並無創作行為，亦非利用自然法則之技術思想之創作，所以非屬發明之類型。但若因人類的勤勞之創作行為，而自天然物分離所得之物質，例如化學物質，則屬於經由創作行為而得之「發明」。也就是說，凡將所發現的自然現象，改換成可供產業

上利用之技術思想之創作，則屬於經由創作行為而得之「發明」，並非僅為一種發現行為。

至於能量不滅定律之科學原理或數學方法，是否可以申請取得專利？由一般發明應為利用自然法則之技術思想之創作，以解決技術課題，達成所期待的發明目的。故諸如能量不滅定律、萬有引力定律等自然法則或科學原理，本身並未被利用而表現成發明之技術內容，原屬於自然法則本身，並非人類利用自然法則所發明者，故不屬於發明之類型。至於「數學方法」，如三角形面積之計算方法等，係利用人類推理力、數學公式及人類精神活動而完成的，亦非利用自然法則之發明。

但在方法之發明中，如係經由數學操作所使用之記號，分別對應並表現出物理量、自然量，且該數學的操作，被認為係規定著物理化學作用之內容者，如能達成一定之技術課題時，則因其係利用自然法則，故屬於可申請專利之發明。

「新型」專利，依專利法第 93 條規定：「新型，指利用自然法則之技術思想，對物品之形狀、構造或裝置之創作。」，可定義新型係利用自然法則所產生的技術思想，表現在物品之形狀、構造或裝置上有所創新，並能產生某一新作用或增進功效。

發明與新型專利兩者之保護標的不同，發明較廣，包括方法、物品（有一定空間形態）、物質（無一定空間形態）、生物材料及其利用；新型則僅及於物品。

「新式樣」專利，依專利法第 109 條第 1 項規定「新式樣，指對物品之形狀、花紋、色彩或其結合，透過視覺訴求之創作。」之意旨，可定義新式樣係利用物品之形狀、花紋、色彩或其結合，提升物品之質感、親和性、高價值感之視覺效果表達，以增進商品競爭力及使用上視覺之舒適性。而「聯合新式樣專利」，乃指「同一人

因襲其原新式樣（母案）之創作且構成近似者，應申請聯合新式樣專利」。需注意，由於聯合新式樣是在明確原新式樣（母案）之近似範圍，並非獨立的專利權。母案近似，才可以申請聯合新式樣。聯合新式樣可於原新式樣（母案）申請中（含申請當日）或原新式樣專利權仍有效期間內由同一人提出申請。

　　需注意，色彩是否為新式樣專利保護標的？依專利法第 109 條第 1 項規定，色彩屬新式樣專利標的之創作內容。申請之新式樣包含色彩者，應另附該色彩應用於物品之結合狀態圖，並敘明所有指定色彩之工業色票編號或將其色彩樣本作成色卡。而關於文字是否可以當作花紋？專利法中所稱之花紋，係指物品表面裝飾用之線條或圖紋而言，單純的文字原則上不視為花紋，但可為花紋之構成要素。

　　此外，大樓外觀或景觀設計，是不可以申請取得新式樣專利，因為新式樣專利之物品，原則上必須為有體物，能被一般消費者獨立交易之客體，須有固定形態且為動產。建築物為不動產，不得為新式樣專利之物品。大樓外觀或景觀設計亦非屬新式樣專利之物品。所以日前發生爭議的，「建商未經同意以 101 大樓為背景設計房地產廣告，或在 101 大樓前拍攝廣告或將台北 101 大樓之造形作成紀念品販售或民眾自行拍攝台北 101 大樓以該照片作成明信片，台北金融大樓股份有限公司究竟有無權利收取權利金？」，若是依大樓外觀或景觀設計，是不可以申請取得新式樣專利，當然台北 101 也就不可收任何錢[1]。

---

[1]　「建商未經同意以 101 大樓為背景設計房地產廣告，或在 101 大樓前拍攝廣告或將台北 101 大樓之造形作成紀念品販售或民眾自行拍攝台北 101 大樓以該照片作成明信片，台北金融大樓股份有限公司究竟有無權利收取權利金？」，若是依商標權與著作權分析，也是不可以。經濟部智慧局特別就其業務範圍所涉之相關事項，提出下列說明。

一、關於商標部分

　　我國於民國 92 年引進立體商標制度,「台北 101 大樓」為第一件獲准註冊之建築物立體商標。其註冊之初因考量報章雜誌爭相報導,已為社會大眾所熟知,故具識別性而准予註冊之商品及服務類別極多,例如玩具、化妝品、酒、文具、百貨公司……等,因我國採註冊主義,於申請時無須檢附已實際使用之證據到局,惟商標權人於註冊後三年內必須使用,否則商標權將被廢止。故將來其立體商標究竟將如何使用於其所指定之商品或服務上?將影響侵權案件之認定,且非傳統商標對於社會大眾仍屬嶄新的概念,消費者是否將台北 101 大樓造形當作商標來看?仍有待個案法院來認定。以目前台北 101 大樓已使用之商品為例,台北 101 大樓造形之模型玩具因其已註冊在玩具類別。若第三人未經其同意生產販售前述相同或類似之商品,若消費者認為其係台北金融大樓股份有限公司所生產或經其同意所製造,而產生混淆誤認之虞,在此種情形下自有可能侵害其商標權。

　　至於以 101 大樓為背景設計房地產廣告的部分,因判斷他人行為是否侵害商標權,必須先考量其使用的態樣。如果行為人主觀上有將該 101 大樓之立體圖作為自己商標的意思或目的,在客觀上又真的會使消費誤認為係台北金融大樓股份有限公司在賣房子,則有可能侵害其商標權。惟若建商僅係將其作為背景,且依一般房地產交易習慣,在宣傳海報將建地附近之著名建築物一併刊載,以告知消費者其建地之相關位置及附近環境之機能,則應屬商標法第 30 條第 1 項第 1 款之善意且合理之使用方式,非作為商標使用,而不受商標之效力所拘束。

　　惟必須特別說明,就具體情形是否構成商標侵權而應負民事或刑事責任,為司法機關之職權,應由司法機關依照商標註冊的狀況、行為人使用態樣、有無依商標法第 30 條不受他人商標權效力所拘束之情形、營利事業或工商登記之時間等一切客觀證據資料,來判斷或認定是否成立侵權責任。

二、關於著作權部分

　　我國著作權法的立法目的在於保障著作人著作權益,調和社會公共利益,促進國家文化發展(著作權法第一條參照),與商標法之立法目的不同。由於著作之使用極為廣泛,可能作為識別商品或服務來源之商標來使用,所以立體商標的形狀,如果同時符合商標法與著作權法保護之要件,可同時取得商標權與著作權。

　　建築物是受著作權法保護著作之一種,如果沒有得到著作財產權人的同意或授權,除非符合合理使用之規定,否則不能利用。又依建築設計圖或建築模型建造建築物,或將建築物拍攝照片、做成模型等,都是屬於著作權法所規定的「重製」行為,故除符合合理使用之規定外,應得到該建築著作之著作財產權人同意或授權始得為之。

　　著作權法基於公益考量,定有許多合理使用的條文,其中針對建築著作,在第 58 條規定,於街道、公園、建築物之外壁或其他向公眾開放之戶外場所長期展示之美術著作或建築著作,除(一)以建築方式重製建築物。(二)以雕塑方式重製雕塑物。(三)為於本條規定之場所長期展示目的所為之重製。(四)專門以販賣美術著作重製物為目的所為之重製外,得以任何方法「利用」之。也就是說,如果在向公眾開放之

　　新式樣專利與新型及發明專利主要的區別，在於新式樣專利應著重於視覺效果之增進強化，藉商品之造形提升其品質感受，吸引一般消費者之視覺注意，進而產生購買之興趣者，由是得知，新式樣之形狀、花紋或色彩，著重於物品質感、親和性、高價值感之視覺效果表達，以增進商品競爭力及使用上視覺之舒適性。反之，新型專利及發明專利則在於其功能、技術、製造及使用方便性等方面之改進。

（三）法律不授與專利的類型

　　專利法中明定不予專利，此即法定不予專利之事項。**法定不予「發明專利」之事項**，依專利法第 24 條規定，不予發明專利的項目有：(1)動、植物及生產動、植物之主要生物學方法。但微生物學之生產方法，不在此限。(2)人體或動物疾病之診斷、治療或外科手術方法。(3)妨害公共秩序、善良風俗或衛生者。

　　法定不予「新型專利」之事項，依專利法第 97 條第 1 項規定，不予新型專利的項目有：(1)新型非屬物品形狀、構造或裝置者。例如方法專利，只能申請發明，不能申請新型。(2)妨害公共秩序、善良風俗或衛生者。(3)說明書、申請專利範圍及圖式揭露形式違背法定程式者。【違反第 108 條準用第 26 條第 1 項、第 4 項規定之揭露形式者】(4)違反一新型一申請單一性之規定。【第 108 條準用同法第

　　戶外場所長期展示之建築著作以前述 4 款方式以外的方式利用著作時，利用人都可主張合理使用。

　　綜合以上說明可知，向公眾開放建築著作之合理使用空間相當寬廣，利用著名建築物（包括著名之 101 大樓）作成紀念品，或拍攝照片、製成明信片、紙雕或海報及拍攝戲劇入鏡或做為背景等，均屬上述四款以外的「合理使用」，均不會認為違反著作權法，不會有侵權的問題。

32 條規定者】(5)說明書及圖式未揭露必要事項或其揭露明顯不清楚者，此指從形式上審查可易於判斷出具有明顯瑕疵而言。

法定不予「新式樣專利」之事項，依專利法第 112 條規定有：(1)純功能性設計之物品造形。(2)純藝術創作或美術工藝品。(3)積體電路電路布局及電子電路布局。(4)物品妨害公共秩序、善良風俗或衛生者。(5)物品相同或近似於黨旗、國旗、國父遺像、國徽、軍旗、印信、勳章者。

此外，專利法所指不予發明專利項目中「人體或動物疾病之診斷、治療或外科手術方法」，其範疇乃指人體或動物疾病之診斷方法，係指檢測人體或動物體各器官之構造、功能，以蒐集各種資料，而供醫師（或者接受醫師之指示者）據以瞭解人體或動物體之健康狀態、或者掌握其病情之方法，包括：(1)為對人體或動物體實施診斷、治療或手術，而檢測人體或動物體之內部或外部狀態、或檢測人體或動物體之各器官形狀或大小之方法。例如：利用 X 光測定人體或動物體內部器官狀態之方法或測定皮膚潰爛程度之方法。(2)為實施診斷而採用之預備處理方法。例如：測心電圖時之電極配置方法。人體或動物疾病之治療方法，包括：(1)為減輕及抑制病情而對患者施與藥物、注射或者物理性的療養等手段之方法。(2)安裝人工器官、義肢等替代器官之方法。(3)預防疾病之方法（例如：蛀牙之預防方法、感冒之預防方法）。(4)為實施治療而採用的預備處理方法、治療方法、或為輔助治療或為護理而採用的處理方法。為維持健康狀態而採用的處理方法（例如：按摩方法、指壓方法、健康檢查方法），因得視為預防疾病之方法，故亦屬治療方法。對人體或動物疾病之手術方法，係包含外科手術方法、採血方法等。其中，除以治療或診斷為目的者外，凡屬實施手術之方法，其雖非以治療、

診斷為目的，而用以美容、整形之手術方法等，亦包含在內。為進行手術而實施之麻醉方法，亦包含於手術方法中。

此外，遊戲及運動規則或方法，如「跳格子」、「過五關」等，也不可以申請取得專利，因為遊戲及運動之規則或方法，係利用與自然法則無關之人為的規則或方法，必然會利用到人類之推理力、記憶力、技能等而成者，不能稱為利用自然法則，故不屬於發明之類型。甚至有棒球運動員宣稱發明以「金雞獨立」為特徵之打擊方法，或者舞蹈高手發明「機器人」舞步，也不可以申請取得專利，因為金雞獨立之打擊方法或「機器人」舞步，純粹依個人之天分及技巧熟練程度方能達成之技能，非有技術思想，亦非一般人可由其技術揭露而重複實施者，非屬發明之類型。需注意，專利也不保護概念，必須揭露具體可行的技術內容，並可供該領域人士據以實施者，才可獲得專利保護。

例如，電腦軟體，只要屬利用自然法則之技術思想之創作，符合專利法第 22 條（具產業上之利用性、新穎性及進步性），且不違反專利法第 24 條之規定，當可申請發明專利，而其專利之准駁仍應以專利說明書所提之技術內容為審查依據。或者，產品檢驗的方法，同樣只要為利用自然法則之技術思想之創作，均可成為專利保護之標的，但是若利用與自然法則無關之人為規則與方法，則不可取得專利。

二、專利的申請取得

（一）專利申請取得的基本認識

依專利法第 25 條規定，「申請專利乃由專利申請權人提出申請。所謂專利申請權人，依本法第 5 條規定，除專利法另有規定或

契約另有約定外，原則上是指發明人、創作人或受讓人或繼承人。專利申請案如由不具申請權之人提出，可構成撤銷專利權之事由。」

專利申請權為共有者，應由全體共有人提出申請。但二人以上共同為專利申請以外之專利相關程序時，除撤回或拋棄申請案、申請分割、改請或本法另有規定者應共同連署外，其餘程序各人皆可單獨為之。但約定有代表者，從其約定。如無委任代理人，須指定一位為應受送達人，未指定者，以第一位順序申請人為應受送達人。

經認許之外國公司係以分公司形態在台灣境內營業，其提出專利申請時，仍應以該外國公司名義為申請人，惟得以其在台灣境內之負責人為代表人提出申請，如以其在我國境內營業所為申請人地址，得不以委任專利代理人辦理為必要。此外，專利申請人為大陸地區人士或法人，自然人應備具身分證明文件；法人應備具法人證明文件。上述證明文件，如係影本者，須經行政院指定之機構或委託民間團體認證，或由申請人（或代理人）釋明其影本與正本無異。

申請專利不一定需委任專利代理人辦理，在台灣有住所或營業所者申請專利時，可以自己辦理，亦可以委任專利代理人辦理。但在台灣境內無住所或營業所者申請專利，則必須委任專利代理人辦理。

申請專利案經審查或申請人聲明有影響國家安全之虞者，經濟部智慧財產權局會將其說明書移請國防部或國家安全相關機關諮詢意見，認有祕密之必要者，其專利不予公告，申請書件予以封存，不供閱覽，並作成審定（處分）書送達申請人、代理人及發明（創作）人。就保密期間申請人所受之損失，應給與相當之補償。此外，依專利法第 36 條規定，申請專利之發明如涉及國防機密時，不予公開。

申請「發明」專利、「新型專利」與「新式樣專利」，應由專利申請權人備具申請書、說明書及必要圖式向經濟部智慧財產局申請。申請書、說明書及必要圖式應如何撰寫，在專利法施行細則另

有詳細規定。申請書表依據專利法施行細則第 2 條規定，有一定格式規定，撰寫專利申請書時，應依格式內容依序詳實完整填寫，須特別注意如有聲明事項者，請務必於申請書中載明聲明事項。申請人並應於申請書上簽名或蓋章；如有委任專利代理人，得僅由代理人簽名或蓋章。申請書之撰寫，請參照填表說明。各項申請文件，應使用中文正體（繁體）字，並以標準 A4 號紙墨色打字或印刷。申請人及發明（創作）人之中文姓名或名稱均應為正體字中文，不得以簡體字或日、韓文漢字填寫，申請人及發明（創作）人之外文姓名或名稱應以英文書寫為限，且其英文字體應以大寫為之。發明、新型專利說明書及新式樣專利圖說，其撰寫應直式橫書、由左至右，以每頁 24 行、每行 25 字為之，每頁並應於四邊各保留 2 公分之空白。

發明或新型專利說明書之撰寫，請參照專利法施行細則第 15 條規定辦理。發明或新型摘要之撰寫，請參照專利法施行細則第 16 條規定辦理。發明或新型說明之撰寫，請參照專利法施行細則第 17 條規定辦理。發明或新型之申請專利範圍之撰寫，請參照專利法施行細則第 18 條及第 19 條規定辦理。新式樣圖說之撰寫，請參照專利法施行細則第 31 條規定辦理。

新式樣之圖面，應由立體圖及六面視圖（前視圖、後視圖、左側視圖、右側視圖、俯視圖及仰視圖）或二個以上立體圖呈現；新式樣為連續平面者，應以平面圖及單元圖呈現。圖面應參照工程製圖方法，以墨線繪製或以照片或電腦列印之圖面清晰呈現。詳細內容，請參照專利法施行細則第 33 條規定辦理。

專利申請人申請發明或新型專利時，應於說明書載明有關之先前技術，就所知之先前技術加以記載，並得檢送該先前技術之相關資料，在專利法施行細則第 17 條第 1 項第 2 款有明文規定。其目的乃使所屬該項技術領域中具有通常知識者能瞭解其內容，並可據以

實施，同時，也讓本局審查人員能更正確判斷發明（創作）之背景與過程，縮短申請案審查之時程，並可讓該審查人員作為評估專利要件之參考。因此，有關之先前技術，如係本局所有之國內外專利資料檔案者，請載明申請國別、案號及公開日期；如不屬本局蒐集之專利資料者，請申請人能影印該等資料併申請案提出；如屬著作物，則請載明作者、刊物名稱、出版者及出版日期。

發明或新型專利，依專利法施行細則第 20 條第 3 項規定，發明或新型圖式應依圖號順序排列，並指定最能代表該發明或新型技術特徵之圖式為代表圖；新式樣專利，依據同細則第 31 條第 2 項之規定，申請新式樣專利，應指定立體圖或最能代表該新式樣之圖面為代表圖。依前述規定所指定之圖即為指定代表圖。

申請生物材料或利用生物材料的發明專利，申請人應在申請前將該生物材料寄存在我國指定之寄存機構（財團法人食品工業發展研究所），並在申請書上載明寄存機構、日期、號碼；且應於申請日起三個月內檢送寄存證明文件正本及影本各一份。此外，聯合新式樣與原新式樣可以是相同或近似之物品，因此聯合新式樣之物品名稱不須與母案一致。

專利申請案件送件方式，可分為親自送件及郵寄等二種方式。申請人可親至經濟部智慧財產局或新竹、台中、高雄等服務處收文櫃檯送件，或至各地郵局辦理掛號郵寄送達。依專利法第 25 條第 3 項（第 108 準用第 25 條第 3 項）及第 116 條第 3 項規定，申請日係指申請人備齊申請書、說明書（圖說）及圖式等必要文件，向經濟部智慧財產局提出專利申請，而發生一定法律效果之日期。因此，經濟部智慧財產局實際收到申請文件之日，如果前述必要文件齊備，申請人即取得申請日，如果必要文件有欠缺，則申請日會延後。提出專利申請案後，申請人若親至本局或新竹、台中、高雄等各地

服務處送件，當場即可獲知專利申請案號。如以掛號郵寄方式送件，一般時程約需二至三個工作日，經濟部智慧財產局於收件後即予編號。為便於查詢專利申請案審查進度，經濟部智慧財產局專利服務台及新竹、台中、高雄服務處均提供電話查詢服務。

　　申請專利時，申請人為發明（創作）人本人，則無須檢送申請權證明書。若申請人非發明（創作）人本人，則須檢送由發明（創作）人所簽署之申請權證明書。依專利法第 25 條第 3 項規定，申請權證明書並非取得申請日的必備文件，於申請時未檢送者，不影響申請日之取得。惟逾本局指定期限未補送者，專利申請案將不予受理。

　　申請人可於專利申請案審查中，或於審定不予專利之審定（處分）書送達之次日起六十日內提出改請申請，可以原申請案之申請日為改請案之申請日，不會影響其申請日。惟於原申請案准予專利之審定（處分）書送達後，或於原申請案不予專利之審定（處分）書送達之次日起六十日後，不得改請。改請申請案，性質上為一新案，因於原申請案已檢送申請權證明書或委任書等文件，是無庸重行檢送。改請之態樣有：(1)他種類改請—— a.發明改請新型 b.發明改請新式樣 c.新型改請發明 d.新型改請新式樣 e.新式樣改請新型(2)同種類改請—— a.追加發明改請獨立發明 b.追加新型改請獨立新型 c.獨立新式樣與聯合新式樣間之改請。但須注意，核准專利之審定書、處分書送達後不得改請其專利種類。

　　若專利之申請，其實質為二個以上之專利時，經本局通知或依申請人申請，得為分割之申請。發明、新式樣專利案，申請分割者，應於原申請案再審查審定前為之；新型專利案，申請分割者，應於原申請案處分前為之；准予分割者，以原申請案之申請日為申請日。如有優先權者，仍得主張優先權。其申請程序所應備具之申請文件，請依專利法施行細則第 24 條及第 34 條辦理。

取得專利權後,關於是否可以申請分割的問題,一般專利權之分割,自 93 年 7 月 1 日新專利法施行以後提出申請者,經濟部智慧財產權局不予受理。專利權之分割,於 93 年 7 月 1 日前已提出申請分割而未審結者,依舊專利法規定繼續辦理。

申請專利後,可以再為補充、修正,其期限及補充、修正之內容都有一定之限制,發明申請案之限制請參考專利法第 49 條之規定;新型申請案請參照第 100 條之規定;新式樣申請案請參照第 122 條之規定。

申請補充、修正說明書或圖式應於申請日起十五個月內為之,有主張優先權者,其起算日為最早優先權日之次日。所謂於申請後十五個月內補充、修正之限制,僅適用於中文說明書,外文說明書不生補充、修正之問題。因此,目前實務上,對於外文本之內容如有變更時,可於補充、修正中文本時一併提出。

專利分割申請時,原申請案(母案)為分割所為之補充、修正,係因分割申請所必要,不受專利法第 49 條法定期限十五個月之限制規定。惟分割後,原申請案(母案)及分割案(子案)之補充、修正,則有上開補充、修正法定期限之限制。申請人若主動申請分割新型專利,原申請案(母案)為分割所為之補充、修正,係因分割申請所必要,不受專利法第 100 條法定期限二個月之限制規定。惟分割後,原申請案(母案)及分割案(子案)之補充、修正,則有上開補充、修正法定期限之限制。新式樣專利補充、修正沒有時間的限制。自申請日起至審定書送達前,均可為之。

此外,申請人常因發明人拒絕簽署、生病、死亡或無法聯絡等事實上之問題,以致無法取得發明人簽署之申請權證明書時,可採取檢附切結書或相關證明文件代之。切結書內容應記載發明名稱、取得專利申請權之依據及聲明願負一切法律責任。所謂相關證明文

件，係指申請人足資佐證其所述者為真實之證明文件，例如：(1)主張發明人因病無法簽署者，該發明人醫療證明文件。(2)主張發明人已死亡者，其繼承人簽署之申請權證明書及該繼承人之繼承證明文件（如遺囑，法院判決等證明文件）。(3)主張僱傭關係或職務上發明者，其僱傭契約或職務上發明之證明文件。

專利案在國內申請後也想到國外申請，時間上並無限制，但應注意，大部分外國專利法也採先申請原則，因此，除有主張優先權外，有可能因為他人申請在前而無法取得專利；亦須注意不要先公開，以免喪失新穎性。如果到 WTO 會員或與我國有相互承認優先權之國家申請，可以在我國之專利申請案申請日後十二個月內提出申請並主張優先權，一經認可優先權，專利要件之判斷即以優先權日為準。

（二）新穎性優惠期與國內優先權

另一方面，申請專利之發明或新型於申請日之前如已見於刊物、已公開使用或已為公眾所知悉者，原則上即因已公開而成為先前技術之一部分，應喪失新穎性；但如係(1)因研究、實驗目的。(2)因陳列於政府主辦或認可之展覽會[2]。(3)非出於申請人本意而洩漏者則可主張「新穎性優惠期」。有前述事由者，自事實發生之日起六個月內提出申請，敘明相關事實，則例外認為與該公開事實有關之技術不構成先前技術之一部分而不喪失新穎性，但前述(3)之事由不限於申請時即須敘明，此六個月期限即稱為「新穎性優惠期」。新式樣亦有相類似之規定，惟新式樣為外觀之設計，並無研究、實驗之問

---

[2] 何謂政府主辦或認可之展覽會？依專利法規定之「政府主辦或認可之展覽會」必須為政府單位列名或政府單位協辦或委託辦理之展覽會，如非屬官方單位，亦無政府明定給予認可之地位者，即無專利法第22條規定之適用。

題，故研究及實驗不是主張優惠期之事由。「新穎性優惠期」，依專利法第 22 條規定，申請人主張發明專利有專利法第 22 條第 2 項第 1 款、第 2 款規定之情事，即主張新穎性優惠期之事實者，除應於其事實發生之日起六個月內申請外，並應於申請時敘明事實及其年、月、日，並應於本局指定期間內檢附證明文件。

申請人基於其在國內先申請之發明或新型專利案（以下稱先申請案）再提出專利之申請者（以下稱後申請案），得就先申請案申請時說明書或圖式所載之發明或新型，主張優先權，此即「國內優先權」。目的是為了使申請人提出申請案後，可以該申請案為基礎，再提出補充、修正或合併新的請求標的，且能享受和國際優先權相同之利益。此種補充、修正或新的請求標的，當以補充、修正的方式提出時，常會被認為超出原說明書或圖式所揭露之範圍，但倘若運用國內優先權，則仍有機會併在一個申請案中申請，從而具有可取得總括而不遺漏之權利的機能。國內優先權制度，可說是將此種機能和我國國內的專利申請制度相結合的一種制度。由此可知，國內優先權係以一件或多件的本國申請案為基礎，使申請人得以將之彙整合併成一件申請案，並加入新技術事項後再提出申請，使申請人之先申請案之發明或創作能夠享有與國際優先權相同的利益。惟應注意者，新式樣並無國內優先權之適用。另需注意，優先權日不是申請日。優先權主張被認可時，在審查時即應以優先權日作為判斷專利要件之基礎日。

（三）國際優先權

國際優先權制度首先揭櫫於巴黎公約（Paris Convention）第 4 條，明定會員國國民或準國民在某會員國申請專利後，再到其他會員國提出相同之專利申請時，得依專利種類之差異分別給予十二個

月或六個月的優先權期間。此制度主要的目的在於保障發明人不至於在某一會員國申請專利後，公開、實施或被他人搶先在其他會員國申請該發明，以致不符合專利要件，無法取得其他會員國之專利保護。依專利法規定，申請人在世界貿易組織（以下稱 WTO）會員或與我國相互承認優先權之外國第一次申請專利，以該外國申請之專利申請案為基礎，於十二個月（新式樣為六個月）期間內在我國就相同技術申請專利者，申請人得主張該外國專利申請案之申請日為優先權日，作為判斷該申請案是否符合新穎性、擬制喪失新穎性、進步性及先申請原則等專利要件之基準日，此即國際優先權。需注意，專利共同申請人其中之一只要有一位不是 WTO 會員，且其所屬國家與我國未相互承認優先權者就不可以主張優先權。不過，若是申請人本身非為 WTO 會員，但於 WTO 會員領域內設有住所或營業所，依專利法第 27 條第 3 項規定，若於 WTO 會員或互惠國領域內，設有住所或營業所者，亦可向我國主張優先權，此即一般所稱的準國民待遇。

國際優先權申請人就相同發明，如已向 WTO 會員或與我國相互承認優先權的國家第一次依法申請專利，就可以在第一次申請專利之日起十二個月內（新式樣為六個月內），向我國主張優先權。主張優先權的專利申請案，應在申請該專利同時提出聲明，並於申請書中載明在外國的申請日及受理該申請的國家。且應在申請日起四個月內，檢送經外國政府受理該申請案的證明文件正本。

主張國內優先權先申請案與後申請案的申請人，必須一致，因為可以主張國內優先權的前提，是對同一申請人在我國先申請的發明或新型專利案再提出另一新申請案，就先申請案之發明或新型主張優先權，因此，先申請案及後申請案的申請人必須一致。如果不一致，最遲應在提出後申請案時，同時辦理申請權讓與，使先、後

申請案的申請人一致，惟其申請權讓與證明文件可以後補。申請人之先申請案如經初審審定（處分），為避免重複審查，不得再被後申請案主張國內優先權。

此外，有一種國外之臨時申請案（Provisional application），主要是指美國或澳洲的臨時申請案，此種申請案係申請人為搶先取得申請日而先提出之申請案，無論其是否記載申請專利範圍，嗣後必須於特定期間內，再據以提出載有申請專利範圍之正式申請案，或將該臨時申請案轉換為正式申請案，而正式申請案得增加新的發明。惟若未於該特定期間內再提出或轉換為正式申請案者，該臨時申請案將於特定期間後視為放棄。因此，臨時申請案所揭露之發明為「第一次申請」。正式申請案所揭露之發明中已揭露於臨時申請案之部分並非「第一次申請」；但新增而未揭露於臨時申請案之部分，則為「第一次申請」。在我國提出之申請案申請專利範圍中所載之發明，如為已揭露於臨時申請案者，係以該臨時申請案為基礎案；如為僅揭露於該正式申請案者，以該正式申請案為基礎案。

三、發明專利之要件、早期公開與請求實體審查

（一）發明專利之要件

1.可供產業上利用（實用性）

專利法規定申請專利之發明必須可供產業上利用（實用性），但並未明文規定產業之定義，一般認為專利法所指之產業應包含任何領域中利用自然法則而有技術性的活動，亦即包含廣義的產業，例如工業、農業、林業、漁業、牧業、礦業、水產業等，甚至包含運

輸業、通訊業、商業等。若申請專利之發明在產業上能夠被製造或使用，則認定該發明可供產業上利用，具產業利用性。

2. 新穎性

申請專利範圍中所載之發明未構成先前技術的一部分時，稱該發明具新穎性。一般而言，申請專利之發明於申請日之前如已見於刊物、已公開使用或已為公眾所知悉者，原則上即因已公開而成為先前技術之一部分而喪失新穎性。

3. 進步性

雖然申請專利之發明與先前技術有差異，但該發明之整體係該發明所屬技術領域中具有通常知識者依申請前之先前技術所能輕易完成時，稱該發明不具進步性。進步性係取得發明專利的要件之一，申請專利之發明是否具進步性，應於其具新穎性之後始予審查，不具新穎性者，無須再審究其進步性。

發明專利申請，除需具備實用性、新穎性、進步性外，每一申請專利之發明應各別提出申請，主要是考量申請人、公眾及本局在專利申請案的分類、檢索及行政上之便利，對於兩個以上發明應各別提出申請，此即申請之單一性。原則上一發明一申請，只有在例外情形即兩個以上之發明於技術上相互關聯而屬於一個廣義發明概念者，得於一申請案中提出申請。至於何謂廣義發明概念，可參考經濟部智慧財產局發布之專利審查基準，其中有詳細之說明。

發明專利申請，同時適用「先申請原則」，也就是指，指同一發明有兩個以上申請案，無論是於不同日或同日申請，無論是不同人或同一人申請，或無論是否請求實體審查，僅能就最先申請者准予專利，且不得授與兩個以上專利權。依據專利法之規定，同一發明、

創作只能就其最先申請者准予專利。如果先後二案申請保護之範圍確屬相同，則縱然有誤准後申請案的情形發生，後申請案也會因第三人提起舉發或由本局依職權審查而被撤銷專利。

（二）發明專利之早期公開

發明早期公開制度，乃是針對發明專利申請案的審查期限較長，如果要等到實體審查審定核准才公開其申請內容，可能造成第三人對於同一技術內容進行重複研究、投資或申請，無法充分發揮專利制度的功用，因此有所謂「發明早期公開制度」，也就是依專利法第 36 條規定，經濟部智慧財產局接到發明專利申請文件後，經審查認為無不合規定程序，且無應不予公開之情事者，自申請日（有主張優先權者，為最早優先權日）起十八個月後應將該申請案公開之。

也就是從提出專利案，自申請日（有主張優先權者，為最早優先權日）起十八個月後，即解除保密狀態，而使大眾經由公開得知其技術內容，藉以避免企業活動重複投入研發及投資的浪費，並可使第三人得因發明技術內容之公開而及早獲得相關技術資訊，從事進一步研究發展，以提升產業之競爭能力。發明請求實體審查是指提出發明專利申請後，申請人或任何人如欲知道該發明是否符合實體專利要件，必須於申請日起三年內提出實體審查申請，若三年內無人請求實體審查，該申請案即視為撤回。已被公開之發明申請案，即屬於先前技術，得作為其他專利申請案是否符合專利要件之引證資料。一般發明申請案自 91 年 10 月 26 日起申請之發明申請案適用早期公開制度，該類案件經審查無不合規定程序且無應不予公開之情事者，自申請日（有主張優先權者，為最早優先權日）起十八個月後即予公開。惟若發明申請案自申請日（有主張優先權者，為最早優先權日）起十五個月內尚未補齊文件者，將延至文件齊備後再

進行公開準備程序。另需注意，優先權主張經申請人撤回或經處分不受理致喪失優先權者，其公開日將改自申請日之次日起算。

發明早期公開資料係刊載於「發明公開公報」，依專利法施行細則第 54 條第 1 項規定，公開公報載明之事項如下：(1)申請案號。(2)公開編號。(3)公開日。(4)國際專利分類。(5)申請日。(6)發明名稱。(7)發明人姓名。(8)申請人姓名或名稱、住居所或營業所。(9)委任專利代理人者，其姓名。(10)發明摘要。(11)最能代表該發明技術特徵之圖式。(12)主張專利法第 27 條第 1 項國際優先權之各第一次申請專利之國家、申請案號及申請日。(13)主張專利法第 29 條第 1 項國內優先權之各申請案號及申請日。(14)有無申請實體審查。(15)有無申請補充、修正。

發明專利申請案公開時，係涵蓋原始說明書及所有修正版本，惟公開公報內容，則以原始說明書為依據，但申請案十五個月後所為之修正，經濟部智慧財產局將會於公報上附註。經公開之申請案，任何人均得申請閱覽、抄錄、攝影或影印其說明書或圖示。

申請人並可依專利法第 36 條第 2 項規定，可以申請提早公開其申請案。申請提早公開僅須由申請人備具提早公開申請書提出申請即可。另一方面，發明早期公開之目的在於藉著技術資訊之公開，藉以避免企業活動重複投入研發及投資的浪費，並促進產業科技之提升。故發明申請案自申請日起十八個月後（有主張優先權者，為最早優先權日）予以公開，申請人不得請求延緩公開，否則將喪失早期公開制度之意義。

不過，發明申請案若有下列情事之一者，將不予公開：(1)不合規定之程序者。(2)自申請日（有主張優先權者，為最早優先權日）起十五個月內撤回申請案者。另依專利法第 29 條主張國內優先權者，其被主張國內優先權之先申請案將自申請日起十五個月後視為

撤回，故該先申請案亦不予公開。(3)涉及國防機密或其他國家安全之機密者。(4)妨害公共秩序或善良風俗者。除上述情事以外，所有之發明申請案均應予以公開，申請人不得申請不公開。

此外，申請人撤回發明申請案時，原則上該申請案將不會被公開。但如已逾申請日（有主張優先權者，為最早優先權日）起十五個月後始申請撤回者，因本局已開始進行公開準備作業，該申請案仍將公開。惟因申請案已撤回申請，故中止該申請案之後續程序。但發明申請案於公開前已核准公告於專利公報，取得專利權者，仍將刊登於發明公開公報；發明申請案於公開前已審定不予專利者，也仍將刊登於發明公開公報。

此處發明專利的公開，與公告最主要的區別，在於公告乃指專利案經過實體審查（或形式審查）獲核准審定（或處分），申請人並於該核准審定（或處分）書送達次日起三個月內，繳交年證費後，公告於專利公報取得專利權。公開則是指發明專利經公開前審查認為無不合規定程序，且無應不予公開之情事者，於申請日（有主張優先權者，為最早優先權日）起十八個月後刊登於發明公開公報者。因此，經公告之專利表示其已取得專利權，經公開之發明專利，只是技術內容公開，並非已取得專利權。

（三）發明專利之請求實體審查

台灣自民國 91 年 10 月 26 日起，發明專利改採早期公開、申請實體審查制度。其中，任何人於發明專利申請日起三年內均可提出實體審查之申請，在提出實體審查申請前，發明專利並不會進行任何可專利性之審查。而且，由於公開前審查並非進行實體審查，故僅就發明申請案是否「明顯」妨害公序良俗予以審查。於實體審查時，若有妨害公序良俗之情事，依法仍應不予專利。申請實體審查

之事實，並會刊載於發明公開公報。公開前申請實體審查者，刊載於發明公開公報之內容中；公開後申請實體審查者，該事實亦會刊載於發明公開公報之申請實體審查目錄中，以示周知。

　　發明早期公開制度並不影響實體審查之程序。發明專利經申請後，自申請日（有主張優先權者，為最早優先權日）起十八個月後逕行公開；而發明專利申請案只要經程序審查文件齊備，且有請求實體審查，即可進入實體審查階段。因此發明申請案公開的時間，與進行實體審查的時間無關，也不會影響審定的時間。但申請實體審查後即進入審查程序，並已將申請實體審查之事實刊登公報周知，為避免第三人重複申請實體審查及審查經濟之考量，實體審查之申請不得撤回。而申請人以外之第三人申請實體審查，經審查不予專利者，不可由該第三人提出後續之再審查或行政救濟程序，均應由原申請人提出後續之再審查及行政救濟程序。不服發明不予專利之初審審定，可於收到審定書之次日起六十天內向本局申請再審查。對於申請人不服發明不予專利再審查審定者，可於收到審定書之次日起三十天內經由經濟部智慧財產局向經濟部訴願審議委員會提起訴願。

　　專利審查常常需要很長的時間，它的原因很多，難以一概而論，是世界共通的問題。由於各種發明的技術內容艱深複雜程度不同、各領域之案件數量有別、審查人員之人數也不同，所以各個案件的審查時間有快有慢，無法求其一致，除專業判斷費時外，蒐集有關資料及檢索查閱前案文件等均須耗費較多時日。

　　發明申請案於公開後公告前，如有第三人實施其專利，依專利法第 40 條規定，若發明申請案公開後，有第三人為商業上實施者，申請人曾經以書面通知發明專利申請內容，而於通知後公告前就該發明仍繼續為商業上實施之人，得於發明專利申請案公告後，請求

適當之補償金。對於明知發明專利申請案已經公開，於公告前就該發明仍繼續為商業上實施之人，亦得請求。但訴請補償之要件是否相當及數額，則由法院判決認定。惟應注意，補償金之請求權，自公告之日起算二年內不行使即消滅。「補償金」範圍之計算，依專利法第 41 條第 1 項之補償金規定行之，與同法第 85 條之損害賠償，二者性質不同，其金額計算仍應由法院依個案事實來認定。

此外，有關生物材料或利用生物材料之發明專利申請人，申請實體審查時，應檢送寄存機構出具之存活證明，如由發明專利申請人以外之人申請實體審查時，經濟部智慧財產局將通知發明專利申請人於三個月內檢送存活證明。

（四）發明專利之優先審查

已公開之申請案有他人為商業上實施時，為使權利早日明確，經濟部智慧財產局得依申請優先審查之。申請優先審查免繳費用，但必須檢附申請書及相關證明文件。另應注意，申請優先審查之前必須先有申請實體審查之事實，若尚未申請實體審查，應先依規定申請之。

申請優先審查者，應備具申請書，載明下列事項：(1)申請案號及公開編號。(2)發明名稱。(3)申請優先審查者之姓名或名稱、國籍、住居所或營業所；有代表人者，並應載明代表人姓名。(4)委任專利代理人者，其姓名、事務所。(5)是否為專利申請人。(6)發明申請案之商業上實施狀況；有協議者，其協議經過。另應檢附相關證明文件，例如書面通知、廣告目錄或其他商業上實施事實之書面資料等。

四、新型專利形式審查

（一）新型專利形式審查制

　　所謂新型專利形式審查制，主要是參考世界上主要國家新型專利審查制度，均將技術層次較低之新型專利，捨棄實體要件審查制，改採形式要件審查，以達到早期賦與權利之需求。我國係自 93 年 7 月 1 日起施行。新型專利於形式審查中，大致僅針對專利說明書就下列各項進行審查：(1)是否有妨害公共秩序、善良風俗或衛生者。(2)是否非屬物品形狀、構造或裝置者。(3)是否有違反單一性。(4)說明書及圖式是否未揭露必要事項或其揭露明顯不清楚。(5)說明書中是否有載明創作名稱、創作說明、摘要及申請專利範圍。如說明書中有違反前述之規定，於處分前，智財局會先通知申請人限期陳述意見或補充、修正說明書或圖式。

　　新型專利採形式審查之主要目的，即係為速審速結，為免申請人申請補充、修正說明書或圖式，而延滯審查，爰於專利法第 100 條第 1 項明定，申請人申請補充、修正說明書或圖式者，應於申請日起二個月內提出。此外，新型專利申請案因採形式審查，因此並無申請面詢或勘驗現場之適用。同時，申請人主動申請補充、修正，應依專利法第 100 條規定於二個月內為之，如逾越該期限提出補充、修正者，將不予受理。如為本局依職權通知補充、修正，則無二個月之限制。本局依職權通知補充、修正者，申請人僅得就本局要求補充、修正之部分進行補充、修正，其餘部分如有超出通知補充、修正之範圍者，除未逾二個月補充、修正之期限外，得不予受理。

　　專利法對於發明及新式樣專利權定有依職權撤銷之制度，新型因採形式審查，所以並無依職權撤銷之規定，如新型有不合專利要件之情事，可循舉發制度撤銷之。已核准的新型專利權，事後發現

如有不應准予專利之情事，可循舉發制度撤銷之。而新型因採形式審查，如不服新型形式審查之處分，並無再審查之適用，申請人可於收到處分書之次日起三十天內經由智財局向經濟部訴願審議委員會提起訴願。

（二）新型申請單一性

申請新型專利，應就每一創作提出申請。二個以上創作，屬於一個廣義創作概念者，得於一申請案中提出申請。就形式審查之單一性判斷，是指不須經檢索即可明確判斷者而言。專利法對於新型專利不進行實體審查而採形式審查，為與發明及新式樣採實體審查有所區別，因此對於新型專利申請案之准駁，以處分書稱之，以別於發明及新式樣之審定書，其實不管處分書或審定書，其性質都是行政處分。

（三）新型專利技術報告

新型專利技術報告名稱定為「新型專利技術報告」，而不是「技術審定書」、「技術處分書」，目的在定位該報告非行政處分，並不具拘束力，僅作為新型專利權人行使權利時之參考；如認為該新型有應不予專利之事由，應透過舉發程序撤銷。

新型專利採形式審查，由於未對是否合於專利要件進行實體審查，導致新型專利權的權利內容存在著相當的不安定性及不確定性。若新型專利權人利用此一不確定的權利而不當行使之，可能產生權利濫用之情形，對第三人的技術利用及研發帶來相當大的危害，爰有新型專利技術報告之規定。新型專利技術報告可由任何人向專利專責機關申請，以釐清該新型專利是否合於專利要件之疑義，惟該新型專利技術報告之性質，係屬機關無拘束力之報告，並

非行政處分，僅作為權利行使或技術利用之參酌。若任何人認該新型專利有不應核准專利之事由，應依專利法第 107 條規定提起舉發，始能撤銷該新型專利權。任何人包括專利權人本人都可以向智財局申請報告。即使新型專利權消滅後，仍可以申請新型專利技術報告；新型專利技術報告之規費不採逐項收費；但新型專利技術報告採逐項評估。

申請新型專利技術報告，自新型專利申請案公告後即可提出申請。惟新型專利經核准處分，並由申請人繳交證書費及第一年專利年費，在公告前，該專利案已明確處於可公告取得專利權之狀態，如有提出技術報告之申請者，為便利民眾及行政經濟之考量，本局受理其申請。惟該等技術報告之製作，智財局將於其新型專利案公告後辦理。需注意對於新型專利技術報告之申請，不得撤回。此乃因申請新型專利技術報告之事實，必須刊載專利公報，為保護利害關係人之權益，故不得撤回。

依專利法第 103 條規定，任何人在新型專利申請案公告後，得向智財局申請技術報告。因此，任何人認有需要均可申請，並無次數限制。如有人針對同一新型再申請本局作技術報告，本局在製作第二份技術報告時，先前第一份技術報告已檢索過之資料部分，不會再進行評估。但如因檢索期間不同（例如發現其他未經檢索之公開或公告之專利資料）、發現未經斟酌之公開資料或因專利說明書更正，以致評估之基礎與第一次不同時，在此情況下，會就先前未檢索或未斟酌之資料再進行評估；如說明書經更正確定，以更正後之申請專利範圍為評估基礎，於此情形下，可能會有不同之結果。除此以外，原則上不會作不同之認定。技術報告之內容，任何人均得申請閱覽、抄錄、攝影或影印。

申請新型專利技術報告，不須備具理由及證據，不須指明針對那些條文，智財局將依專利法第 103 條第 1 項所列各條款全部予以評估，不會僅就申請人指出的條款進行，報告內容亦不會僅列出由申請人所提出的條款。智財局對於該新型專利技術報告之內容，係就專利法第 103 條第 1 項所列各條款事項，對該新型之新穎性、進步性等予以比對，至於先前存於卷內之核駁理由，是否列入參考，須於個案上由審查人員認定。

技術報告並非行政處分，無法提出訴願，如有明顯錯誤，智財局將依申請作出第一份技術報告後，如再無其他申請，不會主動去變更該報告之內容。權利人並可以主動提供引證資料或相關習知技術資料給智慧局作技術報告之參考。

此外，新型專利權之行使，依專利法第 104 條規定專利權人「應」提示「新型專利技術報告」進行警告。則此提示「新型專利技術報告」進行「警告」，並非行使新型專利權之要件；如未提示而進行警告，亦得行使權利。未提示新型專利技術報告進行警告，即逕行主張新型專利權者，如將來專利權被撤銷，專利權人依第 105 條之規定，可能要負損害賠償責任。不過，新型專利權之行使，雖依專利法第 104 條規定，應提示技術報告進行警告，其立法目的係以在新型專利未經實體審查即取得權利，該專利究有無符合專利要件，尚不確定，為防止專利權人不當行使或濫用權利，造成他人之損害，乃明定行使權利應提示新型技術報告，並作為推定專利權人行使權利有無故意過失責任之認定。第 105 條立法理由係說明新型專利權人行使權利要特別謹慎，其不申請技術報告，而徵詢專家、律師等專業人士意見，作為行使權利之參考亦無不可，將來專利權被撤銷，均得主張行使權利係基於確信而無過失。至於要不要基於新型專利

權提起訴訟，為人民的訴訟權利，提出新型技術報告進行警告，並非作為提起訴訟之門檻要件。

五、新式樣專利實體審查

新式樣專利的審查制度與發明、新型專利不同處在於，新式樣專利審查制度不採發明之早期公開及請求審查制，也不採新型之形式審查制，申請專利之新式樣自文件齊備後，智財局即指定審查人員進行實體審查。申請新式樣專利，應就每一新式樣提出申請，亦即一個新式樣申請案僅能有一物品之一設計。

新式樣是對物品外觀之創作，因此並無如發明或新型進步性之概念，但新式樣仍須符合創作性之要件，新式樣雖具有新穎性，但其創作為其所屬技藝領域中具有通常知識者依申請前之先前技藝易於思及者，仍不得依專利法申請取得新式樣專利，此即創作性。

聯合新式樣專利與新式樣的差別，只是在聯合新式樣為確認原新式樣近似之範圍，故聯合新式樣是從屬於原新式樣專利權，不得單獨主張，且不及於近似之範圍。原新式樣專利權撤銷或消滅者，聯合新式樣專利權應一併撤銷或消滅。

需注意，台灣現行新式樣專利圖說中已無記載申請專利範圍之欄位，依 93 年 7 月 1 日施行之現行專利法第 123 條第 2 項規定「新式樣專利權範圍，以圖面為準，並得審酌創作說明。」與舊法之規定並無不同，專利圖說不論有無申請專利範圍之記載，新式樣之專利權範圍之判斷均是以圖說所揭露之圖面為準。

同時，依專利法第 102 條規定，申請發明或新式樣專利後可改請為新型專利；申請新型專利後也可改請為發明專利，都可以援用原申請案之申請日為改請案之申請日。但於原申請案准予專利之審

定書、處分書送達後，或於原申請案不予專利之審定書、處分書送達之日起 60 日後，不得改請。

　　獨立新式樣專利或聯合新式樣專利可以相互改請，也可以援用原申請日。依專利法第 115 條規定，申請獨立新式樣專利後改請為聯合新式樣者，或申請聯合新式樣專利後改請獨立新式樣者，均可以原申請案之申請日為改請案之申請日。但於原申請案准予專利之審定書送達後，或於原申請案不予專利之審定書送達之日起 60 日後，不得改請。新式樣專利也可以分割，申請專利之新式樣實質上為二個以上之新式樣時，申請人可以提出分割申請，每一分割案都可以援用原申請日。

六、專利權之取得、授權與消滅

（一）專利權之取得

　　專利權年限之計算，一般自核准公告之日起，給予專利權，其屆滿之期限為發明專利權自申請日起算二十年，新型專利權期限自申請日起算十年，新式樣專利權期限自申請日起算十二年。需注意，專利權的保護是從核准公告之日給予專利權，此時才開始受保護。同時，應注意依法繳納年費以免專利權利發生消滅，如有他人提起舉發，不可忽於答辯防禦，以免遭撤銷。

　　專利權是財產權的一種，可以為交易之標的，專利權讓與是指專利權人將其專利權讓與他人而言，至於讓與之原因可能是買賣、贈與或互易，不一而定。專利權之讓與於雙方當事人間達成合意即發生權利轉讓之效力，但是必須向智財局辦理登記，才能對抗第三人，此即專利權讓與登記。申請專利權讓與登記換發證書者，應由

原專利權人或受讓人備具申請書、專利證書及規費,並檢附讓與契約或讓與證明文件。

專利權存續期間一旦屆滿,即屬公共財,任何人就可以加以利用,原則上不可以延長,但醫藥品、農藥品或其製造方法發明專利權之實施,依其他法律規定,應取得許可證者,在未取得許可之前並無法上市,但專利權期間卻一直在消耗,為補償專利權人之權益,專利法第 52 條乃規定此類專利於專利案取得許可證之期間自專利公告後需時二年以上者,專利權人得申請延長專利權二年至五年,並以一次為限。其申請程序,可參照專利權期間延長核定辦法之規定。

(二)專利權之繼承取得、信託登記與質權登記

專利權是財產權的一種,可以為繼承之標的,專利權繼承於有繼承之事實發生即生繼承之效力,但是必須向本局辦理登記,才能對抗第三人,此即專利權繼承登記。申請專利權繼承登記換發專利證書者,應備具申請書、規費,並檢附死亡與繼承證明文件及專利證書。

專利權既然是財產權的一種,也可以為信託之標的,專利權信託是指專利權人移轉其專利權於受託人,由受託人管理該專利權而言。專利權信託必須向本局辦理登記,才能對抗第三人,此即專利權信託登記。申請專利權信託登記換發證書者,應由原專利權人或受託人備具申請書及專利證書、規費,並檢附相關證明文件。

專利權可以設定質權,亦即專利權人為債務人,為使其債權人之債權得到擔保而以專利權設定權利質權,將來債權人就該專利權有優先受償之權利。以專利權設質必須向本局辦理登記,才能對抗第三人,此即專利權質權設定登記。申請專利權之質權設定登記者,

應由專利權人或質權人備具申請書及專利證書、規費並檢附相關證明文件。質權設定原因消滅時，應辦理質權消滅登記者，可參考專利法施行細則第 43 條之規定辦理。

專利權有異動時，應該要辦理登記，才能發生對抗第三人之效力。同時，專利權之核准、變更、延長、延展、讓與、信託、授權實施、特許實施、撤銷、消滅、設定質權等情事時應予以公告，智財局並會將該事實刊載專利公報。

（三）專利權之授權與特許實施

專利權授權實施係指專利權人不轉讓其專利權而同意他人實施其專利而言，專利權之授權於雙方當事人間達成合意即發生授權之效力，但是必須向智財局辦理登記，才能對抗第三人，此即專利權授權實施登記。申請專利權授權他人實施登記者，應由專利權人或被授權人備具申請書、規費，並檢附授權契約或證明文件。

專利權有所謂特許實施，即一般所稱的強制授權。專利權是否授權他人實施，本應屬專利權人之自由，不應加以限制，但是為了顧及公益，在符合法定條件下，由智財局得依申請或依職權以公權力允許他人實施專利權人之專利，此即特許實施。所謂法定條件，依專利法第 76 條規定，是指(1)因應國家緊急情況或(2)增進公益之非營利使用(3)或申請人曾以合理之商業條件在相當期間內仍不能協議授權之情形而言，此外，專利權人有限制競爭或不公平競爭之情事經法院判決或行政院公平交易委員會處分確定者，雖無前述情形，專利專責機關亦得依申請，特許該申請人實施專利權。申請特許實施發明專利權者，應備具申請書、規費，並檢附其詳細之實施計畫書、申請特許實施之原因及其相關文件。

（四）專利權之消滅

依專利法第 66 條規定，有下列情事之一者，發明專利權當然消滅（新型及新式樣專利權亦準用之）：(1)專利權期滿時，自期滿之次日消滅。(2)專利權人死亡，無人主張其為繼承人者，專利權於依民法第 1185 條規定歸屬國庫之日起消滅。(3)第二年以後之專利年費未於補繳期限屆滿前繳納者，自原繳費期限屆滿之次日消滅。但依第 17 條第 2 項規定回復原狀者，不在此限。(4)專利權人拋棄時，自其書面表示之日消滅。專利權因期滿或未依限繳費消滅者，本局會通知專利權人，但是此種通知只是服務性質，並非行政處分，有無通知並不影響專利權已消滅之事實。

專利權存續期間一旦屆滿，即為消滅，屬於公共財的一種，任何人就可以加以利用，原則上不可以延長，但如果未繳年費，也會導致專利權消滅，除非專利權人如因天災或不可歸責於己之事由延誤法定繳年費期間者，於其原因消滅後三十日內得以書面敘明理由向專利專責機關申請回復原狀。但延誤法定期間已逾一年者，不在此限。申請回復原狀，應同時補行期間內應為之行為。

七、專利權之撤銷

（一）舉發撤銷

核准專利須具備許多要件，但在審查時卻祇能就當時所蒐集到的有限資料加以審核，不可能將所有的有關資料完全蒐羅無遺。為了補救因此而產生的缺點，乃有所謂公眾審查制度的規定，就是凡經審定准予專利權者，必須公告於專利公報，而且任何人都可以到智財局取得該專利權的詳細資料（閱覽或影印）。如果認為有違反專

利法規定者，除涉及權利歸屬問題限由利害關係人提起外，任何人都可以提起舉發。經審查結果，如認為舉發理由成立者，就要撤銷其專利權。

對於專利權，除涉及權利歸屬問題，限由利害關係人提起外，任何人認為其有違反專利法有關規定者，皆得提起舉發，請求撤銷該專利權。依專利法第 67 條、第 107 條及第 128 條規定，對於已取得專利權之發明、新型及新式樣專利，皆得於專利權期間內提起舉發。提出舉發之申請應備具理由及證據，並載明舉發之專利法條次。不過，專利法所定法定舉發事由各有不同，因此舉發時必須寫明舉發法條。提起舉發後，並可以再補充、修正理由證據，應自舉發之日起一個月內為之。未於前述一個月內提出者，倘智財局尚未完成舉發審定前，仍可提出由其審酌之。智財局於舉發審查時，得依專利權人申請或依職權通知專利權人更正說明書（圖說）或圖式，於此情形本局應通知舉發人。依據專利法及專利法施行細則之規定，所應檢附之證明文件，原則上應以原本或正本為之。影本經當事人釋明與原本或正本相同者，得以該影本代之。但舉發證據為書證影本者，應證明與原本或正本相同。

因舉發案所檢送的樣品或證據正本，經本局驗證無誤後，得予發還，但樣品或證據正本如因行政爭訟之必要必須供查證使用者，原則上須俟行政爭訟之進度判定何時發還。舉發案的當事人並可以看樣品與攝影，但如涉及他人營業上或身分上祕密，有保密之必要者，應負保密責任。但須注意，在舉發期間，專利權仍然有效，並不因為有舉發程序而發生失權之效力。具有利害關係人之資格且對於專利權之撤銷有可回復之法律上利益者，即使專利權已期滿或當然消滅，仍可提起舉發。舉發案經審定舉發成立撤銷專利權確定後，專利權之效力，視為自始即不存在。

已核准公告的專利權，第三人發現有不應該核准的資料，原則上應提起舉發請求撤銷專利權，其未提起舉發而提供證據資料給審查人員請求撤銷專利權者，如為發明或新式樣專利權，智財局可視證據內容審酌是否發動依職權審查；如為新型，則因新型並無依職權審查之適用，因此除循舉發程序外，不會依職權撤銷新型專利權。

（二）依職權撤銷專利權

對於公告後之發明或新式樣專利權，如本局發現其有違反專利法規定之事由而不應准予專利時，本局應依職權審查。職權審查之時機，自專利案公告之日起至專利權消滅之日前均得為之。依職權審查之結果，倘認有應撤銷專利權之事由時，則處分撤銷專利權。此外，為保障專利權人合法權益，如有侵權爭端涉訟，有必要使正由智財局審查中之舉發案，早日審查確定，因此舉發案涉及侵權訴訟案件之審理者，智財局得優先審查。

八、專利權之歸屬、侵害與救濟

（一）職務發明或創作、出資聘人的發明或創作之專利權歸屬

職務上發明係指受僱人於僱傭關係中之工作所完成之發明、新型或新式樣。依據專利法第 7 條第 1 項之規定，受僱人於職務上所完成之發明、新型或新式樣，其專利申請權及專利權屬於僱用人，僱用人應支付受僱人適當之報酬。但契約另有約定者，從其約定。

一方出資聘請他人從事研究開發所完成之發明或創作稱出資聘人的發明或創作，依專利法第 7 條第 2 項規定，出資聘人的發明或創作其專利申請權及專利權之歸屬依雙方契約約定；契約未約定者，屬於發明人或創作人。但出資人得實施其發明、新型或新式樣。

（二）專利權之侵害與救濟

自 92 年 3 月 31 日起侵害他人專利權已經沒有刑事責任，只有民事責任，專利權受侵害，得請求損害賠償時，專利權人得就下列二款擇一計算其損害：(1)依民法第 216 條規定。但不能提供證據方法以證明其損害時，專利權人得就其實施專利權通常所可獲得之利益，減除受害後實施同一專利權所得之利益，以其差額為所受損害。(2)依侵害人因侵害行為所得之利益。於侵害人不能就其成本或必要費用舉證時，以銷售該項物品全部收入為所得利益。除前項規定外，專利權人之業務上信譽，因侵害而致減損時，得另請求賠償相當金額。依前二項規定，侵害行為如屬故意，法院得依侵害情節，酌定損害額以上之賠償。但不得超過損害額之三倍。

例如，一般人去製造市面上存在且標示申請專利在案之物品，如物品上標示申請專利在案，如尚未取得專利權，一般人在專利申請人未取得專利權之前去製造此物品者，並不負侵權責任。但如屬發明專利申請案而有專利法第 40 條所定情事者，專利權人得請求適當之補償金。

依專利法第 56 條規定，物品專利權人，除專利法另有規定者外，專有排除他人未經其同意而製造、為販賣之要約、販賣、使用或為上述目的而進口該物品之權。方法專利權人，除專利法另有規定者外，專有排除他人未經其同意而使用該方法及使用、為販賣之要約、販賣或為上述目的而進口該方法直接製成物品之權。發明專利權範圍，以說明書所載之申請專利範圍為準，於解釋申請專利範圍時，並得審酌發明說明及圖式。

不過，發明專利權之行使有法定之限制，依專利法第 57 條規定，發明專利權效力不及於下列各款情事（新型第 108 條準用之，

新式樣第 125 條亦有相類似之規定）：(1)為研究、教學或試驗實施其發明，而無營利行為者。(2)申請前已在國內使用或已完成必須之準備者。但在申請前六個月內，於專利申請人處得知其製造方法，並經專利申請人聲明保留其專利權者，不在此限。(3)申請前已存在國內之物品。(4)僅由國境經過之交通工具或其裝置。(5)非專利申請權人所得專利權，因專利權人舉發而撤銷時，其被授權人在舉發前以善意在國內使用或已完成必須之準備者。(6)專利權人所製造或經其同意製造之專利物品販賣後，使用或再販賣該物品者。上述製造、販賣不以國內為限。此外，依專利法第 58 條規定，混合二種以上醫藥品而製造之醫藥品或方法，其專利權效力不及於醫師之處方或依處方調劑之醫藥品。具體個案上是否為專利權效力所不及應由法院認定之。

需注意，主張專利權被侵害有期限限制，因專利權受侵害所生之請求權，自請求權人知有行為及賠償義務人時起二年間不行使而消滅；自行為時起，逾十年者亦同。

九、專利規費與代理

（一）專利規費

申請一件專利，一般要繳納申請規費、經核准之專利尚須繳納證書費及專利年費。其中，專利年費是專利權人為了維護自己的專利權有效存在，應每年按時繳納規費。專利年費的繳納年度，自公告之日起算，第一年年費，應依據專利法第 51 條第 1 項之規定繳納。至於第二年以後年費，依同法第 81 條第 1 項（第 108 條及第 129 條準用）所稱「應於屆期前繳納之」的「屆期前」，係指當年期開始前，例如：取得專利權之公告日為 92 年 1 月 1 日，其專利權第二年

為自 93 年 1 月 1 日開始，則第二年年費，應於 92 年 12 月 31 日以前繳納，餘類推。不過，如果專利權人為自然人、學校或中小企業者，均可以書面方式向本局申請減免專利年費，如有必要，本局得通知專利權人檢附相關證明文件俾供查核。需注意，專利權之共有人全部都要符合個人、學校或中小企業之資格，才有專利年費減免之適用。

可以減免年費的中小企業，係指符合智財局「中小企業認定標準」所定之事業，依中小企業認定標準第 2 條第 1 項第 1 款或第 2 款，製造業、營造業、礦業及土石採取業實收資本額在新臺幣 8,000 萬元以下者。農林漁牧業、水電燃氣業、批發及零售業、住宿及餐飲業、運輸倉儲及通信業、金融及保險業、不動產及租賃業、專業科學及技術服務業、教育服務業、醫療保健及社會福利服務業、文化運動及休閒服務業、其他服務業前一年營業額在新臺幣 1 億元以下者。此外，經教育部承認之國外學校也可以減免專利年費之繳納，但必要時，智財局仍得依專利年費減免辦法第 3 條第 3 項規定，請專利權人檢附相關證明文件。

專利權人預繳年費時不具年費減免資格，嗣後符合減免資格者，可以申請退還多繳的年費，專利權人可於取得年費減免資格之次年起就尚未到期（六年內）之專利年費申請減免，並退還其差額。另方面，倘符合年費減免條件，其逾期之加倍補繳年費部分，可以申請減免，其年費係依減免後的金額加倍繳納。例如：第二年年費應繳 2,500 元，依據專利年費減免之規定，可減免 800 元，僅須繳納 1,700 元。若逾年費應繳期限繳納者，無減免時應加倍繳納為 5,000 元；若符合減免條件，則可依減免後之年費金額 1,700 元加倍繳納，計 3,400 元。

　　智財局以繳納當時之資格認定減免條件。依專利年費減免辦法第 6 條第 2 項規定，繳納年費後喪失減免資格者，應補繳其年費差額，如已預繳者，從次一年度補繳其差額；如為屆期繳納者，其年費依繳費當時規定之數額繳納之。至於繳費後才喪失減免資格者，從次一年起補繳其差額。如須補繳年費差額者，本局會先通知限期補繳，屆期仍不補繳，會以預繳之年費扣抵之；如扣抵後仍有不足時，會先通知限期繳納，逾期未繳者，其專利權消滅。

　　如果超過繳納年費的期間尚未繳費，按第一年年費與證書費應於核准審定書或處分書送達之次日起三個月內繳納；屆期未繳費者，專利權自始不存在。至於第二年以後之年費，未於應繳納專利年費之期間內繳費者，得於期滿後六個月內補繳之。但其年費應按規定之年費加倍繳納。若仍未於補繳期限屆滿前繳納者，專利權自原繳費期限屆滿之次日消滅。

　　智財局並無通知專利權人繳納年費之義務。惟為避免專利權人因忘記繳交年費致使專利權消滅，智財局於專利年費應繳期限前二個月印送「專利年費繳納通知單」通知專利權人繳費，倘專利權人逾限仍未繳交者，於其六個月加倍補繳期限屆滿前二至三個月再寄送「專利年費加倍補繳通知單」通知專利權人及其代理人。智財局自 94 年 7 月 1 日起，實施以 e-mail 方式傳遞通知繳納專利年費。

　　繳納專利費用的方式有三種，其說明如下：(1)親臨智財局或各服務處臨櫃繳費(2)通信方式辦理：可以現金、即期支票、郵政匯票、郵政劃撥(3)約定帳號自動扣繳；一般發明專利申請案未附英文說明書，其檢附之中文說明書首頁及摘要同時附有英文翻譯者，發明專利申請費減收 800 元。至於新型、新式樣專利申請案則無類似減免的規定。專利申請人於繳費後或繳費後於申請延緩公告中，申請撤回領證，如果智財局尚未完成公報刊載準備作業，可以撤回領證之

申請並退還證書費及專利年費。但如已完成公報刊載準備作業,則無法撤回領證申請及退費。此外,依專利規費收費準則第 7 條第 3 項規定,專利權有拋棄或被撤銷之情事者,已預繳之專利年費,得申請退還。

(二)專利代理

依專利法第 11 條第 1 項「申請人申請專利及辦理有關專利事項,得委任代理人辦理」規定,國內申請人可自由選擇是否委任代理人辦理。至於外國申請人,依同條第 2 項「在中華民國境內,無住所或營業所者,申請專利及辦理專利有關事項,應委任代理人辦理之」。這裡的專利代理人,係指依據專利代理人管理規則向智財局申請登記並取得專利代理人證書者,與代收人不同,代收人是僅有權就該申請案代為收受文件者。故代收人與專利代理人之資格、權限相差甚遠。

專利代理人之資格條件,需參照智財局「專利代理人管理規則」規定辦理。申請專利代理人須具備申請書一份、規費 2,500 元(可以現金、即期支票或匯票繳納)、資格證件影本一份、身分證正反面影本一份、最近半年內正面兩吋脫帽半身照片二張等,親送智財局或郵寄辦理登記。依專利代理人管理規則第 8 條及第 13 條規定,因為專利代理人的疏失造成申請人權益的損失,專利代理人應負賠償責任,又專利專責機關得視其違規情節,為警告、申誡、停止執行業務二年以下或廢止專利代理人證書之處分。

貳、大陸專利法保護制度重點解析

一、大陸專利實施的現狀

不同於台灣的專利法已經除罪化，將刑事規定部分刪除，觸犯中國大陸的專利法，仍有刑事上的問題，從中國《刑法》第 216 條的角度分析，侵犯專利權犯罪是指在專利權的獲取、使用、轉讓或許可使用過程中，通過故意捏造虛假事實或隱瞞真實情況以及採取其他不誠實信用的方式，故意侵犯他人的專利權，情節嚴重，依照《刑法》的規定應受刑罰處罰的行為。這一概念是基於《刑法》的規定而定義的，是追究侵犯專利犯罪人刑事責任的依據，屬於狹義的專利權犯罪概念。但從廣義的概念切入，關於中國侵犯專利權犯罪應泛指侵犯他人專利權，危害社會，應受處罰的違法犯罪行為。

中國專利分為發明、實用新型和外觀設計三種，非常近似台灣專利法的發明、新式與新式樣，近年中國涉及發明、實用新型和外觀設計專利權的侵權、仿冒和冒充行為日趨嚴重。根據中國國家知識產權局 2004 年底公布的數據，中國各地專利管理部門共受理專利侵權、專利糾紛案件 12,058 件，結案 10,411 件，結案率達 86.3%。其中，2004 年受理專利糾紛 1,455 件，結案 1,215 件，查處冒充專利案件 3,965 件，查處假冒他人專利案件 358 件[3]。

其次，就犯罪行為發生階段來看，發生在專利授與後的侵權行為仍占多數，但在專利授與之前以種種方式侵犯權利人專利申請權

---

[3] 詳見中國國務院 2005 年 4 月 21 日發布的《中國知識產權保護的新進展白皮書》，北京，人民網，http://politics.people.com.cn。

及其他相關權利的行為也為數不少。況且，本節中使用的專利權是從廣義上講的，它不僅指專利權人在專利授與後所享有的一系列上述權利，還包括與獲得這些權利有關的一些周邊權利[4]，之所以這樣定義，是因為發明創造人在專利申請階段享有的這一系列權利是專利授與後享有的各項專利權的前提，對專利權的全面保護非常重要[5]。

就犯罪行為發生的地域來看，跨地區作案的侵犯專利權犯罪日益增多，所涉區域十分廣泛。從中國沿海經濟發達地區到青海、雲南等內陸省分，侵犯專利權的犯罪行為都很普遍。但是，廣東等沿海經濟發達省分仍然是侵犯專利權犯罪發生的集中地區[6]。這種情況和中國政革開放從沿海到內地的發展模式有關[7]，但由於中國官方在這時期的思維是「經濟發展高過一切」，所以對這種侵犯專利權的行為並未遭到中國官方及時的制止[8]，中國整個社會對這種行為的違法性與危害性也認識不足。中國改革開放至今，沿海省分也一直是中國侵犯專利權犯罪發生的集中地區。

就侵犯專利權犯罪的動機和目的來看，貪利仍然是導致專利權犯罪的主要原因。因不瞭解中國相關的法律法規而侵犯專利權的犯罪人可以說比較少。對於非法製造他人專利產品或假冒他人專利等

---

[4] 例如發明創造者申請專利的權利、在申請專利權的過程中對發明創造的內容要求保密的權利、在專利申請公布後專利授與前的臨時經濟權利等。

[5] 雖然目前中國侵犯發明創造人在專利申請階段享有的專利權的行為所占比例還不大，但仍應從立法上及時對這類行為加以規治。

[6] 載自更，為何廣東專利官司多，北京，光明日報 1996 年 9 月 14 日第 4 版。

[7] 改革開放初期，廣東等沿海省分是經濟發展的前沿陣地，是經濟體制從原有的計劃經濟轉向市場經濟的試點。雖然在試點中，經濟體制轉變過來了，但人們對知識產權的權利意識和保護意識卻沒有隨之轉變。在經濟起飛階段，為追求速度和效益，許多行業，特別是家用電器等輕工類產品往往靠模仿或照搬同類產品起家，在這些產品中，很大一部分是享有專利權的。

[8] 中國直到 1985 年 2 月 16 日，最高人民法院在《關於開展專利審判工作的幾個問題的通知》中才明確規定，對假冒他人專利，洩漏國家祕密和怠忽職守、濫用職權、徇私舞弊行為依照《中華人民共和國刑法》的有關規定專就刑事責任。

行為，犯罪人基本上都是基於故意而為，根據對北京市第一中級人民法院 1998 年至 2000 年審結的案件調查結果顯示，在侵犯專利權的犯罪人中，故意犯罪的占 87.8%，其中處於貪圖非法利益目的的占 64%。具有絕對數量上的優勢。這表明，貪利仍然是導致侵犯專利權犯罪的主要原因[9]。

就其侵害的對象來看，已實施且效益好的專利項目，易成為侵犯專利權犯罪的目標。顯然，仿冒已經是中國最嚴重的侵害專利權犯罪[10]，據上海市專利局發出的一份調查問卷所反饋的資料顯示，103 項已實施且效益好的專利項目中，有 51 項被侵權，占 44.72%，在其他四百多項抽樣調查項目中，侵權為 53 項，僅占 11%[11]。事實上，為開發一項新技術，企業往往投入大量資金和人力，並在開發研製成功投入生產後，還將度過一段艱難的創業期，而在該專利技術給企業帶來的效益初步顯示，銷售前景開始好轉，企業有望收回投資進行擴大再生產時，大量的假冒專利產品出現，「削弱甚至破壞」（erodes or destroys）企業正常的財務規劃（ordinary financial forecast），限制該企業面向全球市場進一步發展的潛力[12]。

就其影響的範圍來看，侵權專利權犯罪系列案件和當事人互相起訴對方的案件增多[13]，涉外因素日益增多，例如，在北京市第一中

---

[9] 趙國玲主編，*知識產權犯罪調查與研究*，北京：中國檢察出版社，2002 年 11 月第一版，頁 137。

[10] 中國侵犯專利權的犯罪人，往往喜歡「走快捷方式」、獲大利，選擇效益好的已實施專利作為對象，實施各種侵權行為，在這種情況下，仿冒的專利侵權就成為最常見的犯罪樣態。

[11] 夏榮：「專利侵權觸目驚心」，中國檢察日報，1996 年 9 月 12 日，三版。

[12] Melvin Simensky Lanning G. Brver Neil J. Wilkof:"Intellectual Property in the Global Marketplace", Vol.1.p.5.2, John Wiley & Sons, Inc., 1999, 2nd ed.

[13] 天董平，「1998 年全國知識產權審判工作情況綜述」，*中國最高人民法院知識產權庭編著《知識產權審判指導與參考》（第 1 卷）*，北京：法律出版社，2000 年 12 月，第一版，頁 59-62。

級人民法院 1998 到 2000 年審理的案件中，當事人一方為外國或港澳台企業或個人的占 3.7%，這些侵權行為不僅在中國境內造成較大影響，也影響到中國專利權保護的國際聲響。

而相同原告針對不同被告分別提起相同的訴訟案件增多，形成系列案件[14]，如福建高院受理的「電蠅拍」系列專利侵權糾紛案件，北京、天津、內蒙古等地法院受理的「高鈣素」專利侵權糾紛系列案件。這些案件既有在同一法院起訴，也有在兩地法院起訴，既有案由相同，也有案由不同，往往涉及地域管轄和案由的確定，容易引起法院間管轄爭議，造成更大的社會影響。

最後，就對其進行法律制裁的角度來看，侵犯專利權犯罪的認定難度較大。因為專利權屬於知識產權的一種，和其他知識產權一樣，專利權的客體具有無形性的特徵。這種無形性決定了侵犯專利權的行為在表現形式上也很特殊，一項專利可以被轉讓或許可使用給兩個以上的其他人，並且這種多個主體的使用在一定條件下也不會使該項專利自身遭受損耗或滅失，這種特性俗稱「流而不失」，它使專利權犯罪具有了很強的隱蔽性，不易被人覺察。另外，由於專利權具有很強的技術性，這給侵犯專利權犯罪的查處以及訴訟中的舉證，都造成了困難[15]。

---

[14] 系列案件的審理關聯性強，一些案件還涉及不同法院，在處理上需要作一定的協調工作，以保證執法的統一性；除係列案件之外，原被告相互指控對方侵權的案件也在增多。

[15] 中國有些專利權犯罪與貪污賄賂、讀取以及其他刑事犯罪交織，使情況更加復雜。如何從理論上更加準確地把握專利權犯罪的本質特徵，如何在司法實踐中更加公正、迅速地定罪量刑，成了中國法學界的挑戰。

二、中國現行專利法介紹

中國大陸現行的專利法，是緣於在 2000 年 8 月 25 日，為因應加入 WTO 的要求，中國第九屆全國人大常委會第十七次會議又審議通過第二次修改《專利法》的決定，修改後的《專利法》於 2001 年 7 月 1 日起施行。

第二次修改主要體現在如下方面：

（一）賦與中國境內企業平等的法律地位

此次修改前，就職務發明創造專利申請權利專利權的歸屬，《專利法》針對所有權性質不同的企業做了不同規定[16]，這種立法存在極大弊端：首先，不管企業的所有權性質如何，取得的專利申請權和專利權的內容都應是一樣的，因此，這種以企業所有權性質為標準的劃分在法律上相當不科學。同時，也違反法律平等原則。其次，這種劃分並不周延。將企業劃分為全民所有制單位、集體所有制單位、外資企業和中外合資經營企業並不能涵蓋所有的中國企業。最後，全民所有制單位只能「持有」而不能「所有」專利權。這種規定仍然體現計劃經濟時代的特徵，與現代市場經濟的要求不符。現代企業制度要求將投資者對其投資享有的權利與企業對投資者投資形成的法人財產權享有的權利區分開來。鑑於以上弊端，第二次修改後的《專利法》規定，只要是職務發明創造，申請權即歸單位所

---

[16] 1992 年修改的《專利法》規定：對於全民所有制單位申請專利的，申請被批准後，專利權歸單位持有；集體所有制單位申請專利的，申請被批准後，專利權歸單位所有；在中國境內的外資企業和中外合資經營企業申請專利的，申請被批准後，專利權歸該企業所有。

有，申請被批准後，單位可取得專利權，而未再按所有權性質進行
劃分，從而使得中國國內企業處於平等的地位。

（二）強化專利權的保護

首先，增加許諾銷售權，即以做廣告、在商店櫥窗裡陳列或者
在展銷會上展出等方式做出銷售商品的意思表示的權利。增加此項
權利是為了與 WTO 相關的知識產權協議的規定相一致。

其次，明確損害賠償額的確定方法。第二次修改後的《專利法》
規定，侵犯專利權的賠償數額，按照權利人因被侵權所受到的損失
或者侵權人因侵權所獲得的利益確定；被侵權人的損失或者侵權人
獲得的利益難以確定的，參照該專利許可使用費的倍數合理確定。

最後，加強對專利權人的保護。第二次修改後的《專利法》規
定，專利權人或者利害關係人有證據證明他人正在實施或者即將實
施侵犯其專利權的行為，如不及時制止將會使其合法權益受到難以
彌補的損害的，可以在起訴前向人民法院申請採取責令停止有關行
為和財產保全的措施。

（三）取消撤銷程序

1992 年第一次修訂時，中國為簡化專利審查程序和靠攏國際標
準，立法者廢除異議程序，而增加撤銷程序。經此修訂的《專利法》，
雖然基本上完成立法目的，但同時卻帶來了新的問題：第一，專利
權無效宣告程序完全可以取代專利權撤銷程序[17]，《專利法》卻將兩
者並列，導致程序重疊。第二，為了專利局與專利複審委員會就同

---

[17] 因為從申請時間看，專利權撤銷程序和專利權無效宣告程序都在專利權授與
之後；從申請理由看，申請專利權撤銷的理由只是申請專利權無效宣告的理
由中的一部分。

一專利分別進行撤銷請求和無效宣告請求,《專利法實施細》則規定,在已提出的專利權撤銷請求尚未做出有效決定之前,專利複審委員會不受理就同一專利提出的無效宣告請求。這種時間上的限制使得侵權訴訟中的被告可能無法在答辯期內提出無效宣告請求。而被告在答辯期後提出無效宣告請求的,中國人民法院可以不中止侵權訴訟。基於上述問題的存在,第二次修改《專利法》時,立法者取消了撤銷程序,同時對無效宣告程序作了修改。作此修改後,任何人在專利局公告授權後即可啟動專利權無效宣告程序。

(四)加速對專利權無效宣告請求的審理

中國當時對宣告專利權無效的請求,在審理中做出決定的時間偏長,不利於及時解決專利糾紛和保護有關當事人的合法權益,此次修改時,規定專利複審委員會對宣告專利權無效的請求應當及時審查和做出決定。

(五)改變對實用新型和外觀設計專利的終審規定

修改後的《專利法》規定[18],對於專利複審委員會做出的行政終局決定,當事人不服的,可向人民法院起訴。

---

[18] 第二次修改前的《專利法》規定,專利複審委員會對實用新型和外觀設計專利申請做出的複審決定以及對實用新型和外觀設計專利權做出的無效宣告決定為終局決定。這種規定與《知識產權協議》的相關規定不符,對當事人而言,亦不公平。因此,此次修訂對該規定作了修改。

（六）加強對強制許可制度和國家計劃許可制度的限制，這兩種制度的設立，本是為了限制專利權人濫用

專利權，以保護社會公眾的利益。但如不對這兩種制度進行嚴格限制的話，專利權人的利益必將受到一定損害。此次修訂時，為更保護專利權人的利益，加強了對這兩種制度的限制。

修改後的中國專利法共分為八章，六十九條，介紹如下：

第一章　總則

第一章總則明確規定，為了保護發明創造專利權，鼓勵發明創造，有利於發明創造的推廣應用，促進科學技術進步和創新，適應社會主義現代化建設的需要，特制定本法，並定義中國專利法所稱的發明創造是指發明、實用新型和外觀設計，並由國務院專利行政部門負責管理全國的專利工作；統一受理和審查專利申請，依法授與專利權。省、自治區、直轄市人民政府管理專利工作的部門負責本行政區域內的專利管理工作。申請專利的發明創造涉及國家安全或者重大利益需要保密的，按照國家有關規定辦理。對違反國家法律、社會公德或者妨害公共利益的發明創造，不授與專利權。

同時，對於執行本單位的任務或者主要是利用本單位的物質技術條件所完成的發明創造為職務發明創造。職務發明創造申請專利的權利屬於該單位；申請被批准後，該單位為專利權人。非職務發明創造，申請專利的權利屬於發明人或者設計人；申請被批准後，該發明人或者設計人為專利權人。利用本單位的物質技術條件所完成的發明創造，單位與發明人或者設計人訂有合同，對申請專利的權利和專利權的歸屬作出約定的，從其約定。對發明人或者設計人的非職務發明創造專利申請，任何單位或者個人不得壓制。

　　兩個以上單位或者個人合作完成的發明創造、一個單位或者個人接受其他單位或者個人委託所完成的發明創造，除另有協議的以外，申請專利的權利屬於完成或者共同完成的單位或者個人；申請被批准後，申請的單位或者個人為專利權人。兩個以上的申請人分別就同樣的發明創造申請專利的，專利權授與最先申請的人。

　　專利申請權和專利權可以轉讓。中國單位或者個人向外國人轉讓專利申請權或者專利權的，必須經國務院有關主管部門批准。轉讓專利申請權或者專利權的，當事人應當訂立書面合同，並向國務院專利行政部門登記，由國務院專利行政部門予以公告。專利申請權或者專利權的轉讓自登記之日起生效。

　　發明和實用新型專利權被授與後，除本法另有規定的以外，任何單位或者個人未經專利權人許可，都不得實施其專利，即不得為生產經營目的製造、使用、許諾銷售、銷售、進口其專利產品，或者使用其專利方法以及使用、許諾銷售、銷售、進口依照該專利方法直接獲得的產品。外觀設計專利權被授與後，任何單位或者個人未經專利權人許可，都不得實施其專利，即不得為生產經營目的製造、銷售、進口其外觀設計專利產品。

　　任何單位或者個人實施他人專利的，應當與專利權人訂立書面實施許可合同，向專利權人支付專利使用費。被許可人無權允許合同規定以外的任何單位或者個人實施該專利。發明專利申請公布後，申請人可以要求實施其發明的單位或者個人支付適當的費用。

　　中國國有企業事業單位的發明專利，對國家利益或者公共利益具有重大意義的，國務院有關主管部門和省、自治區、直轄市人民政府報經國務院批准，可以決定在批准的範圍內推廣應用，允許指定的單位實施，由實施單位按照國家規定向專利權人支付使用費。

中國集體所有制單位和個人的發明專利，對國家利益或者公共利益具有重大意義，需要推廣應用的，參照前款規定辦理。

專利權人有權在其專利產品或者該產品的包裝上標明專利標記和專利號。被授與專利權的單位應當對職務發明創造的發明人或者設計人給予獎勵；發明創造專利實施後，根據其推廣應用的範圍和取得的經濟效益，對發明人或者設計人給予合理的報酬。

發明人或者設計人有在專利檔中寫明自己是發明人或者設計人的權利。在中國沒有經常居所或者營業所的外國人、外國企業或者外國其他組織在中國申請專利的，依照其所屬國同中國簽訂的協定或者共同參加的國際條約，或者依照互惠原則，需根據專利法辦理。在中國沒有經常居所或者營業所的外國人、外國企業或者外國其他組織在中國申請專利和辦理其他專利事務的，應當委託國務院專利行政部門指定的專利代理機構辦理。中國單位或者個人在國內申請專利和辦理其他專利事務的，可以委託專利代理機構辦理。專利代理機構應當遵守法律、行政法規，按照被代理人的委託辦理專利申請或者其他專利事務；對被代理人發明創造的內容，除專利申請已經公布或者公告的以外，負有保密責任。專利代理機構的具體管理辦法由國務院規定。

中國單位或者個人將其在國內完成的發明創造向外國申請專利的，應當先向國務院專利行政部門申請專利，委託其指定的專利代理機構辦理，並遵守專利法第四條的規定。中國單位或者個人可以根據中華人民共和國參加的有關國際條約提出專利國際申請。申請人提出專利國際申請的，應當遵守前款規定。中國國務院專利行政部門依照中華人民共和國參加的有關國際條約、本法和國務院有關規定處理專利國際申請。國務院專利行政部門及其專利複審委員會應當按照客觀、公正、準確、及時的要求，依法處理有關專利的申

請和請求。在專利申請公布或者公告前，國務院專利行政部門的工作人員及有關人員對其內容負有保密責任。

第二章　授與專利權的條件

中國專利法規定，授與專利權的發明和實用新型，應當具備新穎性、創造性和實用性。新穎性，是指在申請日以前沒有同樣的發明或者實用新型在國內外出版物上公開發表過、在國內公開使用過或者以其他方式為公眾所知，也沒有同樣的發明或者實用新型由他人向國務院專利行政部門提出過申請並且記載在申請日以後公布的專利申請文件中。

創造性，是指同申請日以前已有的技術相比，該發明有凸出的實質性特點和顯著的進步，該實用新型有實質性特點和進步。實用性，是指該發明或者實用新型能夠製造或者使用，並且能夠產生積極效果。

授與專利權的外觀設計，應當同申請日以前在國內外出版物上公開發表過或者國內公開使用過的外觀設計不相同和不相近似，並不得與他人在先取得的合法權利相衝突。申請專利的發明創造在申請日以前六個月內，有下列情形之一的，不喪失新穎性：

（一）在中國政府主辦或者承認的國際展覽會上首次展出的；

（二）在規定的學術會議或者技術會議上首次發表的；

（三）他人未經申請人同意而洩漏其內容的。

同時對下列各項，不授與專利權：（一）科學發現；（二）智力活動的規則和方法；（三）疾病的診斷和治療方法；（四）動物和植物品種；（五）用原子核變換方法獲得的物質。但對前款第（四）項所列產品的生產方法，可以依照專利法規定授與專利權。

第三章　專利的申請

申請發明或者實用新型專利的，應當提交請求書、說明書及其摘要和權利要求書等檔。請求書應當寫明發明或者實用新型的名稱，發明人或者設計人的姓名，申請人姓名或者名稱、地址，以及其他事項。說明書應當對發明或者實用新型作出清楚、完整的說明，以所屬技術領域的技術人員能夠實現為準；必要的時候，應當有附圖。摘要應當簡要說明發明或者實用新型的技術要點。權利要求書應當以說明書為依據，說明要求專利保護的範圍。

申請外觀設計專利的，應當提交請求書以及該外觀設計的圖片或者照片等檔，並且應當寫明使用該外觀設計的產品及其所屬的類別。中國國務院專利行政部門收到專利申請檔之日為申請日，如果申請文件是郵寄的，以寄出的郵戳日為申請日。

申請人自發明或者實用新型在外國第一次提出專利申請之日起十二個月內，或者自外觀設計在外國第一次提出專利申請之日起六個月內，又在中國就相同主題提出專利申請的，依照該外國同中國簽訂的協定或者共同參加的國際條約，或者依照相互承認優先權的原則，可以享有優先權。申請人自發明或者實用新型在中國第一次提出專利申請之日起十二個月內，又向國務院專利行政部門就相同主題提出專利申請的，可以享有優先權。

申請人要求優先權的，應當在申請的時候提出書面聲明，並且在三個月內提交第一次提出的專利申請文件的副本；未提出書面聲明或者逾期未提交專利申請檔副本的，視為未要求優先權。一件發明或者實用新型專利申請應當限於一項發明或者實用新型。屬於一個總的發明構思的兩項以上的發明或者實用新型，可以作為一件申請提出。一件外觀設計專利申請應當限於一種產品所使用的一項外

觀設計。用於同一類別並且成套出售或者使用的產品的兩項以上的外觀設計，可以作為一件申請提出。申請人可以在被授與專利權之前隨時撤回其專利申請。

申請人也可以對其專利申請檔進行修改，但是，對發明和實用新型專利申請檔的修改不得超出原說明書和權利要求書記載的範圍，對外觀設計專利申請檔的修改不得超出原圖片或者照片表示的範圍。

第四章　專利申請的審查和批准

中國國務院專利行政部門收到發明專利申請後，經初步審查認為符合專利法要求的，自申請日起滿十八個月，即行公布。國務院專利行政部門可以根據申請人的請求早日公布其申請。發明專利申請自申請日起三年內，國務院專利行政部門可以根據申請人隨時提出的請求，對其申請進行實質審查；申請人無正當理由逾期不請求實質審查的，該申請即被視為撤回。國務院專利行政部門認為必要的時候，可以自行對發明專利申請進行實質審查。

發明專利的申請人請求實質審查的時候，應當提交在申請日前與其發明有關的參考資料。發明專利已經在外國提出過申請的，國務院專利行政部門可以要求申請人在指定期限內提交該國為審查其申請進行檢索的資料或者審查結果的資料；無正當理由逾期不提交的，該申請即被視為撤回。中國國務院專利行政部門對發明專利申請進行實質審查後，認為不符合本法規定的，應當通知申請人，要求其在指定的期限內陳述意見，或者對其申請進行修改；無正當理由逾期不答復的，該申請即被視為撤回。發明專利申請經申請人陳述意見或者進行修改後，國務院專利行政部門仍然認為不符合本法規定的，應當予以駁回。發明專利申請經實質審查沒有發現駁回理

由的，由國務院專利行政部門作出授與發明專利權的決定，發給發明專利證書，同時予以登記和公告。發明專利權自公告之日起生效。

實用新型和外觀設計專利申請經初步審查沒有發現駁回理由的，由國務院專利行政部門作出授與實用新型專利權或者外觀設計專利權的決定，發給相應的專利證書，同時予以登記和公告。實用新型專利權和外觀設計專利權自公告之日起生效。中國國務院專利行政部門設立專利複審委員會。專利申請人對國務院專利行政部門駁回申請的決定不服的，可以自收到通知之日起三個月內，向專利複審委員會請求複審。專利複審委員會複審後，作出決定，並通知專利申請人。專利申請人對專利複審委員會的復審決定不服的，可以自收到通知之日起三個月內向人民法院起訴。

第五章　專利權的期限、終止和無效

發明專利權的期限為二十年，實用新型專利權和外觀設計專利權的期限為十年，均自申請日起計算。專利權人應當自被授與專利權的當年開始繳納年費。有下列情形之一的，專利權在期限屆滿前終止：（一）沒有按照規定繳納年費的；（二）專利權人以書面聲明放棄其專利權的。專利權在期限屆滿前終止的，由國務院專利行政部門登記和公告。

自中國國務院專利行政部門公告授與專利權之日起，任何單位或者個人認為該專利權的授與不符合本法有關規定的，可以請求專利複審委員會宣告該專利權無效。專利複審委員會對宣告專利權無效的請求應當及時審查和作出決定，並通知請求人和專利權人。宣告專利權無效的決定，由國務院專利行政部門登記和公告。對專利複審委員會宣告專利權無效或者維持專利權的決定不服的，可以自

收到通知之日起三個月內向人民法院起訴。人民法院應當通知無效宣告請求程式的對方當事人作為第三人參加訴訟。

需注意，宣告無效的專利權視為自始即不存在。宣告專利權無效的決定，對在宣告專利權無效前人民法院作出並已執行的專利侵權的判決、裁定，已經履行或者強制執行的專利侵權糾紛處理決定，以及已經履行的專利實施許可合同和專利權轉讓合同，不具有追溯力。但是因專利權人的惡意給他人造成的損失，應當給予賠償。如果依照前款規定，專利權人或者專利權轉讓人不向被許可實施專利人或者專利權受讓人返還專利使用費或者專利權轉讓費，明顯違反公平原則，專利權人或者專利權轉讓人應當向被許可實施專利人或者專利權受讓人返還全部或者部分專利使用費或者專利權轉讓費。

第六章　專利實施的強制許可

具備實施條件的單位以合理的條件請求發明或者實用新型專利權人許可實施其專利，而未能在合理長的時間內獲得這種許可時，國務院專利行政部門根據該單位的申請，可以給予實施該發明專利或者實用新型專利的強制許可。中國專利法規定，在國家出現緊急狀態或者非常情況時，或者為了公共利益的目的，國務院專利行政部門可以給予實施發明專利或者實用新型專利的強制許可。

一項取得專利權的發明或者實用新型比前已經取得專利權的發明或者實用新型具有顯著經濟意義的重大技術進步，其實施又有賴於前一發明或者實用新型的實施的，中國國務院專利行政部門根據後一專利權人的申請，可以給予實施前一發明或者實用新型的強制許可。在依照前款規定給予實施強制許可的情形下，國務院專利行政部門根據前一專利權人的申請，也可以給予實施後一發明或者實用新型的強制許可。

依照中國專利法規定申請實施強制許可的單位或者個人，應當提出未能以合理條件與專利權人簽訂實施許可合同的證明。中國國務院專利行政部門作出的給予實施強制許可的決定，應當及時通知專利權人，並予以登記和公告。給予實施強制許可的決定，應當根據強制許可的理由規定實施的範圍和時間。強制許可的理由消除並不再發生時，國務院專利行政部門應當根據專利權人的請求，經審查後作出終止實施強制許可的決定。取得實施強制許可的單位或者個人不享有獨占的實施權，並且無權允許他人實施。

取得實施強制許可的單位或者個人應當付給專利權人合理的使用費，其數額由雙方協商；雙方不能達成協定的，由諸國國務院專利行政部門裁決。專利權人對國務院專利行政部門關於實施強制許可的決定不服的，專利權人和取得實施強制許可的單位或者個人對國務院專利行政部門關於實施強制許可的使用費的裁決不服的，可以自收到通知之日起三個月內向人民法院起訴。

第七章　專利權的保護

發明或者實用新型專利權的保護範圍以其權利要求的內容為準，說明書及附圖可以用於解釋權利要求。外觀設計專利權的保護範圍以表示在圖片或者照片中的該外觀設計專利產品為準。

未經專利權人許可，實施其專利，即侵犯其專利權，引起糾紛的，由當事人協商解決；不願協商或者協商不成的，專利權人或者利害關係人可以向人民法院起訴，也可以請求管理專利工作的部門處理。管理專利工作的部門處理時，認定侵權行為成立的，可以責令侵權人立即停止侵權行為，當事人不服的，可以自收到處理通知之日起十五日內依照《中華人民共和國行政訴訟法》向人民法院起訴；侵權人期滿不起訴又不停止侵權行為的，管理專利工作的部門

可以申請人民法院強制執行。進行處理的管理專利工作的部門應當事人的請求，可以就侵犯專利權的賠償數額進行調解；調解不成的，當事人可以依照《中華人民共和國民事訴訟法》向人民法院起訴。專利侵權糾紛涉及新產品製造方法的發明專利的，製造同樣產品的單位或者個人應當提供其產品製造方法不同於專利方法的證明；涉及實用新型專利的，人民法院或者管理專利工作的部門可以要求專利權人出具由國務院專利行政部門作出的檢索報告。

假冒他人專利的，除依法承擔民事責任外，由管理專利工作的部門責令改正並予公告，沒收違法所得，可以並處違法所得三倍以下的罰款，沒有違法所得的，可以處五萬元以下的罰款；構成犯罪的，依法追究刑事責任。以非專利產品冒充專利產品、以非專利方法冒充專利方法的，由管理專利工作的部門責令改正並予公告，可以處五萬元以下的罰款。侵犯專利權的賠償數額，按照權利人因被侵權所受到的損失或者侵權人因侵權所獲得的利益確定；被侵權人的損失或者侵權人獲得的利益難以確定的，參照該專利許可使用費的倍數合理確定。

中國專利權人或者利害關係人有證據證明他人正在實施或者即將實施侵犯其專利權的行為，如不及時制止將會使其合法權益受到難以彌補的損害的，可以在起訴前向人民法院申請採取責令停止有關行為和財產保全的措施。人民法院處理前款申請，適用《中華人民共和國民事訴訟法》第九十三條至第九十六條和第九十九條的規定。

一般侵犯專利權的訴訟時效為二年，自專利權人或者利害關係人得知或者應當得知侵權行為之日起計算。發明專利申請公布後至專利權授與前使用該發明未支付適當使用費的，專利權人要求支付使用費的訴訟時效為二年，自專利權人得知或者應當得知他人使用

其發明之日起計算，但是，專利權人於專利權授與之日前即已得知或者應當得知的，自專利權授與之日起計算。

有下列情形之一的，不視為侵犯專利權：（一）專利權人製造、進口或者經專利權人許可而製造、進口的專利產品或者依照專利方法直接獲得的產品售出後，使用、許諾銷售或者銷售該產品的；（二）在專利申請日前已經製造相同產品、使用相同方法或者已經作好製造、使用的必要準備，並且僅在原有範圍內繼續製造、使用的；（三）臨時通過中國領陸、領水、領空的外國運輸工具，依照其所屬國同中國簽訂的協定或者共同參加的國際條約，或者依照互惠原則，為運輸工具自身需要而在其裝置和設備中使用有關專利的；（四）專為科學研究和實驗而使用有關專利的。

為生產經營目的使用或者銷售不知道是未經專利權人許可而製造並售出的專利產品或者依照專利方法直接獲得的產品，能證明其產品合法來源的，不承擔賠償責任。

此外，違反中國專利法第二十條規定向外國申請專利，洩漏國家祕密的，由所在單位或者上級主管機關給予行政處分；構成犯罪的，依法追究刑事責任。侵奪發明人或者設計人的非職務發明創造專利申請權和本法規定的其他權益的，由所在單位或者上級主管機關給予行政處分。管理專利工作的部門不得參與向社會推薦專利產品等經營活動。管理專利工作的部門違反前款規定的，由其上級機關或者監察機關責令改正，消除影響，有違法收入的予以沒收；情節嚴重的，對直接負責的主管人員和其他直接責任人員依法給予行政處分。從事專利管理工作的國家機關工作人員以及其他有關國家機關工作人員怠忽職守、濫用職權、徇私舞弊，構成犯罪的，依法追究刑事責任；尚不構成犯罪的，依法給予行政處分。

第八章　附則

專利權人向中國國務院專利行政部門申請專利和辦理其他手續，應當按照規定繳納費用。

三、中國專利法與國際的差距

總共六十九條的中國專利法，與國際相關條約，如 TRIPs 協定相比，中國《專利法》雖然歷經 1894 年、1992 年及 2002 年受 TRIPs 協定影響立法修改增訂條文後，與 TRIPs 協定在個別方面還存在一定的差異問題，其中有一些問題是有實質性影響的；另有一些則是屬於非實質性影響的。以下即就其影響與差異問題逐一論述之。

行政決定的複審問題

為提供有效的法律保護，TRIPs 協定十分注重確保知識產權的權利所有人應當享有的權利在各種程序中得到充分的保障[19]。按照 TRIPs 協定的規定，所謂「程序」可以分成兩種類型的程序，一種是知識產權的執法（enforcement）程序，也就是行使知識產權的程序；另一種是知識產權的獲得與維持程序。TRIPs 協定不僅對這兩種不同的程序規定了不同的標準，而且對後一種程序中不同類型的知識產權也規定了不同的標準。

---

[19] TRIPs 協定規定，在出現糾紛的時候，不能以單個行政機關作出的行政決定作為終局決定，然而，需要特別注意的是，不能簡單地認為 TRIPs 協定規定，在所有的程序中都必須給當事人提供司法複審的機會。

279

關於知識產權執法程序

　　TRIPs 協定第三部分涉及知識產權的執法，其內容十分詳盡，這是 TRIPs 協定與過去所有的知識產權國際條約的重要區別點之一。該章分為「一般義務」、「民事和行政程式及救濟」、「臨時措施」、「有關邊境措施的特殊要求」四節。TRIPs 協定第 41 條規定約有關知識產權執法的一般性義務是：

　　第一，法律規定的執法程序應當能夠有效地制止侵犯知識產權的行為，同時又應當避免對合法貿易造成障礙，防止知識產權的濫用。

　　第二，執法程序應當公平和公正，程式不應過於複雜和費用過高，也不應規定不合理的期限或導致不必要的拖延。

　　第三，對案件的決定最好採用書面形式，並應說明理由。決定只應以證據為根據，並應為當事人提供就證據陳述意見的機會。

　　第四，程序的當事人應當有機會請求司法機關對終局的行政決定進行複審。

　　第五，不要求為知識產權執法而建立一種與一般法律執法不同的司法制度。

　　根據上述第四項義務，可以明確地得出結論，在知識產權的所有執法程序中，行政機關作出決定都不能是終局決定，必須為當事人提供獲得司法審判的機會。

　　因此，中國《專利法》第 57 條明確規定，當事人對專利管理機關有關侵犯專利權糾紛的處理決定不服的，可以在十五日內向人民法院起訴。《專利法》第 58 條規定，專利權人對專利局關於實施強

制許可的決定或者關於實施強制許可的使用費的裁決不服的，可以在三個月內向人民法院起訴[20]。

關於知識產權的獲得和維持程序

TRIPs 協定第 62 條第 4 款規定，關於知識產權的獲得和維持的程序以及締約方的國內法律有規定的行政撤銷和當事人之間的程序，例如異議、撤銷和無效，應當遵守該協定第 41 條第 2 款和第 3 款的規定。這就是說，應當符合上述一般性義務中第 2 項和第 3 項的規定。關於複審機關的問題，第 63 條第 5 款規定，在知識產權的獲得與維持以及有關當事人之間的程序中作出的終局行政決定應當受司法機關或者準司法機關的複審。顯然，這一規定與前面所述關於知識產權執法程序的規定有所不同，在知識產權的獲得與維持程序中，允許由準司法機關[21]對行政決定進行複審[22]。

中國 1992 年《專利法》在行政決定的複審方面，與 TRIPs 協定在於外觀設計的無效程序方面的差別已被取消，也就是說，專利複審委員會關於實用新型和外觀設計的複審、無效決定，允許當事人可再向法院起訴。中國這一修改並非僅僅為了與 TRIPs 協定一致，

---

[20] 除《專利法》第 57 條規定外，根據《行政訴訟法》的規定，對專利管理機關有關專利申請權或者專利權歸屬糾紛的處理決定，以及有關發明人或者設計人獎勵糾紛的處理決定不服的，也可以向人民法院起訴。

[21] 關於「準司法機關」的含意，TRIPs 協定本身沒有作出解釋。按照法律詞典的解釋，「準」（quasi）是指「相當於、類似於」的意思。協定第 62 條第 5 款的規定可以被理解為包括了兩層含意：第一，進行複審的機關應當是不同於作出終局行政決定的機關的另一個機構；第二，該機構可以是司法機關，也可以是類似於司法機關的機構。

[22] 值得注意的是，關於知識產權的維持程序，不同類型的知識產權之間又有所不同，TRIPs 協定第 32 條規定，對撤銷專利或者使專利喪失的任何決定，都應當提供司法複審的機會。這一規定表明 TRIPs 協定格外重視對專利權的保護，但中國《專利法》的特點之一是包括三種類型的專利權，即發明專利、實用新型專利和外觀設計專利，其相關程序，需注意與 TRIPs 協定仍有所不同。

而主要是從大陸專利工作的實際需要出發的。因為實用新型專利對於外國公司來說沒有什麼吸引力，但中國國內申請人對它卻情有獨鍾，申請量和授權量在中國實施《專利法》以來始終占據第一位；外觀設計專利的申請和授權數量近年來也有了突飛猛進的發展。因此，這兩種專利在中國專利制度中占有十分重要的地位。上述修改從程序上保障了不當的行政決定有獲得糾正的機會，這有利於確保當事人的正當權利不至於受到損害，無疑具有積極意義。

然而，應當指出的是，從審級角度確保當事人的權利，與及時處理專利糾紛案件，是提供有效法律保護的兩個重要方面，兩者都不能忽視。實用新型專利和外觀設計專利兩種專利之所以受到中國國內申請人的青睞，與其「短平快」[23]的特點有密切的關係。從中國科技開發和市場經濟的現狀來看，實用新型和外觀設計項目能夠佔據市場的時間都是很短的，而中國國內的申請人的專利意識還不夠強，往往要等到快要上市了，才提出專利申請。因此，專利審查和糾紛處理的快捷，對中國國內專利權人來說格外重要。在中國，審理有關實用新型和外觀設計專利侵權糾紛的法院在被告提出無效宣告請求時，一般採取中止審理，等候專利複審委員會審查結果的做法。目前，由於無效請求案件的積壓現象較為嚴重，其審查時間較長，因而影響了專利權人獲得有效的專利保護。

在中國修改《專利法》的準備過程中，縮短無效請求的審查時間，是公眾意見最為集中的焦點問題之一。加快處理的呼聲，比獲得司法復審機會的呼聲更為強烈。幾年來，中國國家知識產權局在壓力之下，採取措施消除積壓，縮短審查和處理的週期，已取得成

---

[23] 「短平快」是中國大陸社會的財經常用語，通常是指一個投資的項目，具有投資時間短、金額少、但投資報酬率回收卻很快。

效，但是距離真正解決問題尚有一定的差距。例如，中國《專利法》現已取消 1992 年《專利法》中關於專利複審委員會終局決定的規定，允許當事人向中級人民法院起訴，進而向高級人民法院上訴，這使整個審理時間至少要延長一年以上。因此，除非在改變終局決定的同時，採取有效措施確保整個過程的快捷性，否則伴隨而來的負面效應有可能將其積極因素抵消殆盡。

關於違反國家法律的發明創造問題

《巴黎公約》第 4 條之 4 規定：「不得以專利產品的銷售或者依照專利方法製造的產品的銷售受到本國法律的限制或者限定為理由，拒絕授與專利權或者宣告專利權無效」。

TRIPs 協定第 27 條之 2 規定：「為了保護公眾利益或者社會公德，包括保護人類、動物與植物的生命及健康，或者為了避免對環境的嚴重污染，各成員均可以排除某些發明的專利性，禁止這類發明在該成員地域內的商業性實施，其條件是這樣的排除並非僅僅因為該成員的國內法律禁止這類發明的實施。」

這兩個重要的國際條約作出上述規定，出發點在於擔心有些國家由於種種原因，例如意識形態、歷史文化傳統等等，或者僅僅從保護民族、國家利益的角度出發，排除一些發明創造獲得專利保護的可能性，從而影響外國申請人的利益[24]。

《專利法》第 5 條與上述規定之間的區別在於規定了「違反國家法律的發明創造不授與專利權。」

---

[24] 若將 TRIPs 協定的規定與《巴黎公約》的規定相比較，兩者之間的差別在於：巴黎公約規定不能僅僅因為專利產品的銷售違反國家法律而不授與專利權；而 TRIPs 協定規定不能僅僅因為發明的實施違反國家法律而不授與專利權。由此可以看出，TRIPs 協定對不授與專利權的範圍作了進一步的限制。

關於所謂「違反國家法律」的含意，依照中國法律辭典解釋[25]：

> 「國家法律，是指全國人民代表大會或者全國人民代表大會常務委員會依照立法程式制定和頒布的法律及其有關的基本原則。它不包括其他的行政法規和規章。」

一項發明創造本身的目的與國家法律相違背，則不能被授與專利權。例如，用於賭博的設備、機器或工具；吸毒的器具；偽造國家貨幣、票據、公文、證件、印章、文物的設備等都屬於違反國家法律的發明創造，不能被授與專利權。

如果發明創造本身的目的並沒有違反國家法律，但是由於被濫用而違反國家法律的則不屬此列。例如，以國防為目的的各種武器、以醫療為目的的各種毒藥、麻醉藥、鎮靜劑、興奮劑和以娛樂為目的的棋牌。

此外，如果中國國家法律禁止專利產品的銷售，或者禁止依專利方法製造的產品的銷售，那麼這種產品發明創造或者製造這種產品的方法的發明是不能依《專利法》第五條規定拒絕授與專利權。

上述解釋表明，《專利法》第5條所稱「違反國家法律」的含意，實應該受到如下兩點限制：

第一，所述「法律」僅僅包括中國全國人大或者人大常委會制定頒布的法律，不包括中國國務院制定的行政法規以及各地人大、各級人民政府制定的地方法規；

---

[25] 楊炳芝主編，中國合同制度時用辭典，北京：法律出版社，1993年6月，第一版，頁327。

第二,「違反法律」僅指發明創造本身的目的與中國國家法律相違背,禁止、限制、控制、約束某種產品的製造、銷售、使用的法律不在此列。

中國有關這項問題的案例,為中國專利複審委員會作出的第 248 號複審決定,該案涉及到一項名稱為「石油液化氣助燃器」的實用新型專利申請,專利局在審查過程中以該項實用新型違反國家城建總局 1982 年 3 月 17 日頒布的《液化石油氣安全管理暫行條例》的有關規定為理由之一,駁回該專利申請[26]。據此,中國專利局在 1996 年 12 月 9 日公布的第十一號審查指南修改公報擴大了專利法第 5 條所述的「妨害公共利益」的範圍,使之由原來的「是指發明創造以致人傷殘或損害財物為手段實現其目的,從而會給國家和社會造成危害或者使其正常秩序受到影響」修改為:

> 「妨害公共利益,是指發明創造的實施或使用會給公眾或社會造成危害,或者會使國家和社會的正常秩序受到影響。」

例如,發明創造以致人傷殘或損害財物為手段來實現其目的,如一種可使盜竊者雙眼失明或者會給使用不慎者造成雙眼失明的防盜裝置,不能被授與專利權。又例如,發明創造的實施或使用會嚴重污染環境、破壞生態平衡的,不能被授與專利權。或者,專利申

---

[26] 中國專利複審委員會第 248 號複審決定主要指出:「專利法第 5 條所稱的國家法律是指全國人民代表大會及其常務委員會通過並頒布施行的規範性法律檔,不包括其他機構頒布的行政法規和規章,不得僅僅以某項發明創造的實施違反了某一具體法規或規章為理由而拒絕授與專利權。也就是說,一方面,一項具體法規或規章對某項發明創造實施的限制或禁止不應影響該發明創造被授與專利權,另一方面,專利權的授與也不應影響該具體法規或規章的施行。」

請的文字或者圖案涉及國家重大政治事件、人民感情或者宗教信仰的，或者宣揚封建迷信的，不能被授與專利權。

但如僅因為對發明創造的濫用而有可能造成妨害，或者發明創造在產生積極效果的同時具有某種缺點的，例如對人體有某種副作用的藥品，則不能以「妨害公共利益」為理由拒絕授與專利權。

審查指南的上述修改擴大了《專利法》第 5 條中「妨礙公共利益」的適用範圍，不僅對過去需要以「違反國家法律」為理由予以駁回的一些發明創造，例如賭博器具、吸毒器具、偽造貨幣或票據的器具等等，均可依據「妨害公共利益」為理由予以駁回，而且對於過去比較難於找到恰當駁回依據的一些發明創造，例如算命工具、包括國旗的外觀設計等等，也提供了適合的駁回依據。

歸納起來，可以得出如下的結論：

第一，《專利法》第 5 條的確與 TRIPs 協定的規定存在差別。《專利法》第 5 條並行地規定了三種不授與專利權的情況，即違反國家法律、違反社會公德和妨害公共利益，其中後兩種是 TRIPs 協定允許各國予以排除的，因此準確地說差別在於何謂「違反國家法律」。

第二，何謂「違反國家法律」，屬於專利行政主管當局及法院「自由心證」的範圍。凡是需要以「違反國家法律」為理由予以駁回的專利申請，同樣都可以依據「違反社會公德」或者「妨害公共利益」為理由予以駁回。但為避免不利於一個自由市場的運作，2001 年中國修改專利法時未對第 5 條的規定作調整，造成與國際專利保護間的重要差距[27]。

---

[27] 徵諸實際，按照 TRIPs 協定的規定進行修改，不會給實際審查標準帶來什麼變化，更不會使中國國家的利益受到損害，但卻有利於從字面上消除差別，避免由此而產生無謂的麻煩，總體來說是利大於弊，但中國卻未修改，造成與國際專利保護間的差距遺憾。

關於專利權的效力

《專利法》第 11 條規定了專利權的效力，是《專利法》中十分重要的條款。依據其規定，任何人未經專利權人許可，不得實施其專利，即為生產經營目的，進行創造、銷售、使用、許諾銷售與進口行為。

TRIPs 協定在第 28 條規定：

> 「專利應賦與其所有人下列專有權：
> 如果專利的客體是產品，禁止第三方未經所有人同意而進行下列行為：製造、使用、許諾銷售、銷售，或者為這些目的而進口該產品；
> 如果專利的客體是方法，禁止第三方未經所有人同意而使用該方法的行為和下列行為：使用、許諾銷售、銷售，或者為這些目的而進口至少是依照該方法所直接獲得的產品。」

《專利法》第 11 條與 TRIPs 協定的差別在於：所禁止的行為中新加入「許諾銷售」行為。所謂「許諾銷售」（offering for sale）是指明確表明願意出售一種產品的行為，可以是面向個人的，也可以是面向公眾的；可以是口頭形式，也可以是書面形式；可以通過展示或者演示的方式，也可以採用電話、電傳、廣告或其他途徑。例如將專利產品陳列在商店中、列入拍賣清單或者為其做推銷廣告等行為，都明確表明了願意銷售該專利產品的願望，都屬於「許諾銷售」的範圍。

規定禁止未經許可而進行「許諾銷售」的行為，目的在於使專利權人能夠在商業交易的早期階段及時制止侵權行為，防止侵權產品的

傳播，從而減少損失，這一規定對於那些適於個人使用的產品，而且非法製造專利產品的製造者難以確認的專利權人來說尤其重要[28]。

因此，無論從加強對專利權的保護出發，還是從滿足 TRIPs 協定的要求；與各國普遍接受的原則相一致出發，中國 2000 年新修訂《專利法》第 11 條，增加有關「許諾銷售」的規定[29]。

關於強制許可的規定

《巴黎公約》第 5 條 A(2)規定：「本聯盟各國有權通過立法，規定強制許可的授與，以防止由於行使專利所賦與的專利權而可能產生的濫用，例如：不實施。」

根據《巴黎公約》上述規定，許多國家的專利法中都包含有關強制許可的規定，發達國家十分擔心發展中國家利用這樣的規定授與頒發強制許可，損害其公司企業的利益，因此在 TRIPs 協定第 31 條中對強制許可的頒發規定了種種限制條件。第 31 條是 TRIPs 協定中最長的條款，由(A)至(L)，共有十二款之多，極為詳盡。

---

[28] 因為若不及早制止侵權產品的傳播，專利權人的銷售市場將受到很大影響，而專利權人又不能要求個人購買者予以賠償，從而致使專利權人無法彌補其損失。

[29] 目前，世界上大多數國家都在其專利法中對「許諾銷售」行為作出了相應規定，其中，明確採用「offering for sale」這一表達方式的有：瑞士、冰島、保加利亞、俄羅斯、白俄羅斯、哈薩克、烏克蘭、摩爾多瓦、馬達加斯加、加納、墨西哥（工業產權法第 25 條）等。美國專利法採用的是 offering to sell」。一些國家的專利法對產品專利權和方法專利權採用了略有不同的措詞，禁止未經專利權人同意而進行「offering」行為（針對產品）和「offering for use」行為（針對方法），採用這種表述方式的主要是歐盟國家，包括法國、德國、比利時、荷蘭、葡萄牙、希臘、芬蘭、愛爾蘭等。還有一些國家採用了較為特殊的表述方式，例如日本專利法並沒有對此明確作出規定，但在視為侵權的行為中規定了「displayingfor the purpose of assignment or lease」（即為轉讓或者出租而展示）的行為。由此可見，各國對「許諾銷售」的表述方式不盡相同，但是其實質上是基本上相同的。

但是，與 TRIPs 協定第 31 條的整個內容相比較，與《專利法》第六章的內容仍存在區別，專利法第 53 條規定「取得實施強制許可的單位或者個人不享受獨占的實施權，並且無權允許他人實施」；而巴黎公約第 5 條 A(4)和 TRIPs 協定第 31 條(D)、(E)除了規定強制許可不得是獨占許可之外，還規定「強制許可除非與享有該許可的企業或者商譽一併轉讓之外，不得轉讓」。另外，TRIPs 協定第 31 條規定：「就第一專利發出的授權使用，除與第二專利一併轉讓外，不得轉讓。

以區別來看，都不是重要的實質性區別。但是，強制許可是國際上的一個敏感問題，為了避免由此而產生問題，日後中國應考慮修改《專利法》時對有關條款再次進行局部調整。

關於防止濫用專利權的問題

TRIPs 協定緒言的第一段指出，訂立該協定的目的在於「希望減少對國際貿易的扭曲和阻力，考慮到有必要對知識產權提供充分、有效保護，並需要保證知識產權執法的措施和程序不至於變成合法貿易的障礙」。

上述論述涉及到保護知識產權與促進自由貿易之間的關係。一方面。保護知識產權是實現自由貿易的一個前提條件，沒有對知識產權的可靠法律保護，任憑侵權者抄襲、盜用他人的智力勞動成果，其結果會嚴重妨礙文化藝術、科學技術以及商品的正常交流，本身就構成了對國際性自由貿易的制約因素；另一方面，不正確地擴大知識產權的獨占權範圍，使之超過法律允許的限度，又將對競爭機制產生限制作用，同樣會妨礙自由貿易。這兩個方面之間應當有一種協調平衡的關係。

關於防止知識產權的濫用，TRIPs 協定第一部分（一般性規定和基本原則）的第 8 條第 2 款規定了如下的原則：「可以採取適當的措施防止權利所有人濫用知識產權，防止不合理地限制貿易或者反過來影響技術的國際性轉讓的實施行為，條件是該措施與本協定的規定一致。」許可他人實施其專利技術，從中獲得利益，是專利權人享受法律提供的獨占權的重要方式之一。專利實施許可合同的內容有可能包括不適當的內容，對自由貿易和正當競爭產生妨礙作用。對此，TRIPs 協定第 40 條作出了如下的規定：

> 「1.各成員同意，在知識產權的授與許可中常有的某些限制競爭的做法或者條件，對貿易可能有不利影響，並可能妨礙技術的轉讓與傳播。2.本協議的任何規定不應阻止各成員在其國內立法中列舉在特定情況下對知識產權的濫用、在有關市場上對競爭產生有不利影響的授與許可的做法或者條件。如上面所規定，各成員可以在與本協定的其他規定相一致的條件下，根據該成員的有關法律和規章，採取適當措施來制止或者控制這樣的做法，其中包括例如排他性返授條件、禁止對知識產權有效性提出質疑的條件、強迫性一籃子許可」。

中國目前只有《反不正當競爭法》有相關規定，但沒有明確限制濫用知識產權的規定。應該說，這也是中國立法與 TRIPs 協定的差別之一。為完善中國的專利制度，為市場經濟體制和正常競爭機制的建立創造有利的法律環境，中國今後還有必要考慮制定有關防止濫用專利權的法律法規的問題[30]。

---

[30] 從中國目前專利立法的情況看，占主導地位的問題是公眾的知識產權保護意

　　中國專利法，正將要面臨第三次修改[31]，為的是解決現有專利制度中存在的一些凸出問題，包括改進外觀設計專利的審查和授權方式，完善實用新型檢索報告制度等。其中，沒有任何創新內容的「垃圾專利」，主要集中在實用新型和外觀設計兩個領域，將進一步得到遏制。

　　中國國家知識產權局局長田力普在接受新華社記者採訪時認為，產生「垃圾專利」的原因主要有兩個：首先，中國實用新型和外觀設計領域的專利不進行實質審查，而實用新型和外觀設計專利的創新高度有限，申請的數量較大，中國目前採用的初步審查的方式必然帶來授權專利良莠不齊的可能性。另外，地方政府一些鼓勵專利申請的資助政策尚有不完善的地方。

識不強，侵犯知識產權的行為還相當嚴重。當前的首要任務是強化對知識產權的保護，盡快樹立尊重知識產權的社會風氣。然而，這並不意味著防止濫用知識產權的問題就不重要。

[31] 中國 1985 年頒布的專利法，在經歷 1992 年和 2000 年的兩次修改後，現在正面臨第三次修改。目前修改的前期工作已經啟動。2005 年，中國的商標註冊申請量達到 58.8 萬件，實用新型專利、外觀設計專利的申請量分別為 11 萬件，都位居世界第一位。但與此同時，一些沒有任何創新內容的「垃圾專利」，主要集中在實用新型和外觀設計兩個領域。

商標篇

壹、台灣商標法保護制度重點解析

台灣商標法共分為十章、九十四條，以下將擇其重點介紹之：

<u>總則</u>

商標法第一章總則規定，為保障商標權及消費者利益，維護市場公平競爭，促進工商企業正常發展，特制定商標法。凡因表彰自己之商品或服務，欲取得商標權者，應依本法申請註冊。外國人所屬之國家，與中華民國如無互相保護商標之條約或協定，或依其本國法令對中華民國人申請商標註冊不予受理者，其商標註冊之申請，得不予受理。在與中華民國有相互承認優先權之國家，依法申請註冊之商標，其申請人於首次申請日次日起六個月內，向中華民國申請註冊者，得主張優先權。依前項規定主張優先權者，應於申請註冊同時提出聲明，並於申請書中載明在外國之申請日及受理該申請之國家。申請人應於申請日次日起三個月內，檢送經該國政府證明受理之申請文件。違反前二項規定者，喪失優先權。主張優先權者，其申請註冊日以優先權日為準。

商標得以文字、圖形、記號、顏色、聲音、立體形狀或其聯合式所組成。前項商標，應足以使商品或服務之相關消費者認識其為表彰商品或服務之標識，並得藉以與他人之商品或服務相區別。台灣法所稱商標之使用，指為行銷之目的，將商標用於商品、服務或其有關之物件，或利用平面圖像、數位影音、電子媒體或其他媒介物足以使相關消費者認識其為商標。商標法所稱主管機關，為經濟部。商標業務，由經濟部指定專責機關辦理。申請商標註冊及其相

關事務，得委任商標代理人辦理之。但在中華民國境內無住所或營業所者，應委任商標代理人辦理之。商標代理人應在國內有住所；其為專業者，除法律另有規定外，以商標師為限。商標師之資格及管理，以法律定之。

凡申請人為有關商標之申請及其他程序，遲誤法定期間、不合法定程式不能補正或不合法定程式經通知限期補正屆期未補正者，應予駁回。申請人因天災或不可歸責於己之事由遲誤法定期間者，於其原因消滅後三十日內得以書面敘明理由，向商標專責機關申請回復原狀。但遲誤法定期間已逾一年者，不得為之。申請回復原狀，應同時補行期間內應為之行為。

商標之申請及其他程序，應以書件或物件到達商標專責機關之日為準；如係郵寄者，以郵寄地郵戳所載日期為準。郵戳所載日期不清晰者，除由當事人舉證外，以到達商標專責機關之日為準。商標註冊及其他關於商標之各項申請，應繳納規費。商標規費之數額，由主管機關以命令定之。商標專責機關應刊行公報，登載註冊商標及其相關事項。商標專責機關應備置商標註冊簿，登載商標註冊、商標權變動及法令所定之一切事項，並對外公開之。前項商標註冊簿，得以電子方式為之。

有關商標之申請及其他程序，得以電子方式為之；其實施日期、申請程序及其他應遵行事項之辦法，由主管機關定之。商標專責機關對於商標註冊之申請、異議、評定及廢止案件之審查，應指定審查人員審查之。前項審查人員之資格，台灣另以法律定之。商標專責機關對前第一項案件之審查，應作成書面之處分，並記載理由送達申請人。前項之處分，應由審查人員具名。

申請註冊

申請商標註冊，由申請人備具申請書，載明商標、指定使用之商品或服務及其類別，向商標專責機關申請之。前項商標，應以視覺可感知之圖樣表示之。申請商標註冊，以申請書載明申請人、商標圖樣及指定使用之商品或服務，提出申請當日為申請日。申請人得以一商標註冊申請案，指定使用於二個以上類別之商品或服務。商品或服務之分類，於商標法施行細則定之。類似商品或服務之認定，不受前項商品或服務分類之限制。

二人以上於同日以相同或近似之商標，於同一或類似之商品或服務各別申請註冊，有致相關消費者混淆誤認之虞，而不能辨別時間先後者，由各申請人協議定之；不能達成協議時，以抽籤方式定之。商標包含說明性或不具識別性之文字、圖形、記號、顏色或立體形狀，若刪除該部分則失其商標之完整性，而經申請人聲明該部分不在專用之列者，得以該商標申請註冊。商標註冊申請事項之變更，應向商標專責機關申請核准。

商標及其指定使用之商品或服務，申請後即不得變更。但指定使用商品或服務之減縮，不在此限。第一項之變更，應按每一商標各別申請。但同一人有二以上申請案，而其變更事項相同者，得於一變更申請案中同時申請變更之。申請人得就所指定使用之商品或服務，向商標專責機關請求分割為二個以上之註冊申請案，以原註冊申請日為申請日。因商標註冊之申請所生之權利，得移轉於他人。受讓前項之權利者，非經請准更換原申請人之名義，不得對抗第三人。

審查及核准

商標有下列情形之一者，不得註冊：

一、不符合第五條規定者。

二、表示商品或服務之形狀、品質、功用或其他說明者。

三、所指定商品或服務之通用標章或名稱者。

四、商品或包裝之立體形狀，係為發揮其功能性所必要者。

五、相同或近似於中華民國國旗、國徽、國璽、軍旗、軍徽、印信、勳章或外國國旗者。

六、相同於國父或國家元首之肖像或姓名者。

七、相同或近似於中華民國政府機關或展覽性質集會之標章或所發給之褒獎牌狀者。

八、相同或近似於國際性著名組織或國內外著名機構之名稱、徽記、徽章或標章者。

九、相同或近似於正字標記或其他國內外同性質驗證標記者。

十、妨害公共秩序或善良風俗者。

十一、使公眾誤認誤信其商品或服務之性質、品質或產地之虞者。

十二、相同或近似於他人著名商標或標章，有致相關公眾混淆誤認之虞，或有減損著名商標或標章之識別性或信譽之虞者。但得該商標或標章之所有人同意申請註冊者，不在此限。

十三、相同或近似於他人同一或類似商品或服務之註冊商標或申請在先之商標，有致相關消費者混淆誤認之虞者。但經該註冊商標或申請在先之商標所有人同意申請者，除二者之商標及指定使用之商品或服務均相同外，不在此限。

十四、相同或近似於他人先使用於同一或類似商品或服務之商標，而申請人因與該他人間具有契約、地緣、業務往來或其他關係，知悉他人商標存在者。但得該他人同意申請註冊者，不在此限。

十五、有他人之肖像或著名之姓名、藝名、筆名、字號者。但得其同意申請註冊者，不在此限。

十六、有著名之法人、商號或其他團體之名稱，有致相關公眾混淆誤認之虞者。

十七、商標侵害他人之著作權、專利權或其他權利，經判決確定者。但得該他人同意申請註冊者，不在此限。

十八、相同或近似於我國或與我國有相互承認保護商標之國家或地區之酒類地理標示，而指定使用於酒類商品者。

商標註冊申請案經審查無前第一項規定之情形者，應予核准審定。經核准審定之商標，申請人應於審定書送達之次日起二個月內，繳納註冊費後，始予註冊公告，並發給商標註冊證；屆期未繳費者，不予註冊公告，原核准審定，失其效力。前條第二項之註冊費得分二期繳納；其分二期繳納者，第二期之註冊費應於註冊公告當日起算屆滿第三年之前三個月內繳納之。第二期註冊費未於前項期間內繳納者，得於屆期後六個月內，按規定之註冊費加倍繳納。未依前項規定繳費者，商標權自該加倍繳費期限屆滿之次日起消滅。

商標權

商標自註冊公告當日起，由權利人取得商標權，商標權期間為十年。商標權期間得申請延展，每次延展專用期間為十年。申請商標權期間延展註冊者，應於期間屆滿前六個月起至屆滿後六個月內

申請;其於期間屆滿後六個月內申請者,應加倍繳納註冊費。前項核准延展之期間,自商標權期間屆滿之次日起算。

　　商標權人於經註冊指定之商品或服務,取得商標權。除商標法第三十條另有規定外,下列情形,應得商標權人之同意:一、於同一商品或服務,使用相同於其註冊商標之商標者。二、於類似之商品或服務,使用相同於其註冊商標之商標,有致相關消費者誤認之虞者。三、於同一或類似之商品或服務,使用近似於其註冊商標之商標,有致相關消費者混淆誤認之虞者。

　　下列情形,也不受他人商標權之效力所拘束:

一、凡以善意且合理使用之方法,表示自己之姓名、名稱或其商品或服務之名稱、形狀、品質、功用、產地或其他有關商品或服務本身之說明,非作為商標使用者。

二、商品或包裝之立體形狀,係為發揮其功能性所必要者。

三、在他人商標註冊申請日前,善意使用相同或近似之商標於同一或類似之商品或服務者。但以原使用之商品或服務為限;商標權人並得要求其附加適當之區別標示。

　　附有註冊商標之商品,由商標權人或經其同意之人於市場上交易流通,或經有關機關依法拍賣或處置者,商標權人不得就該商品主張商標權。但為防止商品變質、受損或有其他正當事由者,不在此限。此外,商標權人得就註冊商標指定使用之商品或服務,向商標專責機關申請分割商標權。前項申請分割商標權,於商標異議或評定案件未確定前,亦得為之。商標註冊事項之變更,應向商標專責機關登記;未經登記者,不得對抗第三人。商標及其指定使用之商品或服務,註冊後即不得變更。但指定使用商品或服務之減縮,不在此限。商標法第二十條第三項及前條第二項規定,於商標註冊事項之變更,準用之。

商標權人得就其註冊商標指定使用商品或服務之全部或一部，授權他人使用其商標。前項授權，應向商標專責機關登記；未經登記者，不得對抗第三人。被授權人經商標權人同意，再授權他人使用者，亦同。授權登記後，商標權移轉者，其授權契約對受讓人仍繼續存在。被授權人應於其商品、包裝、容器上或營業上之物品、文書，為明顯易於辨識之商標授權標示；如標示顯有困難者，得於營業場所或其他相關物品上為授權標示。被授權人違反規定，經商標專責機關依職權或依申請通知限期改正，屆期不改正者，應廢止其授權登記。商標授權期間屆滿前有下列情形之一者，當事人或利害關係人得檢附相關證據，申請廢止商標授權登記：

一、商標權人及被授權人雙方同意終止者。其經再授權者，亦同。

二、授權契約明定，商標權人或被授權人得任意終止授權關係，經當事人聲明終止者。

三、商標權人以被授權人違反授權契約約定，通知被授權人解除或終止授權契約，而被授權人無異議者。

商標權之移轉，應向商標專責機關登記；未經登記者，不得對抗第三人。移轉商標權之結果，有二以上之商標權人使用相同商標於類似之商品或服務，或使用近似商標於同一或類似之商品或服務，而有致相關消費者混淆誤認之虞者，各商標權人使用時應附加適當區別標示。商標權人設定質權及質權之變更、消滅，應向商標專責機關登記；未經登記者，不得對抗第三人。商標權人為擔保數債權就商標權設定數質權者，其次序依登記之先後定之。質權存續期間，質權人非經商標權人授權，不得使用該商標。

商標權人得拋棄商標權。但有授權登記或質權登記者，應經被授權人或質權人同意。前項拋棄，應以書面向商標專責機關為之。有下列情形之一者，商標權當然消滅：

一、未依第二十八條規定延展註冊者。

二、商標權人死亡而無繼承人者。

廢止

商標註冊後有下列情形之一者，商標專責機關應依職權或據申請廢止其註冊：

一、自行變換商標或加附記，致與他人使用於同一或類似之商品或服務之註冊商標構成相同或近似，而有使相關消費者混淆誤認之虞者。

二、無正當事由迄未使用或繼續停止使用已滿三年者。但被授權人有使用者，不在此限。

三、未依第三十六條規定附加適當區別標示者。但於商標專責機關處分前已附加區別標示並無產生混淆誤認之虞者，不在此限。

四、商標已成為所指定商品或服務之通用標章、名稱或形狀者。

五、商標實際使用時有致公眾誤認誤信其商品或服務之性質、品質或產地之虞者。

六、商標使用結果侵害他人著作權、專利權或其他權利，經法院判決侵害確定者。

被授權人為前項第一款之行為，商標權人明知或可得而知而不為反對之表示者，亦同。有第一項第二款規定之情形，於申請廢止時該註冊商標已為使用者，除因知悉他人將申請廢止，而於申請廢止前三個月內開始使用者外，不予廢止其註冊。廢止之事由僅存在

於註冊商標所指定使用之部分商品或服務者，得就該部分之商品或服務廢止其註冊。

商標權人有下列情形之一者，應認為有使用其註冊商標：

一、實際使用之商標與其註冊商標不同，而依社會一般通念並不失其同一性者。

二、於以出口為目的之商品或其有關之物件上，標示註冊商標者。

商標專責機關應將廢止申請之情事通知商標權人，並限期答辯。但申請人之申請無具體事證或其主張顯無理由者，得逕為駁回。商標法第57條第1項第2款規定情形，其答辯通知經送達者，商標權人應證明其有使用之事實，屆期未答辯者，得逕行廢止其註冊。前項商標權人證明其有使用之事實，應符合商業交易習慣。

權利侵害之救濟

商標權人對於侵害其商標權者，得請求損害賠償，並得請求排除其侵害；有侵害之虞者，得請求防止之。未經商標權人同意，而有第29條第2項各款規定情形之一者，為侵害商標權。商標權人依第一項規定為請求時，對於侵害商標權之物品或從事侵害行為之原料或器具，得請求銷毀或為其他必要處置。

未得商標權人同意，有下列情形之一者，視為侵害商標權：

一、明知為他人著名之註冊商標而使用相同或近似之商標或以該著名商標中之文字作為自己公司名稱、商號名稱、網域名稱或其他表彰營業主體或來源之標識，致減損著名商標之識別性或信譽者。

二、明知為他人之註冊商標，而以該商標中之文字作為自己公
　　司名稱、商號名稱、網域名稱或其他表彰營業主體或來源
　　之標識，致商品或服務相關消費者混淆誤認者。
商標權人請求損害賠償時，得就下列各款擇一計算其損害：
一、依民法第 216 條規定。但不能提供證據方法以證明其損害
　　時，商標權人得就其使用註冊商標通常所可獲得之利益，
　　減除受侵害後使用同一商標所得之利益，以其差額為所受
　　損害。
二、依侵害商標權行為所得之利益；於侵害商標權者不能就其
　　成本或必要費用舉證時，以銷售該項商品全部收入為所得
　　利益。
三、就查獲侵害商標權商品之零售單價五百倍至一千五百倍之
　　金額。但所查獲商品超過一千五百件時，以其總價定賠償
　　金額。
　　前項賠償金額顯不相當者，法院得予酌減之。商標權人之業務
上信譽，因侵害而致減損時，並得另請求賠償相當之金額。商標權
人得請求由侵害商標權者負擔費用，將侵害商標權情事之判決書內
容全部或一部登載新聞紙。商標權人對輸入或輸出有侵害其商標權
之物品，得申請海關先予查扣。前項申請，應以書面為之，並釋明
侵害之事實，及提供相當於海關核估該進口貨物完稅價格或出口貨
物離岸價格之保證金或相當之擔保。海關受理查扣之申請，應即通
知申請人；如認符合前項規定而實施查扣時，應以書面通知申請人
及被查扣人。被查扣人得提供與第二項保證金二倍之保證金或相當
之擔保，請求海關廢止查扣，並依有關進出口貨物通關規定辦理。
海關在不損及查扣物機密資料保護之情形下，得依申請人或被查扣
人之申請，准其檢視查扣物。查扣物經申請人取得法院確定判決，

屬侵害商標權者，除第 66 條第 4 項規定之情形外，被查扣人應負擔查扣物之貨櫃延滯費、倉租、裝卸費等有關費用。

證明標章、團體標章及團體商標

凡以標章證明他人商品或服務之特性、品質、精密度、產地或其他事項，欲專用其標章者，應申請註冊為證明標章。證明標章之申請人，以具有證明他人商品或服務能力之法人、團體或政府機關為限。前項申請人係從事於欲證明之商品或服務之業務者，不得申請註冊。證明標章之使用，指證明標章權人為證明他人商品或服務之特性、品質、精密度、產地或其他事項之意思，同意其於商品或服務之相關物品或文書上，標示該證明標章者。

凡具有法人資格之公會、協會或其他團體為表彰其組織或會籍，欲專用標章者，應申請註冊為團體標章。前項團體標章註冊之申請，應以申請書載明相關事項，並檢具團體標章使用規範，向商標專責機關申請之。團體標章之使用，指為表彰團體或其會員身分，而由團體或其會員將標章標示於相關物品或文書上。凡具法人資格之公會、協會或其他團體，欲表彰該團體之成員所提供之商品或服務，並得藉以與他人所提供之商品或服務相區別，欲專用標章者，得申請註冊為團體商標。前項團體商標註冊之申請，應以申請書載明商品或服務類別及名稱，並檢具團體商標使用規範，向商標專責機關申請之。

團體商標之使用，指為表彰團體之成員所提供之商品或服務，由團體之成員將團體商標使用於商品或服務上，並得藉以與他人之商品或服務相區別者。證明標章權、團體標章權或團體商標權不得移轉、授權他人使用，或作為質權標的物。但其移轉或授權他人使

用，無損害消費者利益及違反公平競爭之虞，經商標專責機關核准者，不在此限。

標章權人或其被授權使用人以證明標章、團體標章或團體商標為不當使用致生損害於他人或公眾者，商標專責機關得依任何人之申請或依職權廢止其註冊。

前所稱不當使用，指下列情形之一：

一、證明標章作為商標使用，或標示於證明標章權人之商品或服務之相關物品或文書上。

二、團體標章或團體商標之使用，造成社會公眾對於該團體性質之誤認。

三、違反前條規定而為移轉、授權或設定質權。

四、違反標章使用規範。

五、其他不當方法之使用。

需注意，證明標章、團體標章或團體商標除本章另有規定外，依其性質準用商標法法有關商標之規定。

貳、大陸商標法保護制度重點解析

中國《商標法》是 1982 年 8 月 23 日由中國五屆全國人大常委會第二十四次會議通過，自 1983 年 3 月 1 日施行。1993 年 2 月 22 日七屆全國人大常委會第三十次會議對該法部分條文作了修改。但這時《商標法》與 TRIPs 協定仍存在一定的差距，故中國國務院於 2000 年 12 月 22 日向中國全國人大常委會第十九次會議提出了商標法修正案(草案)，經過全國人大常委會三次審議，於 2001 年 10 月 27 日表決通過了《關於修改（中華人民共和國商標法）的決定》，

自 2001 年 12 月 1 日起施行。這部《商標法》的修改和重新公布施行，使中國商標法制與國際公約和世貿組織規則也大致趨於一致，但仍有差距如下：

一、關於在優先權的保護問題

TRIPs 協定第 16 條第 1 款，註冊商標所有人享有的專有權「不得損害已有的在先權利，也不得影響成員依使用而確認權利效力的可能」。這是對商標註冊和使用設定的一個基本條件，儘管協定並沒有明確「在先權利」的具體內容，但根據有關國際條約和國際慣例，它應該包括以下三層含意：一是不得與業已註冊或申請在先的商標相牴觸；二是不得與通過使用獲得權利的未註冊商標相牴觸；三是不得與其他在先權利相牴觸。

第一層含意比較好理解，可以說所有實行註冊原則的國家都在其商標法中作了這樣的規定。《商標法》當然也不例外，但有關駁回程序應作適當的合理化調整。因為引證申請在先商標作為駁回理由有兩種不同的做法，一是等申請在先的商標獲准註冊後，再作出駁回在後申請的決定，二是不等申請在先的商標獲准註冊即作出駁回在後申請的決定，中國現行《商標法》採取的是第二種做法。這種做法的主要缺陷在於：當在後申請人在異議程序中成功地阻止在先申請商標獲得註冊之後，必須再次提出申請，如果在其再次提出申請之前又有第三人搶先，則原本處於在先位置的該申請人將不得不再次挑戰本來處於在後位置的第二個在先申請人。這顯然是不合理的。

第二層含意涉及商標權的發生原則，一般來說，在實行註冊原則的國家，未註冊商標的使用不會產生在先權利。但近年來，向對

將他人通過使用已經產生一定知名度的未註冊商標搶先註冊的現象，一些國家出於對公平、誠信原則的維護，大都在商標法中作出了「禁止惡意搶註商標」的規定。這實際上等於承認了對未註冊商標的使用在一定條件下也會產生權利。

至於其他在先權利，一般認為至少應該包括：已受保護的商號權、外觀設計專利權、地理標誌、版權、姓名權、肖像權和商品化權。《商標法》及其實施條例對此均未作出明確規定。因為沒有明確界定其含意，給權利人行使權利和執法實踐帶來了困難；二是把對其他在先權利的維護僅作為撤銷註冊不當商標的理由不符合國際慣例，因為它也同樣可以作為異議的重要理由，甚至可以適用於審查程式。此外，例如《商標法》第 9 條規定，申請註冊商標應具有顯著性。但卻沒有進一步規定通過較長時間的使用而產生顯著性的標記的可註冊性，使第 9 條要求註冊商標所具有的顯著性僅限於「先天」的顯著性，而難以包括「後天」的顯著性[1]。因此，《商標法》應對禁用條款進行合理化調整：首先，可借鑑目前國外的通行做法，在《商標法》中進行集中規定，進行適當的增減；其次，應考慮將禁止註冊的理由分為絕對理由與相對理由。絕對理由主要出於對公共利益的考慮，一般都禁止註冊，有些國家也禁止使用。相對理由包括兩個方面，一是要有顯著性，二是不得與他人在先權利相牴觸。

關於商號權的保護，從外國的情況來看大體有兩種模式：一是無條件的保護[2]，另一種是有條件的保護[3]，鑑於中國企業名稱實行多

---

[1] 根據 TRIPs 協定第 15 條第 1 款的規定，即使有的標記本來不能區分有關商品或服務，成員亦可依據其經過使用而獲得的識別性，確認其可否註冊。再例如，《巴黎公約》第 6 條之 3 要求成員國為官方標誌、檢驗印章等提供保護，包括禁止作為商標註冊或使用。對此，許多國家的商標法作了相應的規定。但大陸現行《商標法》中卻找不到類似的規定。

[2] 例如，德國《商標法》第 6 條規定，當商標權與公司標誌權發生衝突，以各自取得權利的優先程度來確定。

級註冊管理制度，如果把在基層登記註冊的企業名稱權作為可以對抗商標註冊的在先權利，顯然是不太合理的。因此，中國或可對商號權實行有條件的保護。

此外，工業品外觀設計被他人作為商標申請註冊的情況，中國近年來時有發生，反過來，已經申請註冊的商標也常常被他人拿去申請外觀設計專利，這點也值得大陸台商注意。中國修改《商標法》和《專利法》時應對如何解決兩種權利的衝突作出明確的規定。可以考慮根據權利確定日期的先後，相互構成優先權。

二、關於商標侵權及其法律責任問題

TRIPs 協定關於商標侵權的規定主要體現在第 16 條中，其第 1 款明確了普通商標的權利範圍，第 2、3 款則明確了馳名商標的權利範圍。第 1 款的規定是：「註冊商標所有人應享有專有權防止任何第三方未經許可而在貿易活動中使用與註冊商標相同或近似的標記去標示相同或類似的商品或服務，以造成混淆的可能。如果確將相同標記用於相同商品或服務，即應推定已有混淆之虞。」這是一種原則性規定，對於貿易活動中的各種具體侵權情形，TRIPs 協定未作進一步的明確。從西方一些發達國家商標法的規定來看，一般認為應包括以下幾種行為：(1)將與註冊商標相同或近似的標誌附著於相同或類似商品或其包裝物上；(2)提供帶有與註冊商標相同或近似標誌的商品，或將該商品投放市場，或以投放市場為此目的而進行儲存；(3)以與註冊商標相同或近似的標誌提供服務；(4)以與註冊商標

3　例如法國《商標法》第 711 之 4 條規定，公司名稱或字號和全國範圍內知名的廠商名稱或標牌是否構成阻止他人作為商標申請註冊的在先權利，要看在公眾意識中有無混淆的危險。

相同或近似標誌進口或出口商品；(5)在商業文件中或廣告中使用與註冊商標相同或近似的標誌。

中國對商標侵權的規定主要體現在《商標法》第 52 條和《實施條例》第 50 條中，一共列舉六種侵權行為：

(一) 未經商標註冊人的許可，在同一種商品或者類似商品上使用與其註冊商標相同或者近似的商標的；

(二) 銷售侵犯註冊商標專用權的商品的；

(三) 偽造、擅自製造他人註冊商標標識或者銷售偽造、擅自製造的註冊商標標識的；

(四) 未經商標註冊人同意，更換其註冊商標並將該更換商標的商品又投入市場的；

(五) 在同一種或者類似商品上，將與他人註冊商標相同或者近似的標誌作為商品名稱或者商品裝潢使用，誤導公眾的；

(六) 故意為侵犯他人註冊商標專用權行為提供倉儲、運輸、郵寄、隱匿等便利條件的。

上述的規定與西方國家相比，至少具有以下幾個方面的缺陷：一是沒有明確規定「以與註冊商標相同或近似標誌進口或出口商品」的行為是侵權行為，在實踐中，執法機關往往只能以「經銷」侵權商品論處[4]。對於權利人來說，這樣做的困難在於既要證明被告的行為是在經銷侵權商品，又要證明被告在主觀上具有過錯（明知或應知）。這顯然對權利人是不利的，也給執法實踐帶來了困難，但在 2000 年修正的《商標法》中仍未解決。二是對服務商標的侵權情形隻字未提。在實踐中，中國執法機關只能在援引《商標法》第 4 條

---

[4] 例如，1999 年廣州市中級人民法院在審理「LUX（力士）」商標侵權案時就是引 1993 年舊《商標法》第 38 條(4)和《實施條例》第 41 條(1)來判決的。

第 3 款「本法有關商品商標的規定，適用於服務商標」這一原則性
規定後，再到第 52 條和《實施條例》第 50 條去尋找可套用的規定。
三是沒有明確規定「在商業文件中或廣告中使用與註冊商標相同或
近似的標誌」這兩種重要的侵權形式，雖然《實施條例》第 3 條在
解釋「商標的使用」方式時把在商品交易文書和廣告宣傳中的使用
包括在內，但這一解釋旨在說明維持註冊商標使之不被撤銷的有效
使用形式，並未與侵權問題直接關聯。中國《商標法》上述缺陷，
是導致商標保護不力的重要原因之一。

關於商標侵權的法律責任，TRIPs 協定在行政及民事程序中提
及的主要有：(1)停止侵權；(2)把侵權商品排除出商業管道（包括銷
毀或處置侵權商品）；(3)把主要用於製作侵權商品的原料及工具排除
出商業管道；(4)賠償損害；(5)支付包括律師費在內的合理費用，在
刑事程序中提及的有：(1)監禁；(2)罰金；(3)扣留、沒收或銷毀侵權
商品以及用於從事犯罪活動的原料及工具。

根據《商標法》第 53 條和《實施條例》第 52 條的規定，商標
侵權行為的行政責任和民事責任包括：(1)停止侵權；(2)停止銷售
侵權商品；(3)收繳並銷毀侵權商標標識；(4)消除現存商品上的侵
權商標；(5)收繳直接專門用於商標侵權的模具、印版和其他作案
工具；(6)銷毀侵權物品；(7)罰款；(8)賠償損失[5]，與 TRIPs 協定兩
相比較，差別主要在於罰款、賠償損失和支付合理費用。TRIPs 協
定在行政及民事責任中沒有規定罰款。中國法律規定對侵權行為處
以罰款，這點若從國家行政力是否該介入商業侵權活動的角度看，

---

[5] 在中國司法實踐中，中國法院有時還會援引《民法通則》第 134 條的規定，
責令侵權人賠禮道歉、具結悔過、收繳進行非法活動的財物和非法所得，或
依照法律規定予以罰款、拘留等。刑法中規定的刑事責任有四種：(1)有期徒
刑；(2)拘役；(3)管制；(4)罰金。

仍有爭議。因此，最好在實踐中視侵權人有無主觀過錯而有所區別，即對有過錯的侵權人應該適用罰款，對無過錯的侵權則以不適用罰款為宜。

關於損害賠償問題，《商標法》與 TRIPs 協定的差別在於，無視侵權人的主觀狀態不同而區別對待。TRIPs 協定第 45 條規定：「1、對已知或有充分理由應知自己從事之活動是侵權的侵權人，司法當局應有權責令其向權利人支付足以彌補因侵犯知識產權而給權利持有人造成之損失的損害賠償費。2、司法當局還應有權責令侵權人向權利持有人支付其開支，其中可包括適當的律師費，在適當場合即使侵權人不知、或無充分理由應知自己從事之活動為侵權，成員仍可以授權司法當局責令其退還所得利潤或令其支付法定賠償額，或二者並處。」據此規定，TRIPs 協定把商標侵權的損害賠償責任劃分為兩種基本類型：過錯責任和無過錯責任。對於過錯責任人，成員有義務通過立法授權司法當局責令其賠償權利人的損失，這是強制性的；對於無過錯責任人，是否責令其賠償或退還所得利潤，則由成員自行確定，其法律可以這樣規定，也可以不這樣規定，這是可選擇性的[6]。中國法律關於商標侵權損害賠償責任的規定主要體現在《商標法》第 56 條[7]。

關於責令侵權人向權利人支付包括適當律師費在內的合理開支問題，TRIPs 協定的要求是，無論侵權人主觀上是否有過錯，均應責令其支付給權利人。這在《商標法》中完全屬於空白。不明確規

---

[6] 例如，德國新商標法就只規定了過錯賠償責任，而沒有規定無過錯賠償責任。

[7] 該條規定：「侵犯商標專用權的賠償數額，為侵權人在侵權期間因侵權所獲得的利益，或者被侵權人在被侵權期間因被侵權所受到的損失，包括被侵權人為制止侵權行為所支付的合理開支。前款所稱侵權人因侵權所得利益，或者被侵權人因被侵權所受損失難以確定的，由人民法院根據侵權行為的情節判決給予五十萬元以下的賠償。銷售不知道是侵犯註冊商標專用權的商品，能證明該商品是自己合法取得的並說明提供者的，不承擔賠償責任」。

定讓侵權人向權利持有人支付包括適當律師費在內的合理開支，其結果是權利人往往得不到這方面的補償。因為在中國執法實踐中，執法機關在計算賠償額時通常不會把權利人包括差旅費、律師費在內的合理開支考慮在內，這對權利人來說，當然是不太公平的，尤其是當權利人所受到的損失不大或完全未受到損失，所獲得的損害賠償額也會相應較小甚至沒有賠償，以致其用來支付的律師費、差旅費等必要的合理開支得不到應有的補償時，權利人就會更加感覺到不公平。這可從 TRIPs 協定的規定中間接地得到證明，因為從 TRIPs 協定第 45 條 2 款關於補償律師費的規定中完全可以合理地推論出其第一款規定的賠償額中並不必然包括律師費。然而，權利人的這種開支畢竟是由侵權人的行為引起的，二者之間存在著一種間接的因果關係，它使權利人在因侵權遭受直接損失之外又常常難以避免地增加了一項間接損失，因此，是應該得到補償的。

三、關於商標行政執法問題

中國商標保護工作涉及四個機構：法院、公安機關、海關和工商行政管理機關[8]。按《商標法》為商標假冒侵權行為規定了三種法律責任：刑事責任、行政責任和民事責任。刑事責任由法院認定，行政責任由工商行政管理機關認定，民事責任則兩家均可認定，這種行政保護與司法保護相結合的雙軌制，是中國商標法律制度的一大特色。與 TRIPs 協定的規定和西方國家的商標執法體制相比，大陸的商標執法體制有自己的特點，在司法當局和海關部門之外，中

---

[8] 中國法院負責與商標有關的刑事案件和民事案件的審判工作，公安機關負責商標刑事案件的偵查工作，海關負責商標權的邊境保護，工商行政管理機關負責商標行政管理的日常工作。作為商標的主管機關，工商行政管理機關承擔著包括商標行政執法在內的管理任務。

國還有一個主管商標執法的行政機構，即工商行政管理機關。但這並不意味著中國的商標執法體制不符合 TRIPs 協定的要求。因為根據 TRIPs 協定的有關規定，知識產權的執法主體除了司法當局和海關部門外，也可以是其他行政機關，只要在以行政程序確認案件的是非並責令進行任何民事救濟時，該行政程序符合基本與「行政與民事程式及救濟」一節規定相同的原則。工商行政管理機關作為商標主管部門是根據《商標法》及其實施條例、《行政處罰法》、《行政複議法》和中國國家工商局發布的《工商行政管理機關行政處罰程序暫行規定》來查處商標侵權案件的，而這些法律、法規和規章與 TRIPs 協定是相符的。

四、關於馳名商標的保護問題

TRIPs 協定對馳名商標的規定是以《巴黎公約》為基礎的，但擴大了保護範圍。《巴黎公約》第 6 條之 2 保護的對象是未註冊的馳名商標，TRIPs 協定則保護已註冊的馳名商標；巴黎公約保護的馳名商標主要是指商品商標，TRIPs 協定則把服務商標也包括在內；巴黎公約保護的馳名商標限於相同或類似商品，TRIPs 協定則擴大到了非類似商品或服務上。

《商標法》第 13 條規定：「就相同或者類似商品申請註冊的商標事複製、模仿或者翻譯他人未在中國註冊的馳名商標，容易導致混淆的不予註冊並禁止使用。

就不相同或者不相類似商品申請註冊的商標是複製、模仿或者翻譯他人已經在中國註冊的馳名商標，誤導公眾，致使該馳名商標註冊人的利益可能受到損害的，不予註冊並禁止使用。」

以及其《商標法實施條例》第 45 條規定：「使用商標違反商標法第 13 條規定的，有關當事人可以請求工商行政管理部門禁止使用。當事人提出申請時，應當提交其商標構成馳名商標的證據材料。經商標局依照商標法第 14 條的規定認定為馳名商標的，由工商行政管理部門責令侵權人停止違反商標法第 13 條規定使用該馳名商標的行為，收繳、銷毀其商標標誌；商標標誌與商品難以分離的，一並收繳、銷毀。」這兩條文已大致體現 TRIPs 協定。

五、關於地理標誌的保護問題

關於地理標誌的保護，TRIPs 協定在第二部分第三節中作比較詳細的規定，《商標法》第 3 條明確提到了對集體商標和證明商標及地理標誌的保護，不過，在商標法修法前，1994 年底，中國國家工商局也曾發布《集體商標、證明商標註冊和管理辦法》，將原產地名稱納入了證明商標的保護範圍[9]。不過，原產地名稱，地理標誌雖然是兩個不同的詞，但在有關國際協定中，其含意根本上還是相通的。按照 1958 年制定的《保護原產地名稱及其國際註冊里斯本協定》：「原產地名稱係指一個國家、地區或地方的地理名稱，用於指示一項產品來源於該地，其質量或特優完全或主要取決於地理環境，包括自然和人為因素。」巴黎公約提到了對原產地名稱的保護。TRIPs 協定則使用了地理標誌一詞，其第 22 條第 1 款對地理標誌的界定是：「其標示出其商品來源於某成員地域內，或來源於該地域中的某地區或某地方，該商品的特定質量、信譽或其他特徵，主要與該地

---

[9] 從 1995 年 3 月 1 日起，中國商標局開始受理集體商標、證明商標的註冊申請，到目前為止已經核准了包括中國國內的「涪陵榨菜」、「章丘大蔥」、「黃岩蜜桔」、「景德鎮瓷器」和美國的「佛羅里達州柑桔」等三十多件以原產地名稱申請註冊的證明商標。

理來源相關聯。此外，由於原產地名稱或地理標誌與商標都是商業標識，在功能方面具有許多共同點，在國外，除法國在農業部成立了專門負責原產地名稱的註冊和保護機構外，英、美、加、澳等許多國家都是通過商標法律以證明商標或集體商標的形式來保護原產地名稱或地理標誌的，許多國家商標相關法律原來都沒有涉及原產地名稱或地理標誌的保護，近年為因應 TRIPs 協定的要求，都相應地增加這方面的內容，《商標法》第 16 條即為此而增訂。

六、關於商標權的限制問題

TRIPs 協定第 17 條規定：「成員可規定商標權的有限例外，諸如對說明性詞匯的合理使用之類，只要這種例外顧及了商標所有人與第三方的合法利益。」這裡的所謂「合理使用」是指第三者出於善意而使用他們自己的名稱、位址、地名或真實地說明其商品或服務的種類、質量、數量、目的地、價值、原產地、生產或供應的時間，只要這種使用是依據誠實貿易的原則進行的，所使用的文字或標識並不具有商標功能，而只具有描述性功能，是用來進行辨別或提供有關資訊的，並且不會在商品或服務的來源上使公眾產生誤解[10]。

---

[10] 為避免商標註冊人對部分文字的過分壟斷，許多國家的《商標法》中都規定了合理使用的條款，如德國《商標法》第 23 條，義大利《商標法》第 1 條之 2。中國《商標法實施條例》第 49 條規定：「註冊商標中含有的本商品的通用名稱、圖形、型號或者直接表示商品的質量、主要原料、功能、用途、重量、數量及其他特點，或者含有地名，註冊商標專用權人無權禁止他人正當使用」。這體現了 TRIPs 協定的精神。

七、關於商標確權終審問題

　　與 TRIPs 協定相比，中國過去商標確權機制的主要缺陷是終審程序不健全，存在一審終審現象。因為，依中國原《商標法》第 27 條，商標局及商標評審委員會都有權撤銷註冊不當商標，商標局的撤銷被理解為依職權主動撤銷，而商標評審委員會的撤銷被理解為被動撤銷。這種做法意味著，同一種性質的案件可能出現兩種不同的處理程式：對商標局依職權主動撤銷的註冊不當案件實行「二審終審制」，因為這種案件的當事人對商標局的撤銷決定不服的，可以向商標評審委員會申請複審；而對直接向商標評審委員會請求撤銷的註冊不當案件實行的是「一審終審制」，因為商標評審委員會是商標確權的終局裁定機構，當事人即使對其裁定不服，也無處上訴或申訴。但在 2001 年修訂的《商標法》第 43 條規定：「商標評審委員會作出維持或者撤銷註冊商標的裁定後，應當書面通知有關當事人。當事人對商標評審委員會的裁定不服的，可以自收到通知之日起三十日內向人民法院起訴。人民法院應當通知商標裁定程式的對方當事人作為第三人參加訴訟。」該條規定已採取 TRIPs 協定的精神，已經解決這項矛盾，因為，商標確權關係到當事人的切身利益，在進行程序設計時，至少應該為當事人提供一次複審或上訴的機會，一審終審顯然是與現代法制原則和精神相悖離的，在一定意義上也不符合 TRIPs 協定的規定。TRIPs 協定第 62 條規定，經知識產權確權的任何程序作出的終局行政決定，均應接受司法或司法當局的審查。

　　以上即為中國《商標法》與 TRIPs 協定之間的主要差別，這些問題點出目前中國《商標法》仍然需要加強的部分，以更符合 TRIPs 協定的精神。

八、台灣知名農產品產地地名在大陸地區遭註冊為商標之相關問題[11]

關於地理標示保護問題

(一) 台灣為 WTO 會員之一,應履行 TRIPS 中有關地理標示
(Geographical Indication;GI)之保護規定。依 TRIPs 第
22 條第 1 款規定,所謂地理標示,是指該產品源自於某一
會員國領域,或自該領域中之一地區或地點,而該產品的
品質,名聲或其他特性主要來自於該地理來源者。台灣目
前對於符合上開地理標示之要件者,是透過「地理標示申
請證明標章註冊作業要點」之規定,申請註冊為證明標章
來加以保護。目前具有地理標示性質之證明標章為註冊第
84 號及第 85 號「池上米」證明標章。

(二) 其次,未達到地理標示之「產地」亦有可能申請證明標章,
而依照商標法第 80 條規定,證明標章除商標法第八章之規
定外,依其性質準用有關商標的規定。原則上有關商標識
別性之要求(商標法第 5 條)以及實體上註冊禁止之規定
(商標法第 23 條),在證明標章之註冊申請上均有其適
用。因此,申請證明標章,應避免以單純地名之文字當作
商標圖樣,最好能加上整體文字圖形之設計,以符合「商
標識別性審查要點」之要求,並避免日後主張權利或侵權
認定之困難。

---

[11] 關於台灣知名農產品產地地名在大陸地區遭註冊為商標之相關問題,參考經濟部智財局網站 http://www.tipo.gov.tw/。

業者至大陸地區註冊之可能性

(一) 大陸亦為 WTO 會員之一，為履行 TRIPS 中有關地理標示
（Geographical Indication；GI）保護之規定，其作法是在
大陸地區商標法第 16 條以及商標法實施條例第 6 條中具體
規定：地理標誌可以作為證明商標或者集體商標申請註
冊，來加以保護。

(二) 在大陸地區以地理標誌為證明商標或者集體商標申請註冊
者，除應填具註冊申請書外，應說明 1.該地理標誌所標示
商品的特定質量、信譽或其他特徵 2.該商品的特定質量、
信譽或其他特徵與該地理標誌所標示地區的自然因素或人
文因素間的關係 3.該地理標誌所標示的地區範圍 4.申請證
明商標者，還應詳細說明其所具有或其委託之機構具有專
業技術人員、專業檢測設備等情況，已表明其具有監督該
證明商標所證明的特定商品品質之能力。此外，大陸地區
申請人尚應檢附管轄該地理標誌所標示地區的人民政府或
其行業主管部門的批准文件；外國人或外國企業則應提供
該地理標誌以其名義在其原屬國受法律保護的證明文件。

(三) 台灣地區業者如欲至大陸地區以農產品產地名稱申請註
冊，首先必須釐清是要申請商標註冊？還是具有地理標誌
性質的證明商標或者集體商標？如欲申請商標註冊，除須
撤銷先前違法註冊之商標，還必須符合商標識別性之要
求，在此仍建議應避免以單純地名之文字當作商標圖樣，
最好能加上整體文字及圖形之設計，以避免在申請註冊之
過程中，或日後主張權利，甚至侵權認定之困難。相對地，
若要申請註冊證明商標或者集體商標則必須檢附前述證明

文件，台灣業者除須費心整合（劃定地理區域）外，還應提出農產品與自然或人文因素間的關係調查研究資料等文件，有相當之困難度。此外，至大陸地區申請證明商標或者集體商標所應提出之證明文件，與在我國申請證明標章大致相同，若能在台灣先行通過証明標章之審查與註冊，將能大幅提高該標章之公信力以及至對岸申請獲准註冊之成功率。因此，業者若要至大陸申請註冊證明商標或者集體商標，智財局仍建議先在台灣取得証明標章之註冊後，再向大陸地區提出註冊申請。

在大陸對該等商標進行爭議訴訟之勝算如何？

(一) 就商標撤銷爭訟而言：台灣地區業者，如以該等商標之註冊違反大陸地區商標法第 11 條第 1 項第 3 款（缺乏顯著特徵）、第 10 條第 2 項（為縣級以上行政區劃的地名或者公眾知曉的外國地名）、第 10 條第 1 項第 8 款（註冊有其他不良影響），或者是以欺騙手段或其他不正當手段取得註冊者，得依同法第 41 條第 1 項後段規定，向大陸地區商標評審委員會請求裁定撤銷該等商標之註冊；如以該等商標之註冊違反其商標法第 16 條第 1 項（商標中有商品的地理標誌，而該商品並非來源於該標誌所標示之地區，而誤導公眾）、第 31 條（商標註冊損害他人現有在先權利，或係以不正當手段搶註者），應依同法第 41 條第 2 項規定，向大陸地區商標評審委員會請求裁定撤銷該等商標之註冊，然必須於商標註冊後 5 年之期間內提起。又其爭議訴訟之勝算需視台灣業者在各該爭議程序中所主張之條款、提出之

時間、證據資料充分與否以及大陸地區執法標準等因素而定，目前尚無法進行估計。

(二) 就商標侵權訴訟而言：在該等違法註冊之商標撤銷以前，倘台灣地區業者遭到大陸地區商標註冊人侵權之指控，而向當地法院起訴（民事），或由其工商行政管理部門依法查處（行政），甚至以涉嫌犯罪而移送司法機關處理（刑事）時，應可主張該等註冊商標中含有茶葉商品產地之「地名」，依據大陸地區商標法實施條例第 49 條規定，註冊商標專用權人「無權禁止他人正當使用」之合理抗辯事由，而免除商標侵權之責任。

地名是否不許註冊為商標

有關地名是否全然不准註冊之問題，應視申請註冊圖樣本身之整體設計及是否尚結合其他文字而定，而且地名與所指定商品或服務間之關連程度也是重要的判斷因素。如果申請之圖樣除了該地名以外，尚結合其他設計圖形或文字，有可能因為整體圖樣之設計構成，給予消費者非單純地名之觀念印象，則該圖樣整體有可能獲准註冊。反之，如果單純是地名文字，則要看該地名與所申請指定之商品或服務之關連程度，如果指定之商品或服務確實來自該地，則該地名即為說明性之文字；如果指定之商品或服務非來自該地，而該地名與其所指定商品或服務有密切關聯，足以使公眾產生誤信誤認之虞者，即有可能依商標法第 23 條第 1 項第 11 款規定不准其註冊；如果指定之商品或服務非來自該地，而該地名與其所指定商品或服務關聯程度並不高，不會使消費者產生誤認誤信之虞，該地名會被認為是由現有辭彙或普通名詞所構成之隨意性商標而獲准註冊。例如：「富士」獲准註冊於軟片；「玉山」獲准註冊於酒類商品等。

何以未主動發現台灣地名遭搶註之情事

　　商標權利之取得與制度之管理，固然與市場公平競爭及消費者權益有密切關聯，惟商標權之本質仍是一種私權，如果獲准註冊之商標的確侵害在先權利或有致公眾誤信誤認之虞，目前國內、外商標法制之規定都是由利害關係人或一般民眾透過異議、申請評定等公眾審查機制來申請撤銷違法註冊之商標。此外，目前各國商標法制均未發展出針對特定國家商標註冊情況進行全面監視之機制。在此情形下，政府自然無法主動發現台灣地名遭搶註之情事。

兩岸商標註冊之現況

(一) 兩岸商標保護制度，均採屬地主義，商標權之效力互不及於對方地區，任何一方之廠商如欲在對方地區取得商標權必需向對方之商標主管機關申請商標註冊。

(二) 我方廠商赴大陸地區申請商標註冊案件，自 78 年起至 93 年底止計有 9 萬 114 件，且尚在逐年增加中。自 78 年起每年統計之申請數字如附表：

(三) 大陸地區人民在我方申請註冊者，自 82 年至 94 年底止，總計 2591 件。每年統計之申請數字如附表：

(四) 透過上面數據顯示，同一期間內（82-93），我方廠商赴大陸申請註冊之案件數，約為大陸來台申請件數的 40 倍。伴隨而來，則是商標仿冒、搶先註冊糾紛的增加。由於我方業者至大陸地區申請註冊之案件數量遠大於對方至我方申請註冊者，因此並不具備主動採取反制措施的空間。仍宜透過兩岸進行保護智慧財產權之溝通協商，以達成共同打擊仿冒及搶註行為之共識，或積極進行兩岸學術及實務交

流，以民間方式建立兩岸智慧財產權互動暨保護機制等方法。來落實對於相關產業及智慧財產權之保護。

商標搶註問題是否得透過 WTO 機制解決

WTO 的爭端解決機制係提供會員之間產生爭端時的解決機制，因此是會員與會員之間就 IP 保護產生爭議之解決，並非針對權利人之間，或權利人與非權利人間之的爭議，所以是「官告官」的模式，並非解決「民告官」或「民告民」的問題。

爭端解決機制所規定之方式包括有磋商、談判、調停、斡旋、專家小組以及上訴機構等，必須磋商談判不成，才會進入司法性質的專家小組審查。此外，爭端之原因必須指出對方之法律內容或措施違反 WTO 的規定。以搶註商標為例，依照中國大陸法律規定，可以主張商標註冊不當而請求撤銷，尚未達於法律規定或措施違反 WTO 規定之程度，故目前訴諸 WTO 爭端解決之時機尚未成熟。

著作權篇

壹、台灣著作權法保護制度重點解析

台灣著作權法共分八章 171 條，以下擇其重點探討之：

<u>總則</u>

著作權法立法目的，為保障著作人著作權益，調和社會公共利益，促進國家文化發展，特制定著作權法。著作權法未規定者，適用其他法律之規定。

著作權法用詞定義如下：

一、著作：指屬於文學、科學、藝術或其他學術範圍之創作。

二、著作人：指創作著作之人。

三、著作權：指因著作完成所生之著作人格權及著作財產權。

四、公眾：指不特定人或特定之多數人。但家庭及其正常社交
之多數人，不在此限。

五、重製：指以印刷、複印、錄音、錄影、攝影、筆錄或其他
方法直接、間接、永久或暫時之重複製作。於劇本、音樂
著作或其他類似著作演出或播送時予以錄音或錄影；或依
建築設計圖或建築模型建造建築物者，亦屬之。

六、公開口述：指以言詞或其他方法向公眾傳達著作內容。

七、公開播送：指基於公眾直接收聽或收視為目的，以有線電、
無線電或其他器材之廣播系統傳送訊息之方法，藉聲音或
影像，向公眾傳達著作內容。由原播送人以外之人，以有
線電、無線電或其他器材之廣播系統傳送訊息之方法，將
原播送之聲音或影像向公眾傳達者，亦屬之。

八、公開上映：指以單一或多數視聽機或其他傳送影像之方法於同一時間向現場或現場以外一定場所之公眾傳達著作內容。

九、公開演出：指以演技、舞蹈、歌唱、彈奏樂器或其他方法向現場之公眾傳達著作內容。以擴音器或其他器材，將原播送之聲音或影像向公眾傳達者，亦屬之。

十、公開傳輸：指以有線電、無線電之網路或其他通訊方法，藉聲音或影像向公眾提供或傳達著作內容，包括使公眾得於其各自選定之時間或地點，以上述方法接收著作內容。

十一、改作：指以翻譯、編曲、改寫、拍攝影片或其他方法就原著作另為創作。

十二、散布：指不問有償或無償，將著作之原件或重製物提供公眾交易或流通。

十三、公開展示：指向公眾展示著作內容。

十四、發行：指權利人散布能滿足公眾合理需要之重製物。

十五、公開發表：指權利人以發行、播送、上映、口述、演出、展示或其他方法向公眾公開提示著作內容。

十六、原件：指著作首次附著之物。

十七、權利管理電子資訊：指於著作原件或其重製物，或於著作向公眾傳達時，所表示足以確認著作、著作名稱、著作人、著作財產權人或其授權之人及利用期間或條件之相關電子資訊；以數字、符號表示此類資訊者，亦屬之。

十八、防盜拷措施：指著作權人所採取有效禁止或限制他人擅自進入或利用著作之設備、器材、零件、技術或其他科技方法。

前項第八款所稱之現場或現場以外一定場所，包含電影院、俱樂部、錄影帶或碟影片播映場所、旅館房間、供公眾使用之交通工具或其他供不特定人進出之場所。

外國人之著作合於下列情形之一者，得依本法享有著作權。但條約或協定另有約定，經立法院議決通過者，從其約定：

一、於中華民國管轄區域內首次發行，或於中華民國管轄區域外首次發行後三十日內在中華民國管轄區域內發行者。但以該外國人之本國，對中華民國人之著作，在相同之情形下，亦予保護且經查證屬實者為限。

二、依條約、協定或其本國法令、慣例，中華民國人之著作得在該國享有著作權者。

著作

著作權之種類，依法有如下幾種：

一、語文著作。

二、音樂著作。

三、戲劇、舞蹈著作。

四、美術著作。

五、攝影著作。

六、圖形著作。

七、視聽著作。

八、錄音著作。

九、建築著作。

十、電腦程式著作。

前項各款著作例示內容，由主管機關訂定之。就原著作改作之創作為衍生著作，以獨立之著作保護之。衍生著作之保護，對原著作之著作權不生影響。

就資料之選擇及編排具有創作性者為編輯著作，以獨立之著作保護之。編輯著作之保護，對其所收編著作之著作權不生影響。表演人對既有著作或民俗創作之表演，以獨立之著作保護之。表演之保護，對原著作之著作權不生影響。二人以上共同完成之著作，其各人之創作，不能分離利用者，為共同著作。

關於著作權標的之限制，在下列各款不得為著作權之標的：

一、憲法、法律、命令或公文。

二、中央或地方機關就前款著作作成之翻譯物或編輯物。

三、標語及通用之符號、名詞、公式、數表、表格、簿冊或時曆。

四、單純為傳達事實之新聞報導所作成之語文著作。

五、依法令舉行之各類考試試題及其備用試題。

前項第一款所稱公文，包括公務員於職務上草擬之文告、講稿、新聞稿及其他文書。

著作人及著作權

著作人於著作完成時享有著作權。但本法另有規定者，從其規定。依著作權法取得之著作權，其保護僅及於該著作之表達，而不及於其所表達之思想、程式、製程、系統、操作方法、概念、原理、發現。受僱人於職務上完成之著作，以該受僱人為著作人。但契約約定以僱用人為著作人者，從其約定。依前項規定，以受僱人為著作人者，其著作財產權歸僱用人享有。但契約約定其著作財產權歸受僱人享有者，從其約定。前二項所稱受僱人，包括公務員。

　　出資聘請他人完成之著作，除前條情形外，以該受聘人為著作人。但契約約定以出資人為著作人者，從其約定。依前項規定，以受聘人為著作人者，其著作財產權依契約約定歸受聘人或出資人享有。未約定著作財產權之歸屬者，其著作財產權歸受聘人享有。依前項規定著作財產權歸受聘人享有者，出資人得利用該著作。

　　在著作之原件或其已發行之重製物上，或將著作公開發表時，以通常之方法表示著作人之本名或眾所周知之別名者，推定為該著作之著作人。前項規定，於著作發行日期、地點及著作財產權人之推定，準用之。

著作人格權

　　著作人就其著作享有公開發表之權利。但公務員，依著作權法第 11 條及第 12 條規定為著作人，而著作財產權歸該公務員隸屬之法人享有者，不適用之。

　　有下列情形之一者，推定著作人同意公開發表其著作：

一、著作人將其尚未公開發表著作之著作財產權讓與他人或授權他人利用時，因著作財產權之行使或利用而公開發表者。

二、著作人將其尚未公開發表之美術著作或攝影著作之著作原件或其重製物讓與他人，受讓人以其著作原件或其重製物公開展示者。

三、依學位授與法撰寫之碩士、博士論文，著作人已取得學位者。

　　依著作權法第 11 條第 2 項及第 12 條第 2 項規定，由僱用人或出資人自始取得尚未公開發表著作之著作財產權者，因其著作財產權之讓與、行使或利用而公開發表者，視為著作人同意公開發表其著作。前項規定，於著作權法第 12 條第 3 項準用之。著作人於著作

之原件或其重製物上或於著作公開發表時，有表示其本名、別名或不具名之權利。著作人就其著作所生之衍生著作，亦有相同之權利。利用著作之人，得使用自己之封面設計，並加冠設計人或主編之姓名或名稱。但著作人有特別表示或違反社會使用慣例者，不在此限。依著作利用之目的及方法，於著作人之利益無損害之虞，且不違反社會使用慣例者，得省略著作人之姓名或名稱。

著作人並享有禁止他人以歪曲、割裂、竄改或其他方法改變其著作之內容、形式或名目致損害其名譽之權利。著作人死亡或消滅者，關於其著作人格權之保護，視同生存或存續，任何人不得侵害。但依利用行為之性質及程度、社會之變動或其他情事可認為不違反該著作人之意思者，不構成侵害。共同著作之著作人格權，非經著作人全體同意，不得行使之。各著作人無正當理由者，不得拒絕同意。共同著作之著作人，得於著作人中選定代表人行使著作人格權。對於前項代表人之代表權所加限制，不得對抗善意第三人。

未公開發表之著作原件及其著作財產權，除作為買賣之標的或經本人允諾者外，不得作為強制執行之標的。著作人格權專屬於著作人本身，不得讓與或繼承。

著作財產權

著作人除本法另有規定外，專有重製其著作之權利。表演人專有以錄音、錄影或攝影重製其表演之權利。前二項規定，於專為網路合法中繼性傳輸，或合法使用著作，屬技術操作過程中必要之過渡性、附帶性而不具獨立經濟意義之暫時性重製，不適用之。但電腦程式著作，不在此限。前項網路合法中繼性傳輸之暫時性重製情形，包括網路瀏覽、快速存取或其他為達成傳輸功能之電腦或機械本身技術上所不可避免之現象。

　　著作人專有公開口述其語文著作之權利。除著作權法另有規定外，專有公開播送其著作之權利。表演人就其經重製或公開播送後之表演，再公開播送者，不適用前項規定。著作人也專有公開上映其視聽著作之權利，除著作權法另有規定外，專有公開演出其語文、音樂或戲劇、舞蹈著作之權利。表演人專有以擴音器或其他器材公開演出其表演之權利。但將表演重製後或公開播送後再以擴音器或其他器材公開演出者，不在此限。錄音著作經公開演出者，著作人得請求公開演出之人支付使用報酬。著作人除例外規定外，專有公開傳輸其著作之權利。表演人就其經重製於錄音著作之表演，也專有公開傳輸之權利。

　　關於著作人的權利尚有公開展示其未發行之美術著作或攝影著作之權利、以及將其著作改作成衍生著作或編輯成著作之權利。但表演不適用之。且除著作權法另有規定外，專有以移轉所有權之方式，散布其著作之權利。表演人就其經重製於錄音著作之表演，專有以移轉所有權之方式散布之權利，此外，著作人尚有出租著作權，表演人就其經重製於錄音著作之表演，也專有出租之權利。

著作財產權之存續期間

　　著作財產權，除另有規定外，存續於著作人之生存期間及其死亡後五十年。著作於著作人死亡後四十年至五十年間首次公開發表者，著作財產權之期間，自公開發表時起存續十年。共同著作之著作財產權，存續至最後死亡之著作人死亡後五十年。以別名著作或不具名著作之著作財產權，存續至著作公開發表後五十年。但可證明其著作人死亡已逾五十年者，其著作財產權消滅。前項規定，於著作人之別名為眾所周知者，不適用之。

法人為著作人之著作，其著作財產權存續至其著作公開發表後五十年。但著作在創作完成時起算五十年內未公開發表者，其著作財產權存續至創作完成時起五十年。攝影、視聽、錄音及表演之著作財產權存續至著作公開發表後五十年。

繼續或逐次公開發表之著作，依公開發表日計算著作財產權存續期間時，如各次公開發表能獨立成一著作者，著作財產權存續期間自各別公開發表日起算。如各次公開發表不能獨立成一著作者，以能獨立成一著作時之公開發表日起算。前項情形，如繼續部分未於前次公開發表日後三年內公開發表者，其著作財產權存續期間自前次公開發表日起算。

著作財產權之讓與、行使及消滅

著作財產權得全部或部分讓與他人或與他人共有。著作財產權之受讓人，在其受讓範圍內，取得著作財產權。著作財產權讓與之範圍依當事人之約定；其約定不明之部分，推定為未讓與。

著作財產權人得授權他人利用著作，其授權利用之地域、時間、內容、利用方法或其他事項，依當事人之約定；其約定不明之部分，推定為未授權。前項授權不因著作財產權人嗣後將其著作財產權讓與或再為授權而受影響。非專屬授權之被授權人非經著作財產權人同意，不得將其被授與之權利再授權第三人利用。

專屬授權之被授權人在被授權範圍內，得以著作財產權人之地位行使權利，並得以自己名義為訴訟上之行為。著作財產權人在專屬授權範圍內，不得行使權利。第 2 項至前項規定，於中華民國 90 年 11 月 12 日著作權法修正施行前所為之授權，不適用之。

　　音樂著作經授權重製於電腦伴唱機者，利用人利用該電腦伴唱機公開演出該著作，不適用著作權法第 7 章規定。但屬於著作權仲介團體管理之音樂著作，不在此限。

　　此外，以著作財產權為質權之標的物者，除設定時另有約定外，著作財產權人得行使其著作財產權。共同著作各著作人之應有部分，依共同著作人間之約定定之；無約定者，依各著作人參與創作之程度定之。各著作人參與創作之程度不明時，推定為均等。共同著作之著作人拋棄其應有部分者，其應有部分由其他共同著作人依其應有部分之比例分享之。前項規定，於共同著作之著作人死亡無繼承人或消滅後無承受人者，準用之。

　　共有之著作財產權，非經著作財產權人全體同意，不得行使之；各著作財產權人非經其他共有著作財產權人之同意，不得以其應有部分讓與他人或為他人設定質權。各著作財產權人，無正當理由者，不得拒絕同意。共有著作財產權人，得於著作財產權人中選定代表人行使著作財產權。對於代表人之代表權所加限制，不得對抗善意第三人。前條第 2 項及第 3 項規定，於共有著作財產權準用之。

　　著作財產權人投稿於新聞紙、雜誌或授權公開播送著作者，除另有約定外，推定僅授與刊載或公開播送一次之權利，對著作財產權人之其他權利不生影響。著作財產權因存續期間屆滿而消滅。於存續期間內，有下列情形之一者，亦同：

一、著作財產權人死亡，其著作財產權依法應歸屬國庫者。

二、著作財產權人為法人，於其消滅後，其著作財產權依法應歸屬於地方自治團體者。

　　著作財產權消滅之著作，除著作權法另有規定外，任何人均得自由利用。

著作財產權之限制

中央或地方機關，因立法或行政目的所需，認有必要將他人著作列為內部參考資料時，在合理範圍內，得重製他人之著作。但依該著作之種類、用途及其重製物之數量、方法，有害於著作財產權人之利益者，不在此限。專為司法程式使用之必要，在合理範圍內，得重製他人之著作。

依法設立之各級學校及其擔任教學之人，為學校授課需要，在合理範圍內，得重製他人已公開發表之著作。為編製依法令應經教育行政機關審定之教科用書，或教育行政機關編製教科用書者，在合理範圍內，得重製、改作或編輯他人已公開發表之著作。前項規定，於編製附隨於該教科用書且專供教學之人教學用之輔助用品，準用之。但以由該教科用書編製者編製為限。

依法設立之各級學校或教育機構，為教育目的之必要，在合理範圍內，得公開播送他人已公開發表之著作。前三項情形，利用人應將利用情形通知著作財產權人並支付使用報酬。使用報酬率，由主管機關定之。

供公眾使用之圖書館、博物館、歷史館、科學館、藝術館或其他文教機構，於下列情形之一，得就其收藏之著作重製之：

一、應閱覽人供個人研究之要求，重製已公開發表著作之一部分，或期刊或已公開發表之研討會論文集之單篇著作，每人以一份為限。

二、基於保存資料之必要者。

三、就絕版或難以購得之著作，應同性質機構之要求者。

第 48 條之 1（政府機關或教育機構得重製之著作摘要）

中央或地方機關、依法設立之教育機構或供公眾使用之圖書館，得重製下列已公開發表之著作所附之摘要：

一、依學位授與法撰寫之碩士、博士論文，著作人已取得學位者。

二、刊載於期刊中之學術論文。

三、已公開發表之研討會論文集或研究報告。

此外，以廣播、攝影、錄影、新聞紙、網路或其他方法為時事報導者，在報導之必要範圍內，得利用其報導過程中所接觸之著作。為報導、評論、教學、研究或其他正當目的之必要，在合理範圍內，得引用已公開發表之著作。

供個人或家庭為非營利之目的，在合理範圍內，得利用圖書館及非供公眾使用之機器重製已公開發表之著作。已公開發表之著作，得為視覺障礙者、聽覺機能障礙者以點字、附加手語翻譯或文字重製之。

以增進視覺障礙者、聽覺機能障礙者福利為目的，經依法立案之非營利機構或團體，得以錄音、電腦、口述影像、附加手語翻譯或其他方式利用已公開發表之著作，專供視覺障礙者、聽覺機能障礙者使用。

中央或地方機關、依法設立之各級學校或教育機構辦理之各種考試，得重製已公開發表之著作，供為試題之用。但已公開發表之著作如為試題者，不適用之。

非以營利為目的，未對觀眾或聽眾直接或間接收取任何費用，且未對表演人支付報酬者，得於活動中公開口述、公開播送、公開上映或公開演出他人已公開發表之著作。廣播或電視，為公開播送之目的，得以自己之設備錄音或錄影該著作。但以其公開播送業經

著作財產權人之授權或合於著作權法規定者為限。前項錄製物除經著作權專責機關核准保存於指定之處所外，應於錄音或錄影后六個月內銷燬之。但為加強收視效能，得以依法令設立之社區共同天線同時轉播依法設立無線電視臺播送之著作，不得變更其形式或內容。

美術著作或攝影著作原件或合法重製物之所有人或經其同意之人，得公開展示該著作原件或合法重製物。前項公開展示之人，為向參觀人解說著作，得於說明書內重製該著作。

於街道、公園、建築物之外壁或其他向公眾開放之戶外場所長期展示之美術著作或建築著作，除下列情形外，得以任何方法利用之：

一、以建築方式重製建築物。

二、以雕塑方式重製雕塑物。

三、為於本條規定之場所長期展示目的所為之重製。

四、專門以販賣美術著作重製物為目的所為之重製。

關於合法電腦程式著作之修改或重製，合法電腦程式著作重製物之所有人得因配合其所使用機器之需要，修改其程式，或因備用存檔之需要重製其程式。但限於該所有人自行使用。前項所有人因滅失以外之事由，喪失原重製物之所有權者，除經著作財產權人同意外，應將其修改或重製之程式銷燬之。

著作原件或其合法著作重製物之所有人，得出租該原件或重製物。但錄音及電腦程式著作，不適用之。附含於貨物、機器或設備之電腦程式著作重製物，隨同貨物、機器或設備合法出租且非該項出租之主要標的物者，不適用前項但書之規定。

揭載於新聞紙、雜誌或網路上有關政治、經濟或社會上時事問題之論述，得由其他新聞紙、雜誌轉載或由廣播或電視公開播送，或於網路上公開傳輸。但經註明不許轉載、公開播送或公開傳輸者，不在此限。政治或宗教上之公開演說、裁判程式及中央或地方機關

之公開陳述，任何人得利用之。但專就特定人之演說或陳述，編輯成編輯著作者，應經著作財產權人之同意。

著作之合理使用，不應該構成著作財產權之侵害。著作之利用是否合於著作權法第 44 條至第 63 條規定或其他合理使用之情形，應審酌一切情狀，尤應注意下列事項，以為判斷之基準：

一、利用之目的及性質，包括係為商業目的或非營利教育目的。

二、著作之性質。

三、所利用之質量及其在整個著作所占之比例。

四、利用結果對著作潛在市場與現在價值之影響。

著作權人團體與利用人團體就著作之合理使用範圍達成協議者，得為前項判斷之參考。前項協議過程中，得諮詢著作權專責機關之意見。

錄有音樂著作之銷售用錄音著作發行滿六個月，欲利用該音樂著作錄製其他銷售用錄音著作者，經申請著作權專責機關許可強制授權，並給付使用報酬後，得利用該音樂著作，另行錄製。前項音樂著作強制授權許可、使用報酬之計算方式及其他應遵行事項之辦法，由主管機關定之。依前條規定利用音樂著作者，不得將其錄音著作之重製物銷售至中華民國管轄區域外。

製版權

無著作財產權或著作財產權消滅之文字著述或美術著作，經製版人就文字著述整理印刷，或就美術著作原件以影印、印刷或類似方式重製首次發行，並依法登記者，製版人就其版面，專有以影印、印刷或類似方式重製之權利。製版人之權利，自製版完成時起算存續十年。前項保護期間，以該期間屆滿當年之末日，為期間之終止。製版權之讓與或信託，非經登記，不得對抗第三人。

權利管理電子資訊及防盜拷措施

著作權人所為之權利管理電子資訊，不得移除或變更。但有下列情形之一者，不在此限：

一、因行為時之技術限制，非移除或變更著作權利管理電子資訊即不能合法利用該著作。

二、錄製或傳輸系統轉換時，其轉換技術上必要之移除或變更。

明知著作權利管理電子資訊，業經非法移除或變更者，不得散布或意圖散布而輸入或持有該著作原件或其重製物，亦不得公開播送、公開演出或公開傳輸。

著作權人所採取禁止或限制他人擅自進入著作之防盜拷措施，未經合法授權不得予以破解、破壞或以其他方法規避之。

破解、破壞或規避防盜拷措施之設備、器材、零件、技術或資訊，未經合法授權不得製造、輸入、提供公眾使用或為公眾提供服務。

前二項規定，於下列情形不適用之：

一、為維護國家安全者。

二、中央或地方機關所為者。

三、檔案保存機構、教育機構或供公眾使用之圖書館，為評估是否取得資料所為者。

四、為保護未成年人者。

五、為保護個人資料者。

六、為電腦或網路進行安全測試者。

七、為進行加密研究者。

八、為進行還原工程者。

九、其他經主管機關所定情形。

前項各款之內容，由相關主管機關定之，並定期檢討。

著作權之權利侵害之救濟

　　著作權人或製版權人對於侵害其權利者，得依著作權法請求排除之，有侵害之虞者，得請求防止之。侵害著作人格權者，負損害賠償責任。雖非財產上之損害，被害人亦得請求賠償相當之金額。前項侵害，被害人並得請求表示著作人之姓名或名稱、更正內容或為其他回復名譽之適當處分。

　　著作人死亡後，除其遺囑另有指定外，下列之人，依順序對於違反著作權法第 18 條或有違反之虞者，得依同法第 84 條及前條第 2 項規定，請求救濟：

一、配偶。

二、子女。

三、父母。

四、孫子女。

五、兄弟姊妹。

六、祖父母。

　　此外，有下列情形之一者，除著作權法另有規定外，都視為侵害著作權或製版權：

一、以侵害著作人名譽之方法利用其著作者。

二、明知為侵害製版權之物而散布或意圖散布而公開陳列或持有者。

三、輸入未經著作財產權人或製版權人授權重製之重製物或製版物者。

四、未經著作財產權人同意而輸入著作原件或其重製物者。

五、以侵害電腦程式著作財產權之重製物作為營業之使用者。

六、明知為侵害著作財產權之物而以移轉所有權或出租以外之
方式散布者，或明知為侵害著作財產權之物，意圖散布而
公開陳列或持有者。但有下列情形之一者，前面第 4 款之
規定，不適用之：

(一) 為供中央或地方機關之利用而輸入。但為供學校或其他
教育機構之利用而輸入或非以保存資料之目的而輸入視
聽著作原件或其重製物者，不在此限。

(二) 為供非營利之學術、教育或宗教機構保存資料之目的而
輸入視聽著作原件或一定數量重製物，或為其圖書館借
閱或保存資料之目的而輸入視聽著作以外之其他著作原
件或一定數量重製物，並應依第 48 條規定利用之。

(三) 為供輸入者個人非散布之利用或屬入境人員行李之一部
分而輸入著作原件或一定數量重製物者。

(四) 附含於貨物、機器或設備之著作原件或其重製物，隨同
貨物、機器或設備之合法輸入而輸入者，該著作原件或
其重製物於使用或操作貨物、機器或設備時不得重製。

(五) 附屬於貨物、機器或設備之說明書或操作手冊，隨同貨
物、機器或設備之合法輸入而輸入者。但以說明書或操
作手冊為主要輸入者，不在此限。

前項第 2 款及第 3 款之一定數量，由主管機關另定之。

不法侵害著作財產權或製版權之民事責任

因故意或過失不法侵害他人之著作財產權或製版權者，負損害
賠償責任。數人共同不法侵害者，連帶負賠償責任。前項損害賠償，
被害人得依下列規定擇一請求：

一、依民法第216條之規定請求。但被害人不能證明其損害時，
得以其行使權利依通常情形可得預期之利益，減除被侵害後
行使同一權利所得利益之差額，為其所受損害。

二、請求侵害人因侵害行為所得之利益。但侵害人不能證明其
成本或必要費用時，以其侵害行為所得之全部收入，為其
所得利益。

依前項規定，如被害人不易證明其實際損害額，得請求法院依
侵害情節，在新臺幣一萬元以上一百萬元以下酌定賠償額。如損害
行為屬故意且情節重大者，賠償額得增至新臺幣五百萬元。共同著
作之各著作權人，對於侵害其著作權者，得各依本章之規定，請求
救濟，並得按其應有部分，請求損害賠償。

海關查扣

著作權人或製版權人對輸入或輸出侵害其著作權或製版權之物
者，得申請海關先予查扣。申請應以書面為之，並釋明侵害之事實，
及提供相當於海關核估該進口貨物完稅價格或出口貨物離岸價格之
保證金，作為被查扣人因查扣所受損害之賠償擔保。海關受理查扣
之申請，應即通知申請人。如認符合前項規定而實施查扣時，應以
書面通知申請人及被查扣人。申請人或被查扣人，得向海關申請檢
視被查扣之物。查扣之物，經申請人取得法院民事確定判決，屬侵
害著作權或製版權者，由海關予以沒入。沒入物之貨櫃延滯費、倉
租、裝卸費等有關費用暨處理銷毀費用應由被查扣人負擔。處理銷
毀所需費用，經海關限期通知繳納而不繳納者，依法移送強制執行。

有下列情形之一者，除由海關廢止查扣依有關進出口貨物通關
規定辦理外，申請人並應賠償被查扣人因查扣所受損害：

一、查扣之物經法院確定判決，不屬侵害著作權或製版權之物者。

二、海關於通知申請人受理查扣之日起十二日內，未被告知就查扣物為侵害物之訴訟已提起者。

三、申請人申請廢止查扣者。

前項第 2 款規定之期限，海關得視需要延長十二日。

有下列情形之一者，海關應依申請人之申請返還保證金：

一、申請人取得勝訴之確定判決或與被查扣人達成和解，已無繼續提供保證金之必要者。

二、廢止查扣後，申請人證明已定二十日以上之期間，催告被查扣人行使權利而未行使者。

三、被查扣人同意返還者。

被查扣人就第二項之保證金與質權人有同一之權利。

海關於執行職務時，發現進出口貨物外觀顯有侵害著作權之嫌者，得於一個工作日內通知權利人並通知進出口人提供授權資料。權利人接獲通知後對於空運出口貨物應於四小時內，空運進口及海運進出口貨物應於一個工作日內至海關協助認定。權利人不明或無法通知，或權利人未於通知期限內至海關協助認定，或經權利人認定係爭標的物未侵權者，若無違反其他通關規定，海關應即放行。

經認定疑似侵權之貨物，海關應採行暫不放行措施。

海關採行暫不放行措施後，權利人於三個工作日內，未依第 1 項至第 10 項向海關申請查扣，或未採行保護權利之民、刑事訴訟程式，若無違反其他通關規定，海關應即予放行。

重製他人著作之處罰

擅自以重製之方法侵害他人之著作財產權者，處三年以下有期徒刑、拘役，或科或併科新臺幣七十五萬元以下罰金。意圖銷售或出租而擅自以重製之方法侵害他人之著作財產權者，處六月以上五年以下有期徒刑，得併科新臺幣二十萬元以上二百萬元以下罰金。以重製於光碟之方法犯前項之罪者，處六月以上五年以下有期徒刑，得併科新臺幣五十萬元以上五百萬元以下罰金。著作僅供個人參考或合理使用者，不構成著作權侵害。

公開侵害著作財產權之處罰

擅自以公開口述、公開播送、公開上映、公開演出、公開傳輸、公開展示、改作、編輯、出租之方法侵害他人之著作財產權者，處三年以下有期徒刑、拘役，或科或併科新臺幣七十五萬元以下罰金。有下列情形之一者，處二年以下有期徒刑、拘役，或科或併科新臺幣五十萬元以下罰金：

一、侵害著作權法第 15 條至第 17 條規定之著作人格權者。

二、違反著作權法第 70 條規定者。

三、以著作權法第 87 條第一款、第 3 款、第 5 款或第 6 款方法之一侵害他人之著作權者。但著作權法第 91 條之一第二項及第三項規定情形，不包括在內。

以犯著作權法第 91 條第 1 項、第 2 項、第 91 條之 1、第 92 條或第 93 條之罪為常業者，處一年以上七年以下有期徒刑，得併科新臺幣三十萬元以上三百萬元以下罰金。以犯著作權法第 91 條第 3 項之罪為常業者，處一年以上七年以下有期徒刑，得併科新臺幣八十萬元以上八百萬元以下罰金。至於侵害著作人格權及製版權之處

罰，著作權法規定，違反第 112 條規定者，處一年以下有期徒刑、拘役或科或併科新臺幣二萬元以上二十五萬元以下罰金。

貳、大陸著作權法保護制度重點解析

中國在 2001 年 10 月 27 日通過對《著作權法》的修改，並於同日起施行。2002 年 8 月 2 日中國國務院公布了修改的《著作權法實施條例》，自 2002 年 9 月 15 日起施行。這次《著作權法》修改共計五十三項，其中為因應 TRIPs 協定的要求，修改為十二項，其他各項修改也是為符合與國際接軌的要求。中國原《著作權法》共計 56 條，逆行實質內容修改的有 36 條和一章的名稱，未作修改的有 13 條；刪去 5 條（第 7、26、41、52、54 條），合併二條（第 23 與 24、48 與 49 條），新增 11 條，總計為 60 條。綜觀中國《著作權法》這次的修改，受 TRIPs 協定以及相關國際條約影響與其差異問題，本節將一併逐一討論[1]。

一、《著作權法》因 TRIPs 協定要求所作的修改

（一）取消不合理的「合理使用」

原《著作權法》第 43 條規定：「廣播電台、電視台非營業性播放已經出版的錄音製品，可以不經著作權人、表演者、錄音製作者許可，不向其支付報酬。」這種對音樂作品和錄音製品「合理使用」

---

[1]　李順德、周祥著，*著作權法修改導讀*，北京：知識出版社，2002 年 11 月，第一版，頁 23。

的規定，是極不合理的，它明顯與《伯爾尼公約》第 11 條所規定的
表演權和第 11 條之 2 所規定的廣播權相衝突，侵害了錄製為該錄音
製品的原作品著作權人對其作品的表演權、傳播權和獲得報酬權。
此次修改，將該條改為：「廣播電台、電視台播放已經出版的錄音製
品，可以不經著作權人許可，但應當支付報酬。當事人另有約定的
除外。」這樣就將「合理使用」改為「法定許可」。這一修改雖然仍
與《伯爾尼公約》存在差距，但已屬來之不易的一大進步。

（二）修改數據庫等彙編作品的保護條件

　　TRIPs 協定第 10 條第 2 款規定，數據或其他材料的匯編，無論
採用機器可讀形式還是其他形式，只要其內容的選擇或安排構成智
力創作，即應予以保護。這類不延及數據或材料本身的保護，不得
損害數據或材料本身已有的版權。這與《伯爾尼公約》第 2 條第 5
款對彙編作品的保護條件是有所區別的。按照《伯爾尼公約》的規
定，彙編作品的構成素材本身應該是享有版權的作品，而且「其內
容的選擇與編排構成智力創作」，才能作為彙編作品受到保護。

　　原《著作權法》第 14 條中的相應規定，與《伯爾尼公約》第 2
條第 5 款相近，但是沒有包括「其內容的選擇與編排構成智力創作」
這一要件，此外把彙編作品表述為「編輯作品」，也是不妥的[2]。按
原《著作權法》的規定，以數據和其他材料構成的數據庫，大部分
是不能作為彙編作品取得著作權保護的。這顯然不符合 TRIPs 協定
的基本要求。

---

[2] 「編輯」的本意是指文字加工、刪改等，被視為是一種非創作性勞動，不能
產生新的版權。而「彙編」才是「指根據特定要求選擇若干作品或者作品的
片段匯集編排成為一部作品」，是一種創作性勞動，可以產生新的版權。

此次修改，第 14 條修改為：「彙編若干作品、作品的片段或者不構成作品的數據或者其他材料，對其內容的選擇或者編排體現獨創性的作品，為彙編作品，其著作權由彙編人享有，但行使著作權時，不得侵犯原作品的著作權。」這就符合了上述 TRIPs 協定的要求。

（三）明確規定計算機程式和電影作品出租權

TRIPs 協定第 11 條規定，至少對於計算機程式和電影作品，成員應授權其作者或作者的合法繼承人享有其作品原件或複製件的出租權；第 14 條第 4 款規定，第 11 條的規定原則上適用於錄音製品製作者及其他合法權利持有人。

按照原《著作權法》第 10 條的規定和原《著作權法實施條例》第 5 條第(5)項的解釋，出租權是包含在發行權之中的，可以適用於所有受到著作權保護的作品，當然包括電影作品，通過對原《著作權法》第 3 條第 1 款第(8)項和原《計算機軟體保護條例》第 9 條第 1 款第(3)項的解釋，也可適用於計算機程式，但是不能適用於錄音製品。此外，所規定的出租權只適用於「複製件」，而沒有明確是否包括作品「原件」[3]。

此次修改，對第 10 條第 1 款第(7)項作了如下修改：「出租權，即有償許可他人臨時使用電影作品和以類似攝製電影的方法創作的作品、計算機軟體的權利，計算機軟體不是出租的主要標的的除外」，明確出租權僅適用於電影作品和以類似攝製電影的方法創作的作品、計算機軟體，並明確享有出租權的主體僅限於著作權人，達到了 TRIPs 協定的要求。

---

[3] 中國原《著作權法》規定的享有出租權的主體，不僅有著作權人，也包括經合法許可取得作品「發行權」的權利持有者，這種擴大如果沒有嚴格的限制，有可能損害電影作品、計算機軟體版權所有人的合法權益。

（四）增加錄音錄像製品的出租權

按原《著作權法》第 29 條的規定：「錄音錄像製作者對其製作的錄音錄像製品，享有許可他人複製發行並獲得報酬的權利。該權利的保護期為五十年，截止於該製品首次出版後的第五十年的 12 月 31 日。」

此次修改，在第 41 條中規定：「錄音錄像製作者對其製作的錄音錄像製品，享有許可他人複製、發行、出租、通過信息網絡向公眾傳播並獲得報酬的權利；權利的保護期為五十年，截止於該製品首次製作完成後第五十年的 12 月 31 日」，增加了錄音錄像製品的出租權，符合了 TRIPs 協定的要求。WIPO 的《世界知識產權組織表演和錄音製品條約》（簡稱 WPPT）第 13 條也有同樣的要求。

（五）加強對盜版、侵權的查緝

為加強對盜版、侵權的查緝，此次從以下幾個方面作了修改：

1. 明確規定盜版、侵權的刑事責任

原《著作權法》沒有規定盜版、侵權的刑事責任。雖然在 1997 年修改的《刑法》當中，已作補充，但是沒有在著作權法中加以明確。此次修改，在《著作權法》第 47 條中規定：有下列侵權行為的……「構成犯罪的，依法追究刑事責任」，明確規定了盜版、侵權的刑事責任。

2. 增加訴前保全措施

此次修改，在《著作權法》第 49 條中規定：「著作權人或者與著作權有關的權利人有證據證明他人正在實施或者即將實施侵犯其

權利的行為，如不及時制止將會使其合法權益受到難以彌補的損害的，可以在起訴前向人民法院申請採取責令停止有關行為和財產保全的措施。人民法院處理前款申請，適用《民事訴訟法》第 93 條至第 96 條和第 99 條的規定」。

在第 50 條中並規定：「為制止侵權行為，在證據可能滅失或者以後難以取得的情況下，著作權人或者與著作權有關的權利人可以在起訴前向人民法院申請保全證據。

人民法院接受申請後，必須在四十八小時內作出裁定；裁定採取保全措施的，應當立即開始執行。

人民法院可以責令申請人提供擔保，申請人不提供擔保的，駁回申請。

申請人在人民法院採取保全措施後十五日內不起訴的，人民法院應當解除保全措施。」

依據中國《民事訴訟法》的規定，停止侵害、證據保全等申請必須在訴訟中方可提出。著作權法的這一修改，突破了民事訴訟法的限制，達到了 TRIPs 協定的要求，這對於加大保護知識產權的力度是十分必要的。

3. 明確侵權損害賠償的確定原則

中國修改後的《著作權法》第 48 條第 1 款中規定：「侵犯著作權或者與著作權有關的權利的，侵權人應當按照權利人的實際損失給予賠償；實際損失難以計算的，可以按照侵權人的違法所得給予賠償。賠償數額還應當包括權利人為制止侵權行為所支付的合理開支。」明確了侵權損害賠償的確定原則。值得注意的是，「賠償數額還應當包括權利人為制止侵權行為所支付的合理開支」這一規定，是根據 TRIPs 協定增加的，也突破《民法通則》所確認的損害賠償原則。

4. 增加侵權的「法定賠償」

此次修改，在《著作權法》第 48 條第 2 款中規定：「權利人的實際損失或者侵權人的違法所得不能確定的，由人民法院根據侵權行為的情節，判決給予五十萬元以下的賠償。」「法定賠償」的規定，對於加快處理侵權糾紛，加大打擊侵權是十分重要的。

5. 增加侵權人的舉證責任

《著作權法》第 52 條中規定：「複製品的出版者、製作者不能證明其出版、製作有合法授權的，複製品的發行者或者電影作品或者以類似攝製電影的方法創作的作品、計算機軟體、錄音錄像製品的複製品的出租者不能證明其發行、出租的複製品有合法來源的，應當承擔法律責任。」此條規定說明瞭兩個問題。其一是再次明確了對版權侵權的認定原則，不是以行為人存在主觀過錯為要件，也就是應遵循「無過錯原則」。而對於侵權損害賠償責任的認定，應遵循「過錯原則」，根據侵權人是否存在主觀過錯以及過錯的性質、程度來確定損害賠償責任[4]。

6. 加重對損害公共利益侵權行為的懲處

《著作權法》第 47 條中規定：「有下列侵權行為的，應當根據情況，承擔停止侵害、消除影響、賠禮道歉、賠償損失等民事責任；同時損害公共利益的，可以由著作權行政管理部門責令停止侵權行為，沒收違法所得，沒收、銷毀侵權複製品，並可處以罰款；情節

---

[4] 該條所講的「法律責任」是指侵權損害賠償責任，而不是一般的「侵權責任」。其二是允許在符合上述法定條件下的「舉證責任」轉移，將舉證責任轉移到被指控為「侵權人」的身上。這對於加強知識產權的保護是十分必要的。

嚴重的，著作權行政管理部門還可以沒收主要用於製作侵權複製品的材料、工具、設備等。」

在第 51 條中規定：「人民法院審理案件，對於侵犯著作權或者與著作權有關的權利的，可以沒收違法所得、侵權複製品以及進行違法活動的財物。」

與原《著作權法》第 46 條相比，可以看出，「沒收、銷毀侵權複製品」、「可以沒收主要用於製作侵權複製品的材料、工具、設備等」是此次修改時根據 TRIPs 協定新增加的。

（六）縮小「合理使用」的範圍

中國原《著作權法》對「合理使用」的規定，集中於第 22 條，此次主要作了以下修改：

1. 將第 22 條第 1 款第(3)項「為報導時事新聞，在報紙、期刊、廣播、電視節目或者新聞紀錄影片中引用已經發表的作品」改為「為報導時事新聞，在報紙、期刊、廣播電台、電視台等媒體中不可避免地再現或者引用已經發表的作品」，增加了「不可避免地再現或者引用」的限制條件，這一限制條件在原《著作權法實施條例》第 28 條中已有規定：「《著作權法》第 22 條第(3)項的規定，指在符合新聞報導目的的範圍內，不可避免地再現已經發表的作品」，此次修改將其提到著作權法中來，加以強調。

2. 將第 22 條第 1 款第(4)項「報紙、期刊、廣播電台、電視台刊登或者播放其他報紙、期刊、廣播電台、電視台已經發表的社論、評論員文章」改為「報紙、期刊、廣播電台、電視台等媒體刊登或者播放其他報紙、期刊、廣播電台、電視台等媒體已經發表的關於政治、經濟、宗教問題的時

事性文章，但作者聲明不許刊登、播放的除外」，將「社論、評論員文章」縮小為「關於政治、經濟、宗教問題的時事性文章」，並增加了限制性條件「作者聲明不許刊登、播放的除外」。

3. 將第 22 條第 1 款第(7)項「國家機關為執行公務使用已經發表的作品」改為「國家機關為執行公務在合理範圍內使用已經發表的作品」，增加了限制性條件「在合理範圍內」。

4. 將第 22 條第 1 款第(9)項「免費表演已經發表的作品」改為「免費表演已經發表的作品，該表演未向公眾收取費用，也未向表演者支付報酬」。增加了限制性條件「該表演未向公眾收取費用，也未向表演者支付報酬」。這一限制條件在原《著作權法實施條例》第 30 條中已有規定：「依照《著作權法》第 22 條第 1 款第(9)項的規定表演已經發表的作品，不得向聽眾、觀眾收取費用，也不得向表演者支付報酬」，此次修改將其提到著作權法中來，加以強調。

5. 將第 22 條第 1 款第(11)項「將已經發表的漢族文字作品翻譯成少數民族文字在國內出版發行」改為「將中國公民、法人或者其他組織已經發表的以漢語言文字創作的作品翻譯成少數民族語言文字作品在國內出版發行」，增加了限制性條件「中國公民、法人或者其他組織已經發表的」和「以漢語言文字創作的」，前一限制條件是新增加的，後一限制條件在原《著作權法實施條例》第 31 條中已有規定[5]。

---

[5] 原《著作權法實施條例》第 31 條中已有規定：「《著作權法》第 22 條第(11)項的規定，僅適用於原作品為漢族文字的作品。」此次修改將其提到著作權法中來，加以強調。

通過這次對著作權法的修改，進一步縮小「合理使用」的範圍，但是與 TRIPs 協定和《伯爾尼公約》的要求相比，仍然存在差距。

(七) 進一步限定「法定許可」的條件

原《著作權法》第 32 條、第 35 條、第 37 條、第 40 條所規定的法定許可，都是與《伯爾尼公約》的規定直接衝突的。此次修改，將第 35 條規定的法定許可取消，將第 37 條規定的法定許可由「已發表的作品」縮小到「已經合法錄製為錄音製品的音樂作品」，將第 40 條規定的法定許可由多種「使用」方式縮小到「播放」一種方式，這基本上達到了《伯爾尼公約》的要求。但是第 32 條未作修改，仍然存在問題。此次修改，新增加的第 23 條所規定的編寫教科書所允許的法定許可，是符合有關國際公約要求的，不存在問題。

二、強化網路環境的版權保護

(一) 增加資訊網絡傳播權

《著作權法》第 10 條第 1 款第(12)項中規定：「資訊網絡傳播權，即以有線或者無線方式向公眾提供作品，使公眾可以在其個人選定的時間和地點獲得作品的權利」，在著作權中增加了「資訊網絡傳播權」。在《著作權法》第 41 條中規定：錄音錄像製作者對其製作的錄音錄像製品，享有許可他人「通過資訊網路向公眾傳播並獲得報酬的權利」「被許可人複製、發行、通過資訊網路向公眾傳播錄音錄像製品，還應當取得著作權人、表演者許可，並支付報酬」。在第 37 條第 1 款第(6)項中規定：表演者對其表演享有「許可他人通過資訊網路向公眾傳播其表演，並獲得報酬」的權利，在鄰接權中，給錄音錄像製作者和表演者增加了資訊網路傳播權。

在《著作權法》第 47 條第 1 款第(1)項中規定：「未經著作權人許可，複製、發行、表演、放映、廣播、彙編、通過資訊網路向公眾傳播其作品的，本法另有規定的除外」，在第 47 條第 1 款第(3)項中規定：「未經表演者許可，複製、發行錄有其表演的錄音錄像製品，或者通過資訊網路向公眾傳播其表演的，本法另有規定的除外」，在第 47 條第 1 款第(4)項中規定：「未經錄音錄像製作者許可，複製、發行、通過資訊網路向公眾傳播其製作的錄音錄像製品的，本法另有規定的除外」，將上述三種侵害資訊網路傳播權與其他侵權行為並列提出。

（二）增加對「技術措施」的保護

《著作權法》第 47 條第 1 款第(6)項中規定：「未經著作權人或者與著作權有關的權利人許可，故意避開或者破壞權利人為其作品、錄音錄像製品等採取的保護著作權或者與著作權有關的權利的技術措施的，法律、行政法規另有規定的除外」。這一規定是依據 WIPO 的《世界知識產權組織版權條約》（WCT）和 WPPT 而增加的[6]。所不同的是，在 WCT 和 WPPT 中，對「技術措施」的保護是作為一種「義務」（Obligations）來規定的，而不是作為賦與版權權利人的一項權利（Right），在中國新修改的《著作權法》中，將「故意避開或者破壞」技術措施的行為認定為是一種嚴重的侵權行為。

---

[6] WCT 第 11 條規定：「關於技術措施的義務締約各方應規定適當的法律保護和有效的法律補救辦法，制止規避由作者為行使本條約所規定的權利而使用的、對就其作品進行未經該有關作者許可或未由法律准許的行為加以約束的有效技術措施。WPPT 第 18 條規定：「關於技術措施的義務締約各方應規定適當的法律保護和有效的法律補救辦法，制止規避由表演者或錄音製品製作者為行使本條約所規定的權利而使用的、對就其表演或錄音製品進行未經該有關表演者或錄音製品製作者許可、或未由法律准許的行為加以約束的有效技術措施。」

（三）增加對「權利管理資訊」的保護

《著作權法》第 47 條第 1 款第(7)項規定：「未經著作權人或者與著作權有關的權利人許可，故意刪除或者改變作品、錄音錄像製品等的權利管理電子資訊的，法律、行政法規另有規定的除外」。這一規定也是依據 WCT 第 12 條和 WPPT 第 19 條而增加的。所不同的是，在 WCT 和 WPPT 中，對「權利管理資訊」的保護是作為一種「義務」（Obligations）來規定的，而並非是作為賦與版權權利人的一項權利（Right），在中國《著作權法》中，將「故意刪除或者改變」權利管理資訊的行為認定為是一種嚴重的侵權行為。

三、他方面為符合與國際接軌的修改條文

（一）增加版權保護的客體

《著作權法》此次修改，增加了版權保護的「作品」的範圍：

1. 首次明確將「雜技藝術作品」列入著作權法保護，這是考慮到雜技藝術是中國的傳統藝術，在世界範圍內享有盛譽，應該加強保護；
2. 增加對「建築作品」的保護，包括對建築圖紙和建築實物的保護，這是《伯爾尼公約》所要求的；
3. 增加對「模型作品」的保護，這是符合《伯爾尼公約》的要求的。

（二）增加和明確了著作權人的權利

1.明確機械表演權

按原《著作權法》第 10 條的規定，著作權中包括「表演權」。但是，依據原《著作權法實施條例》第 5 條第 1 款第(2)項的解釋，「表演，指演奏樂曲、上演劇本、朗誦詩詞等直接或者藉助技術設備以聲音、表情、動作公開再現作品」，只是涉及到「現場表演」，而不包括「機械表演」。

新《著作權法》，對第 10 條第 1 款第(9)項作了如下規定：「表演權，即公開表演作品，以及用各種手段公開播送作品的表演的權利」，涵蓋了「現場表演權」和「機械表演權」。

此外，還在第 10 條第 1 款第(10)項規定：「放映權，即通過放映機、幻燈機等技術設備公開再現美術、攝影、電影和以類似攝製電影的方法創作的作品等的權利」，把「放映權」這樣一種特殊的「機械表演權」，作為一種獨立的權利加以明確。

2.將「播放權」改為「廣播權」，並加以擴充按照原《著作權法》第 10 條的規定，著作權中包括「播放權」。但是，依據原《著作權法實施條例》第 5 條第 1 款第(2)項的解釋，「播放，指通過無線電波、有線電視系統傳播作品」，範圍很窄。

而後中國修改《著作權法》，在第 10 條第 1 款第(11)項中規定：「廣播權，即以無線方式公開廣播或者傳播作品，以有線傳播或者轉播的方式向公眾傳播廣播的作品，以及通過擴音器或者其他傳送符號、聲音、圖像的類似工具向公眾傳播廣播的作品的權利」，將「播放權」改為「廣播權」，並擴大了其權限範圍，包括了以有線或無線等方式的直播、轉播和傳播。

3. 增加資訊網路傳播權

新《著作權法》在第 10 條第 1 款第(12)項中明確規定：「資訊網路傳播權，即以有線或者無線方式向公眾提供作品，使公眾可以在其個人選定的時間和地點獲得作品的權利」。這一項是根據 WIPO 的 WCT 第 8 條而增加的權利。

這一權利的增加，對於保護網路環境下的版權意義重大。

4. 增加轉讓權

按照原《著作權法》，對於「轉讓權」沒有作出明確規定。事實上允許並保護版權的轉讓。

此次修改，在第 25 條中規定：「轉讓本法第 10 條第 1 款第(5)項至第(17)項規定的權利，應當訂立書面合同。

權利轉讓合同包括下列主要內容：

1. 作品的名稱；
2. 轉讓的權利種類、地域範圍；
3. 轉讓價金；
4. 交付轉讓價金的日期和方式；
5. 違約責任；
6. 雙方認為需要約定的其他內容。」

並在第 26 條中規定：「許可使用合同和轉讓合同中著作權人未明確許可、轉讓的權利，未經著作權人同意，另一方當事人不得行使。」

這樣就對「轉讓權」作出了明確的規定。

5. 調整複製權的內容

按照原《著作權法》第 10 條的規定，著作權中包括「複製權」。依據原《著作權法》第 52 條第 1 款的解釋，「本法所稱的複製，指以印刷、複印、臨摹、拓印、錄音、錄像、翻錄、翻拍等方式將作品製作一份或者多份的行為。」

此次修改，在第 10 條第 1 款第(5)項中明確規定：「複製權，即以印刷、複印、拓印、錄音、錄像、翻錄、翻拍等方式將作品製作一份或者多份的權利」。與原《著作權法》相比，只是刪去了「臨摹」。這意味著「臨摹」不再被一概認為是「複製」，應針對具體情況，區別對待。

此外，新《著作權法》修改刪除了原《著作權法》第 52 條第 2 款「按照工程設計、產品設計圖紙及其說明進行施工、生產工業品，不屬於本法所稱的複製」。但這並不意味著承認上述行為構成「複製」。依照《伯爾尼公約》，「複製」可以包括從平面到立體的複製，其前提條件是複製的結果應是「作品」，而不是「產品」。

6. 調整電影作品有關作者的權利

按照原《著作權法》第 15 條的規定，「電影、電視、錄像作品的導演、編劇、作詞、作曲、攝影等作者享有署名權，著作權的其他權利由製作電影、電視、錄像作品的製片者享有。

「電影、電視、錄像作品中劇本、音樂等可以單獨使用的作品的作者有權單獨行使其著作權。」

新《著作權法》，對電影作品有關作者的權利進一步加以細化和明確。在《著作權法》第 15 條中規定：「電影作品和以類似攝製電影的方法創作的作品的著作權由製片者享有，但編劇、導演、攝影、

作詞、作曲等作者享有署名權，並有權按照與製片者簽訂的合同獲得報酬。

電影作品和以類似攝製電影的方法創作的作品中的劇本、音樂等可以單獨使用的作品的作者有權單獨行使其著作權。」

此外，還在第 10 條中增加了電影作品的「放映權」和「出租權」。

（三）增加和明確了版權鄰接權人的權利

1. 增加資訊網路傳播權

《著作權法》第 41 條中規定：錄音錄像製作者對其製作的錄音錄像製品，享有許可他人「通過資訊網路向公眾傳播並獲得報酬的權利」，在第 37 條中規定：表演者對其表演享有「許可他人通過資訊網路向公眾傳播其表演，並獲得報酬」的權利，增加了資訊網路傳播權[7]。

2. 增加表演者的權利

按原《著作權法》第 36 條的規定：「表演者對其表演享有下列權利：

(1) 表明表演者身分；

(2) 保護表演形象不受扭曲；

(3) 許可他人從現場直播；

(4) 許可他人為營利目的錄音錄像，並獲得報酬。」

新《著作權法》第 37 條中規定：「表演者對其表演享有下列權利：

(1) 表明表演者身分；

---

[7] 這一規定是依據 WPPT 第 10 條、第 14 條、第 15 條的規定而增加的。

(2) 保護表演形象不受扭曲；

(3) 許可他人從現場直播和公開傳送其現場表演，並獲得報酬；

(4) 許可他人錄音錄像，並獲得報酬；

(5) 許可他人複製、發行錄有其表演的錄音錄像製品，並獲得報酬；

(6) 許可他人通過資訊網路向公眾傳播其表演，並獲得報酬。

被許可人以前款第(3)項至第(6)項規定的方式使用作品，還應當取得著作權人許可，並支付報酬。」增加了表演者「公開傳送其現場表演，並獲得報酬」、「許可他人複製、發行錄有其表演的錄音錄像製品，並獲得報酬」、「許可他人通過資訊網路向公眾傳播其表演，並獲得報酬」等權利。

（四）確定中國版權集體管理機構的法律地位

對於版權的集體管理問題，在原著作權法中並沒有作具體規定，只是在原《著作權法實施條例》第 54 條中規定：「著作權人可以通過集體管理的方式行使其著作權」。

《著作權法》第 8 條中規定：「著作權人和與著作權有關的權利人可以授權著作權集體管理組織行使著作權或者與著作權有關的權利。著作權集體管理組織被授權後，可以以自己的名義為著作權人和與著作權有關的權利人主張權利，並可以作為當事人進行涉及著作權或者與著作權有關的權利的訴訟、仲裁活動。

著作權集體管理組織是非營利性組織，其設立方式、權利義務、著作權許可使用費的收取和分配，以及對其監督和管理等由國務院另行規定[8]。」

---

[8] 為因應新修改的著作權法，除了已對原《著作權法實施條例》和《計算機軟

四、計算機程式法律保護達到文字作品保護的水準

中國新《著作權法》雖然並沒有從文字上寫明將計算機程式作為文字作品給予保護，但通過對《計算機軟體保護條例》的修改，基本上達到這一要求。

2001 年 12 月 20 日，中國國務院以 339 號令公布了新修改的《計算機軟體保護條例》（以下簡稱「新《條例》」），2002 年 1 月 1 日起施行。此次修改主要有以下幾個方面：

（一）基本消除對軟體保護的雙重標準

這裡所說的雙重標準，是指在新《條例》施行以前，對中國的計算機軟體按照《條例》的規定保護，而對來自《伯爾尼公約》成員國的計算機軟體作為文字作品按照《伯爾尼公約》給予保護，對於後者的保護水準顯然高於前者。

1.統一軟體的保護期

新《條例》第 14 條規定：「軟體著作權自軟體開發完成之日起產生。

自然人的軟體著作權，保護期為自然人終生及其死亡後五十年，截止於自然人死亡後第五十年的 12 月 31 日；軟體是合作開發的，截止於最後死亡的自然人死亡後第五十年的 12 月 31 日。

法人或者其他組織的軟體著作權，保護期為五十年，截止於軟體首次發表後第五十年的 12 月 31 日，但軟體自開發完成之日起五

體保護條例》作相應的修改外，還準備制定以下四個條例或管理辦法：（一）關於集體管理組織的管理辦法；（二）關於廣播電台、電視台法定許可使用錄音製品付費的規定；（三）網絡環境版權保護的具體規定；（四）民間文學藝術保護條例。

十年內未發表的，本條例不再保護。」這與文字作品的著作權保護
期是一致的。

2.軟體保護增加出租權

新《條例》第 8 條第 1 款第(6)項規定：軟體著作權人享有「出
租權，即有償許可他人臨時使用軟體的權利，但是軟體不是出租的
主要標的的除外」，這樣就符合了 TRIPs 協定的要求。

3.改變軟體「登記」性質

新《條例》第 7 條規定：「軟體著作權人可以向國務院著作權行
政管理部門認定的軟體登記機構辦理登記。軟體登記機構發放的登
記證明檔是登記事項的初步證明。

辦理軟體登記應當繳納費用。軟體登記的收費標準由國務院著
作權行政管理部門會同國務院價格主管部門規定。」

新《條例》相應刪除或修改了原條例中限定軟體登記法律意義
的幾個條款（第 24 條第 1 款、第 27 條、第 28 條、第 15 條），這樣
軟體登記不再作為行政處理的前提條件[9]。

（二）增加明確軟體著作權人的權利

1.增加軟體著作權人的資訊網路傳播權

新《條例》第 8 條第 1 款第(7)項規定：軟體著作權人享有「資
訊網路傳播權，即以有線或者無線方式向公眾提供軟體，使公眾可

---

[9] 新《條例》刪除了原條例中有關登記程序的幾個條款（第 23 條、第 25 條、
第 26 條、第 29 條），可說也淡化了軟體的登記性質。

以在其個人選定的時間和地點獲得軟體的權利」。這一權利是根據
WCT 第 8 條有關規定增加的。

2. 明確軟體著作權人的相關權利

新《條例》第 8 條第 1 款第(3)項規定：軟體著作權人享有「修
改權，即對軟體進行增補、刪節，或者改變指令、語句順序的權利」。

新《條例》第 8 條第 1 款第(4)項規定：軟體著作權人享有「複
製權，即將軟體製作一份或者多份的權利」。

新《條例》第 8 條第 1 款第(5)項規定：軟體著作權人享有「發
行權，即以出售或者贈與方式向公眾提供軟體的原件或者複製件的
權利」。

新《條例》第 8 條第 1 款第(8)項規定：軟體著作權人享有「翻
譯權，即將原軟體從一種自然語言文字轉換成另一種自然語言文字
的權利」。

這些權利在原條例中已有規定，只是不夠具體，此次修改，參
照著作權法加以明確、細化。

（三）強化了對軟體著作權的保護

1. 進一步嚴格「合理使用」的條件

原《條例》第 21 條規定，「合法持有軟體複製品的單位、公民，
在不經該軟體著作權人同意的情況下」，可以享有一些「合理使用」
的權利。新《條例》第 16 條將此主體改為「軟體的合法複製品的所
有人」，進一步縮小「合理使用」的主體適用範圍[10]。

---

[10] 原《條例》第 22 條規定的「合理使用」為：「因課堂教學、科學研究、國家
機關執行公務等非商業性目的需要對軟體進行少量的複製，可以不經著作權

新《條例》第 17 條改為：「為了學習和研究軟體內含的設計思想和原理，通過安裝、顯示、傳輸或者存儲軟體等方式使用軟體的，可以不經軟體著作權人的許可，不向其支付報酬。」這樣就大大縮小了「合理使用」的範圍。

2. 增加對軟體保護技術措施和權利管理資訊的保護

對於保護作品的技術措施和作品的權利管理資訊加以保護，是 WCT 新增加的規定（參見 WCT 第 11 條、第 12 條），這一規定對於加強作品的版權保護，特別是在網絡環境下作品的版權保護，具有十分重要的意義。

參照 WCT 的上述規定，新《條例》在第 24 條第 1 款第(3)項、第(4)項中明確將「故意避開或者破壞著作權人為保護其軟體著作權而採取的技術措施的」和「故意刪除或者改變軟體權利管理電子資訊的」，作為侵權行為處理。這與新《著作權法》第 47 條的規定是一致的。

3. 增加保護軟體著作權的訴前臨時措施[11]

新《條例》第 26 條規定：「軟體著作權人有證據證明他人正在實施或者即將實施侵犯其權利的行為，如不及時制止，將會使其合法權益受到難以彌補的損害的，可以依照《著作權法》第 49 條的規定，在提起訴訟前向人民法院申請採取責令停止有關行為和財產保

人或者其合法受讓者的同意，不向其支付報酬，但使用時應當說明軟體的名稱、開發者，並且不得侵犯著作權人或者其合法受讓者依本條例所享有的其他各項權利，該複製品使用完畢後應當妥善保管、收回或者銷毀，不得用於其他目的或者向他人提供」。

[11] 保護軟體著作權的訴前臨時措施，主要是根據 TRIPs 協定第 50 條的規定，參照已修改的《著作權法》增加的。

全的措施。」第 27 條規定：「為了制止侵權行為，在證據可能滅失或者以後難以取得的情況下，軟體著作權人可以依照《著作權法》第 50 條的規定，在提起訴訟前向人民法院申請保全證據。」這對於加強軟體著作權的保護是十分必要的。

4.加強打擊侵權

新《條例》第 24 條規定：「除《中華人民共和國著作權法》、本條例或者其他法律、行政法規另有規定外，未經軟體著作權人許可，有下列侵權行為的，應當根據情況，承擔停止侵害、消除影響、賠禮道歉、賠償損失等民事責任；同時損害社會公共利益的，由著作權行政管理部門責令停止侵權行為，沒收違法所得，沒收入銷毀侵權複製品，可以並處罰款；情節嚴重的，著作權行政管理部門並可以沒收主要用於製作侵權複製品的材料、工具、設備等；觸犯刑律的，依照刑法關於侵犯著作權罪、銷售侵權複製品罪的規定，依法追究刑事責任[12]」。

5.明確侵權賠償數額確定原則，增加法定賠償

新《條例》第 20 條規定：「侵犯軟體著作權的賠償數額，依照《著作權法》第 48 條的規定確定」，這與新著作權法所明確的侵權賠償數額確定原則和法定賠償是一致的。

---

[12] 新《條例》並規定：「有前款第(1)項或者第(2)項行為的，可以併處每件一百元或者貨值金額五倍以下的罰款；有前款第(3)項、第(4)項或者第(5)項行為的，可以併處 5 萬元以下的罰款」，加大了著作權行政管理部門對軟體侵權行為的懲罰力度，此外還增加軟體侵權的刑事責任。

6. 增加侵權人的舉證責任

新《條例》第 28 條規定:「軟體複製品的出版者、製作者不能證明其出版、製作有合法授權的,或者軟體複製品的發行者、出租者不能證明其發行、出租的複製品有合法來源的,應當承擔法律責任」[13]。

7. 加強「善意侵權人」的法律責任

原《條例》第 22 條規定:「軟體持有者不知道或者沒有合理的依據知道該軟體是侵權物品,其侵權責任由該侵權軟體的提供者承擔。但若所持有的侵權軟體不銷毀不足以保護軟體著作權人的權益時,持有者有義務銷毀所持有的侵權軟體,為此遭受的損失可以向侵權軟體的提供者追償。

前款所稱侵權軟體的提供者包括明知是侵權軟體又向他人提供該侵權軟體者。」

新《條例》第 20 條改為:「軟體的複製品持有人不知道也沒有合理理由應當知道該軟體是侵權複製品的,不承擔賠償責任;但是,應當停止使用、銷毀該侵權複製品。如果停止使用並銷毀該侵權複製品將給複製品使用人造成重大損失的,複製品使用人可以在向軟體著作權人支付合理費用後繼續使用。」

依照原《條例》的規定,「不知道或者沒有合理的依據知道該軟體是侵權物品」的「軟體持有者」,即「善意侵權人」,不承擔任何

---

[13] 這一規定與新《著作權法》第 52 條的規定:「複製品的出版者、複製者不能證明其出版、製作有合法授權的,複製品的發行者或者電影作品或者以類似攝製電影的方法創作的作品、計算機軟體、錄音錄像製品的複製品的出租者不能證明其發行、出租的複製品有合法來源的,應當承擔法律責任」是一致的。

「侵權責任」，因為「其侵權責任由該侵權軟體的提供者承擔」，即使在「有義務銷毀所持有的侵權軟體」時，「為此遭受的損失可以向侵權軟體的提供者追償」，「善意侵權人」不受任何損失。

依照新《條例》的規定，同樣的「善意侵權人」，僅僅「不承擔賠償責任」，但是要承擔「停止使用、銷毀該侵權復製品」的「侵權責任」，當然也「可以在向軟體著作權人支付合理費用後繼續使用」該複製品，變為合法使用者。新《條例》嚴格了「善意侵權人」的法律責任。

8. 加強「相似軟體」不構成侵權的條件

原《條例》第 31 條規定：「因下列情況而引起的所開發的軟體與已經存在的軟體相似，不構成對已經存在的軟體的著作權的侵犯：

(1) 由於必須執行國家有關政策、法律、法規和規章；

(2) 由於必須執行國家技術標準；

(3) 由於可供選用的表現形式種類有限。」

新《條例》第 29 條改為：「軟體開發者開發的軟體，由於可供選用的表達方式有限而與已經存在的軟體相似的，不構成對已經存在的軟體的著作權的侵犯」[14]。

（四）取消對計算機軟體作品的「強制許可」

原《條例》第 13 條第 2 款規定：「國務院有關主管部門和省、自治區、直轄市人民政府，對本系統內或者所管轄的全民所有制單位開發的對於國家利益和公共利益具有重大意義的軟體，有權決定

---

[14] 原《條例》規定，「相似軟體」不構成侵權包括三種情況，相當於規定了三種不構成侵權的例外。而新《條例》所規定的不構成侵權的「相似軟體」只有一種情況，顯然更為嚴格。

允許指定的單位使用，由使用單位按照國家有關規定支付使用費。」
這實際上是對計算機軟體作品規定的一種「強制許可」。新《條例》
刪除了這一條款，取消了對計算機軟體作品的「強制許可」。

（五）增加對軟體著作權的許可使用和轉讓的規定

新《條例》將第三章改為「軟體著作權的許可使用和轉讓」，包
括五條（第18條至第22條）。

第18條規定：「許可他人行使軟體著作權的，應當訂立許可使
用合同。許可使用合同中軟體著作權人未明確許可的權利，被許可
人不得行使。」

第19條規定：「許可他人專有行使軟體著作權的，當事人應當
訂立書面合同。

沒有訂立書面合同或者合同中未明確約定為專有許可的，被許
可行使的權利應當視為非專有權利。」

第20條規定：「轉讓軟體著作權的，當事人應當訂立書面合同。」

第21條規定：「訂立許可他人專有行使軟體著作權的許可合同，
或者訂立轉讓軟體著作權合同，可以向國務院著作權行政管理部門
認定的軟體登記機構登記。」

第22條規定：「中國公民、法人或者其他組織向外國人許可或
者轉讓軟體著作權的，應當遵守《技術進出口管理條例》的有關規
定。」

中國對《著作權法》的修改從總體上講，縮小與 TRIPs 協定的
差距，但並不是說目前已不存在任何差異問題。例如 TRIPs 協定第
48條具體規定了對知識產權權利人濫用其權利的限制，包括對被告
「適當補償」的規定，這是 TRIPs 協定的最低要求之一。而《著作
權法》還沒有這一規定。TRIPs 協定的第51條至60條對有關「邊

境措施」作了詳細具體的規定，這對於版權保護而言，主要是針對
「盜版商品」[15]。另關於對大陸國內作品和國外作品的「雙重待遇」
問題也沒有完全加以解決，這是台商及未來中國著作權法界需要面
對的問題。

---

[15] 中國雖在 1995 年發布施行的《知識產權海關保護條例》中，對禁止侵權產品
（包括盜版商品）進出口作了且體規定，但仍有必要在著作權法中加以強調
和明確。

企業智財管理制度建立篇

壹、企業智財管理制度應有的核心內容

　　企業智財權組織管理制度之建立，其主要目的，在企業內部而言，為激勵員工在職務上與非職務上之創作並保守公司機密、保障企業智財成果與權利，在企業外部而言，則為擴大公司在產業的競爭力，並且建立起市場競爭對手難以超越的競爭門檻；為達到這兩種目的，任何企業都有規劃企業智財權管理制度的需求，並且參考實際可行檢驗的指標，因此，這個制度主要應包括以下核心內容：

一、企業智財權專業用語的定義與範圍界定

　　每一種企業，依據產業別牽涉到的智慧財產權專業種類都不同，牽涉到的營業秘密更是不同，例如，客戶名單是否為公司營業秘密的問題，因此，相關專業用語的定義與含括範圍的解釋既要準確、嚴謹、貼切，又要與國家立法解釋、司法解釋以及行政解釋相一致，包括在公司內何謂智慧財產權、智慧財產權管理、技術秘密、know-how、商業秘密、技術發明、技術改進、技術成果以及其他容易引起誤解、需要明確定義和範圍，都要在制度內解釋清楚。

二、關於智慧財產權管理機構的設置、職權與法務長（部分企業有獨立設置智財長或知識長，但大部分是交由法務長管理智財工作）

　　智慧財產權管理人員是企業智慧財產權管理組織中的主體。由於智慧財產權具有較強的專業和眾多相關連單位的協調，因此，智慧財產權管理人員的數量多少、素質高低和結合方式都對整個智慧財產權管理組織的效率產生決定性的影響，台灣企業鴻海集團的中央法務處，專門處理智財權的人員，就超過五百人。

三、研究與開發智慧財產權之管理與加密制度

　　從事研究與開發活動之前管理者和研究與開發者之間應以一定方式（書面協議或規章）明確智慧財產權的相應關系，包括管理者應明確管理責任，研究與開發者明確智慧財產權資訊查新系統的利用關係、智慧財產權歸屬關係、智慧財產權保密關係等事項；應對研究與開發的技術資料或產生的相關智慧財產權文獻做好收集和分析工作，在論證技術方案和制定項目研究與開發計畫時，要求提交有關智慧財產權的分析報告；建立研究與開發者活動工程記錄的管理制度，詳盡記載一些與智慧財產權相關的活動記錄；建立及時審查各項研究與開發活動中及其各項研究與開發成果是否有侵害他人智慧財產權或本單位技術成果權益為他人所侵害的管理制度；建立研究與開發活動所涉及的資料、檔案、記錄和其他資訊資料由專人負責保管的管理制度；在研究與開發活動結束後，管理部門應要求專案負責人把本專案的研究與開發情況以及所取得的各項研究與開發成果完整、準確、客觀、及時地以書面報告形式向有關領導機構作出彙報，並將研究與開發過程中所使用的重要技術資料提交相關部門，建立相關技術檔案，實行加密制度。

四、公司智慧財產權委託合作關係中的管理

　　委託或受委託開發以及合作開發是企事業單位與外單位在技術研究與開發活動中所採用的兩種基本形式。關於委託開發技術和合作開發技術契約關係中成果的歸屬，首先依契約約定決定成果歸屬，若無約定時，委託開發的技術成果歸受委託人，合作開發的技術成果歸合作者共有。若企事業單位沒有明確的委託技術開發和合

作技術開發及相關技術契約的管理制度，就可能會帶來公司技術成果的流失[1]。

五、員工職務與非職務創作成果歸屬中的智慧財產權管理

智財權成果歸屬管理主要涉及到兩方面問題：一方面是上面已談到的委託和合作關係中的成果歸屬管理；另一方面是職務與非職務技術成果的歸屬管理。在現行的智慧財產權法律規範體系中已對職務與非職務技術、電腦軟體和著作等成果的歸屬關係作了明確界定，作為公司智慧財產權管理制度需再作規定，但應依照智慧財產權法律制度中的有關規定制定本單位職務成果與非職務成果智慧財產權管理制度[2]。

---

[1] 智慧財產權管理制度中應明確規定作為委託人應在技術契約中明確成果的歸屬關係，既包括作為開發目的技術的技術成果，也包括非目的性技術成果，譬如相關技術成果、中間技術成果和部分技術成果；還包括委託關係結束之後一方繼續進行技術開發所形成的後續技術成果，避免由於錯誤認為委託人出錢開發技術，已付給開發者相關酬勞，技術成果當然歸委託人而導致技術成果歸他人所有，特別要避免因未約定技術成果專利申請權的歸屬，而導致的雙方爭議；作為合作關係，也應在智慧財產權管理制度中明確規定，要求合作者應在技術合同中明確技術成果歸屬關係，為雙方共有的，也要明確以何種方式共有，是共同共有還是按份共有，並對共有技術成果的進一步開發或使用方式進行約定。這裏的使用方式是指，是共同將技術成果用於生產過程，還是轉讓或許可他人使用該項技術。除了委託合作關系中的技術成果歸屬問題之外，在委託或合作關係的建立上，也應建立相關的管理制度，特別是要求提供涉及到有關本單位重大智慧財產權成果的技術資料、技術檔案的義務時，應當由相應的主管機關或人員作出分析、審查和決定。委託或合作關係中的技術成果歸屬關係有兩種不同的規制方式，一種是在智慧財產權管理制度中有關委託或合作關係的條款中作出相關規定；另一種是通過該管理制度中有關技術合同審查管理的條款予以規定。筆者較傾向於前者，因為前者使得委託人和受委託人或合作者都能明確智慧財產權制度的這一要求，因為這一要求對於當事人來說是十分重要的；而後者則是由主管機關來審查決定，若審查者對技術關係認識不足，對技術成果認識不清，就有可能造成單位技術權益的流失。

[2] 對於本單位的職務成果應由科技開發部門與智慧財產權管理部門聯合管理。科技開發部門主要負責技術成果的具體使用，而智慧財產權管理部門主要負責智慧財產權問題的分析預測，若智慧財產權管理部門提供的分析預測報告有充分的說服力，譬如報告說明這一使用行為將造成職務成果智慧財產權的

六、專利權的管理

專利權是技術成果智慧財產權保護的主要形式，智慧財產權管理制度是以專利法為建章依據，規定公司的智慧財產權管理部門應制定公司的專利工作計畫和專利戰略方案並明確工作計畫和戰略方案實施的具體步驟；規定各項研究與開發成果都應由研究與開發者與本單位智慧財產權管理機關一同進行新穎性、創造性和實用性論證[3]。

七、商標權的管理

商標既是一個企業的品牌，從某種意義上說也是一個企業的形象，因此商標權的法律保護和自我保護就顯得尤為重要。企事業單位智慧財產權管理制度應遵循商標法，建立健全的商標管理辦法。主要應明確規定以下內容：明確規定公司商標主管部門應分析與本單位產品相關的市場情況，進行商品及市場預測，並瞭解各個相同和相近產品的商標使用情況，及時掌握商標信息，制定和實施商標

流失或智慧財產權權益的減 損，應賦予智慧財產權管理部門有否定這一使用的「權利」，並明確相應責任。對於單位職工的非職務成果，由於它也是企事業單位科技進步的可資利用的資源之一，所以也可根據本單位的具體情況建立相關制度，譬如，建立本單位職工非職務成果登記制度等。

[3] 通過論證認為符合《專利法》所規定的發明專利、實用新型專利或外觀設計專利條件的成果，應由企事業單位的智慧財產權主管部門組織人員和材料向專利局提出專利申請，並由智慧財產權管理機關決定相應成果及資料公開與否及公開方式，決定技術鑒定會召開與否及召開方式；對於已經獲得專利權的技術成果，應規定由專人進行管理，妥善保管專利證書及其他證明文件，辦理相關行政規費和手續，並由專人收集與該項技術成果有關的專利或非專利資訊，及時掌握技術動態，及時發現是否存在他人已就同一主題提出了專利申請或他人實施的技術可能或已經損害了本單位的專利技術權益，以便智慧財產權管理機構依規定程式建議單位領導作出相應的處理決定。譬如向專利局陳述意見；提出異議、復審請求；要求撤銷專利權或宣告專利權無效；要求有關機關制止侵權行為；向法院提出侵權索賠訴求等。規定單位專利管理部門應根據《世界智慧財產權組織公約》、《保護工業產權巴黎公約》和《專利合作條約》等的有關規定注重到國外申請專利，恰當選擇國別和專利類型及時掌握外國的專利資訊。

戰略；明確規定由商標主管部門提出商標設計方案、準備商標申請
文件，並建立商標審查制度，以避免形成侵權商標，避免使用《商
標法》禁止使用的標誌，避免使用違反他國禁忌習慣的商標，避免
使用易與他人商標混同的商標，避免使用影響企業競爭力和企業形
象的商標；明確規定商標管理部門應根據《世界智慧財產權組織公
約》、《保護工業產權巴黎公約》和《商標註冊馬德裏協定》，結合商
標戰略和市場實際情況，恰當選擇商品類別和商標類別進行國際或
區域註冊；規定本單位商標管理部門應做好商標規費的繳納工作、
商標續展工作以及使用商標產品的質量監督工作，以確保商標權益
與企業信譽不受損害。同時還應規定商標管理部門應密切注意市場
上、新聞媒體上是否存在本單位註冊商標被人誤用或冒用或商標權
益受到其他損害的情況，一經發現，應及時向商標管理局陳述意見，
向侵權人主張權利，及時制止誤用或冒用行為。

八、著作權及電腦軟體成果權的管理

在智慧財產權管理制度中，著作權的管理主要涉及到公司科學
技術論文、工程設計及產品設計圖紙及其說明和電腦軟體等作品的
管理。對於屬職務創作的著作權及電腦軟體成果的使用方式，應由
相關管理部門結合市場情況決定，並做好職務作品的登記工作[4]。

---

[4] 這既包括本單位著作權管理部門向著作權登記機關及時進行職務作品著作權
登記，也包括本單位內部職務和非職務作品的著作權登記管理工作；對於工
程設計、產品設計圖紙及其說明，屬於職務作品的，設計者應向本單位著作
權管理部門及時彙報，並由該部門統一到著作權登記機關進行著作權登記；
對電腦軟體，首先要求本單位軟體發展者應具有版權意識，建立本單位軟體
版權登記制度並及時向軟體著作權登記機關進行軟體著作權登記；應建立本
單位軟件管理制度，定期檢查單位的電腦系統，禁止未經允許的下載或複製
活動，及時對本單位的軟體作品加注著作權標記，並及時糾正非法複製、非
法使用他人軟體的行為。

九、營業（商業）秘密與技術秘密檔案、契約、文件的加密管理

公司智慧財產權管理制度中，應及時建立相應的商業秘密和技術秘密特殊的保密和使用制度。首先是應建立詳盡描述商業秘密和技術秘密的檔案，以免造成其實質內容的流失；其次，應編制商業秘密和技術秘密密級，對「極機密」級的資料應建立嚴格的檔案管理制度，規定可以參閱的層級；再次，凡對外發佈資訊、發表論文、參加展覽會、博覽會和研討會，應將公開的資訊及資料由智慧財產權管理部門進行審查，確認為未涉及本公司商業秘密和技術秘密的，才可向外公開，同時還應建立對外業務談判和接待參觀人員及與其他對象合作研究與開發過程中的商業秘密和技術秘密保護制度[5]。

十、創作成果獎勵的管理

企事業單位智慧財產權管理制度一方面應充分體現國家科技制度中科技獎勵的基本精神和原則，使本單位職工能積極爭取國家、地方及各部委的各類獎項；另一方面應明確制定本單位技術成果及其他成果的獎勵制度，具體規定成果獎勵的物件、範圍、形式、要

---

[5] 檔案工作和保密工作是企事業單位智慧財產權管理工作中自我保護制度的重要內容。因此，在企事業單位智慧財產權管理制度中應建立嚴格的檔案管理制度和保密制度。首先應明確規定智慧財產權管理部門應分門別類建立智慧財產權系列檔案並規定相應的檔案管理辦法，確定檔案管理負責人員和責任機關，劃定科檔案的歸檔範圍，這一範圍主要應包括科研資料及各種記錄材料、獲獎證書、專利文件、合同書、商標檔、軟體資料等；其次，應明確規定研究開發人員應認真填寫工程記錄簿，並在工程結束前妥善保管工程記錄簿，在工程結束後及時向智慧財產權檔案管理部門送交工程記錄簿；再次，應明確規定檔案密級，規定檔案查閱辦法和填寫檔案查閱記錄；為了保證檔案的詳實性，應要求研究與開發小組或其他機關工作小組在工作計畫中安排資料收集、整理、分析、歸類等項提交檔案前的工作，並建立檔案簽收制度，對於檔案材料形式和內容殘缺不全的，應要求相關人補正充實；應建立微機網路的加密管理制度，對於工作變動人員應及時變更密碼或設定密碼；有條件的單位應成立保密委員會，由保密委員會主管保密工作，審定檔案密級，審批查閱資格，負責保密監督。

求以及獎勵的辦法。獎勵的物件主要是本單位的幹部、職工、離退休人員以及成果權歸屬本單位的其他臨時受聘人員和合作研究與開發人員；獎勵的範圍主要包括技術創新獎、技術改進獎、技術發明獎、專利成果獎、合理化建議獎、設計方案獎、電腦軟體獎、科研論文獎、成果轉化獎以及智慧財產權管理成就獎[6]。

十一、關於各種規費的管理

智財權每年的維持費用驚人，萬一沒有繳費，權利將會失效，智財權規費主要包括專利申請費、申請維持費、審查費、復審費、證書費、代理費、專利權維持費及其他附加費等項費用，商標註冊費、續展費等項費用，軟體登記費用，還包括仲裁與訴訟費用等。屬職務成果的科技成果的所有規費應由單位財務統一支付並計入單位研究成本、開發成本或生產成本之中。應建立獨立賬簿以反映科學技術研究與開發的單項成本，為制定、修改、調整智慧財產權管理戰略和智慧財產權管理辦法提供依據。

貳、企業智財權管理的組織

一、企業智財組織的型態與設置原則

沒有永遠的組織，只有永遠的求變生存，企業智慧財產權管理組織也是一樣，其設置與運作沒有固定的模式可言，隨著企業智慧財產權管理的組織結構從以往的典型的「金字塔」形式向更有時代

---

[6] 獎勵的形式一般包括三個方面：一是精神獎勵，譬如發給獎狀；二是物質獎勵，譬如獎金；三是特殊獎勵，這類獎勵往往對於獲獎者來說更具價值，因而是一項比前兩類獎勵更有激勵效果的獎勵形式。譬如提供員工出國進修學習等。

感、更能體現適應性的彈性組織結構方向發展，美國教授亨利‧明茨伯格設計的權變理論模型表現出一種富有彈性的組織結構形式。其主要特點是在組織設計上不存在一個即定的模式，應根據本組織的性質和工作需求來確定，而實際上組織的性質和工作要求則取決於環境的變化和市場的要求。我們將其理論移植到企業智慧財產權管理領域，則可以用如下圖示來表示：

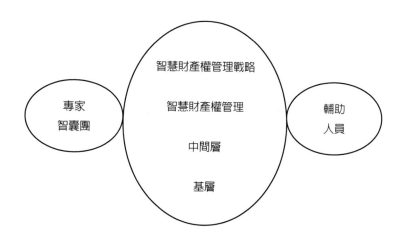

根據上述要求，以及國內外智慧財產權管理的經驗，設置企業智慧財產權管理組織機構，必須遵循以下基本原則：

1.因事設職、因職找人

每個機構以及這些智慧財產權管理機構的每一部分，都與特定的智慧財產權管理任務、目標有關，否則就沒有存在的意義。智慧財產權管理組織機構的設立與運作必須以「事」為中心，因「事」而設機構、定職務、配人員。人與事要高度配合，不能以人為中心，因人設職，因職找事。

2.權責對等

企業的每一個智慧財產權管理機構都應按權責對等原則設置。有一定的職務就應擔負一定的責任，同時也應享有相應的權力。責任是隨權力而產生，又是權力的對等物，權力是為了更好履行職責。責任與權力應該一致，每一個智慧財產權管理機構都不應有權無責、有責無權或權責不相稱，更要避免」因人設事」建立機構。以鴻海為例，擁有超過五百人的法務智財管理團隊，管理七千個專利權，以及幾乎每年突破千個以上的專利核准件數，在鴻海的法務處負責智財權、購併、版權、投資與商業法律等項目，在鴻海的地位與市場行銷業務部門平起平坐，擁有相當大的權力，同時，也要負擔建立競爭對手難以跨越的競爭門檻的重責。

3.專業、系統化原則

智慧財產權的管理若能系統化，成為公司策略思考的要素，那麼公司未來在智財權戰爭中的成功機率就越大。以鴻海為例，要進入一個領域之前，研究拆解，甚至購買以取得 IP，已經成為鴻海法務團隊智財權專業化的基本功。鴻海在大陸甚至有專門團隊,專司負責分析、評估與建立智慧財產權（IP），甚至不同的產品，如手機、面板、遊戲機等都有專門的法務團隊。

4.具備靈活性

台商在全世界都有競爭力的最大原因，就是「靈活」，同樣的，現代企業的智慧財產權管理組織機構必須對外部環境的變化有適應能力，由於內外部環境因素都在不斷地發生變化，因此，在設計組織機構時要有一定的靈活性，這樣，才能使企業的智慧財產權管理

組織機構適應不斷變化的情況，又可達到相對的穩定性。當企業的內外因素發生巨大變化時，則應重新設計與改革企業智慧財產權管理的組織機構。

5.注重效果和效率

維持智財權需要龐大成本，因此，智慧財產權管理組織機構的管理活動要更有效果與效率。

二、企業智財權任務編組示範

法務長

1. 管理企業的智慧財產權工作制定本企業智慧財產權年度工作計畫及其實施方案，決定智慧財產權管理機構設置及其職能分工；
2. 企業的法定代表人代表本企業簽署與智慧財產權有關的契約；
3. 決定主管智慧財產權工作幹部的任免。

財務處　　　　主要負責組織監督評估企業的無形資產。

法務
（智財權）處

1. 負責制定本企業智慧財產權管理規章、制度；
2. 負責擬定本企業智慧財產權工作計畫、財政預算；
3. 負責制定本企業智慧財產權管理戰略；
4. 負責本企業的專利、商標的申請、註冊，繳付專利、商標有關規費；
5. 界定企業無形資產的產權與職務成果、非職務成果；
6. 負責本企業無形資產許可使用、授權及轉讓契約的起草；
7. 提出智慧財產權獎勵的初步方案、負責企業與智慧財產權有關的訴訟，以及單位內部與智慧財產權有關的爭議的調解；
8. 負責本企業與智慧財產權有關的保密工作；
9. 負責專利、商標等的查新工作及相關文獻檢索工作；
10.負責技術成果歸類存檔建立、更新與維護無形資產資料庫。

研究開發處

1. 結合技術開發專案和計畫，提出智慧財產權管理工作意見；
2. 為智慧財產權管理部門提供必要的技術資料；
3. 配合智慧財產權管理部門具體負責技術開發過程中的智慧財產權管理工作。
4. 負責具體的技術成果開發並申報相關智慧財產權問題；
5. 負責技術成果申報及負責提交完整的技術資料；

人力資源處
1. 負責與智慧財產權管理有關的人員流動，包括新進與離職員工的保密協定；
2. 負責落實成果獎勵事項；
3. 負責技術人事檔案的管理。

參、企業內部智財管理規章之示範

企業內部智慧財產權管理，宜由最高權責機構，公布一套成文的管理規則，以供企業工作人員依循，特示範一套管理規章如下：

第一章　總則

第一條　為有效保護本公司智慧財產權，激勵員工發明創造和智力創作的積極性，加強研究開發成果管理，促進技術創新活動，提高市場競爭能力，防止無形資產流失，依據智慧財產權相關法律、法規和規章，制定本管理規章。

第二條　本規定所稱的智慧財產權包括：

(一) 專利權、商標權；

(二) 著作權及其鄰接權；

(三) 技術秘密和商業秘密；

(四) 企業商號和各種服務標記；

(五) 依法由企業享有或持有的其他智慧財產權。

第三條　法務長（智財長或知識長）與智慧財產權管理部門（以下稱法務處）應履行的職責是：

(一) 負責公司智慧財產權工作的組織管理與協調，制定公司智財工作的工作規劃和具體措施；

(二) 參與公司各種智財契約的起草、談判，在契約簽訂之前，會同財務有關部門對對方當事人進行資信調查和技術狀況分析，在契約履行過程中，建立公司技術契

約登記制度和階段性與終期履行狀況的檢查與彙報制度；對公司契約履行過程造成失誤或損失的直接責任人，提出具體責任承擔方案，報請單位主管領導處理；

(三) 組織公司智慧財產權法律、法規和規章的內部員工宣傳教育；

(四) 負責公司智慧財產權的鑒定、申請、登記、註冊、評估等管理工作；

(五) 審核、管理公司智慧財產權方面的各種規費；

(六) 協調解決本企業內部有關智慧財產權的爭議和糾紛；

(七) 提出在研究開發、技術創新和智慧財產權保護與管理中有突出貢獻的員工，予以獎勵的建議；

(八) 進行公司有關智慧財產權保護與管理工作的國際交流與合作；

(九) 其他在智慧財產權保護工作中應履行的職責。

(十) 建立定期召開每月智慧財產權會議，此會議負責本企業智慧財產權方面的全面管理與協調，並負責討論、評估、議定本企業智慧財產權方面的事項。

第四條 人力資源處應定期協同法務處進行智慧財產權法律知識的宣傳和教育，具體項目如下：

(一) 有計劃對幹部、員工進行系統的智慧財產權法律知識教育與培訓；

(二) 研發科技人員應瞭解有關智慧財產權法律、法規及其有關法律解釋，並分析其對公司業務的影響；

(三) 有涉外業務的部門，要向有關工作人員通報相關智慧財產權立法和國際智慧財產權公約、慣例方面的重大情勢和相關案例；

(四) 對於新調入人員在分派到正式部門職位之前，應對其進行智慧財產權法律知識的教育，並簽訂智慧財產權方面的保密協定；

(五) 對於外派技術人員應事先就智慧財產權保護進行專門
　　教育，防止智慧財產權流失；

(六) 對於即將調出或者退休的幹部、職工，應專門就智慧
　　財產權問題進行教育，確保已簽訂保密與競業禁止協
　　定，明確其在離開公司後仍須承擔已經許諾的保護智
　　慧財產權的責任；並要求其在離開前，必須將在公司
　　從事研究開發工作的全部技術資料、實驗資料、實驗
　　設備、正在開發中的產品樣品以及編制的有關電腦程
　　式和有關文檔等及時交還公司。

第五條　研發處在研究與開發過程中，關於智財權之工作，包括：

(一) 在從事研究與開發活動之前，管理者和研究與開發者
　　之間應以一定方式明確智慧財產權的相應關係，應明
　　確管理責任、智慧財產權資訊及查新系統的利用、智
　　慧財產權的歸屬、智慧財產權的保密等重要事項，牽
　　涉智慧財產權法律，應先交由智慧財產權管理機構對
　　其條款進行分析、審查和決定；

(二) 對公司研究與開發的技術或產生的相關智慧財產權文
　　獻應做好收集和分析工作，在論證技術方案和制定項
　　目研究與開發計畫時，應提交有關智慧財產權方面的
　　分析報告；

(三) 建立並執行研究與開發活動工程記錄的管理制度，詳
　　盡記載與智慧財產權相關的活動記錄；

(四) 建立在審查研究開發活動中及其成果產出時是否有侵
　　害他人智慧財產權或本單位技術成果權益為他人所侵
　　害的管理制度；

(五) 建立智慧財產權方面資料、檔案、記錄和其他相關資
　　訊材料由專人負責保管的管理制度；

(六) 在研究與開發活動結束後，管理部門應要求專案負責
　　人把本專案的研究與開發情況以及所取得的各項研究

與開發成果完整、準確、客觀、及時地以書面形式向有關機構作出彙報，並將研究與開發過程中所使用的重要技術資料提交智慧財產權管理機構，建立相關技術檔案，實行加密管理。

(五) 在委託或合作開發活動中的智慧財產權管理，做為委託人應在技術契約中明確成果的歸屬關係，既包括作為開發目的技術的技術成果，也包括非目的性的技術成果，如相關技術成果、中間技術成果和部分技術成果，還包括委託關係結束後一方繼續進行技術開發所形成的後續技術成果；當技術成果為雙方共有時，必須在技術合同明確共有方式，並對共有技術成果的進一步開發或合作方式進行約定；

第六條　公司所有部門在職務技術成果與非職務技術成果歸屬的智慧財產權管理工作中，應做到：

(一) 對公司的職務技術成果與非職務技術成果的認定，應嚴格遵照有關智慧財產權法律、法規的規定處理；

(二) 對公司的職務技術成果，應由本企業智慧財產權管理機構與研發主管部門聯合管理。智慧財產權管理機構應對職務技術成果開發過程中可能存在的智慧財產權問題提供分析預測報告；科研開發主管部門負責職務技術成果的具體使用。當智慧財產權管理機構認為將某項職務技術成果付諸使用時將造成智慧財產權流失或權益減損時，有權否決科研開發主管部門制定的職務技術成果使用方案；

(三) 對公司的非職務技術成果，應由智慧財產權管理機構負責建立相關的成果登記制度。

第七條　法務處與公司牽涉專利權各部門協調時應做到：

(一) 依照智慧財產權管理工作總體規劃制定本企業的專利工作計畫和專利戰略方案，並明確其具體實施步驟；

(二) 會同研發主管部門對研究與開發成果進行新穎性、創造性、實用性之討論；

(三) 負責專利申請事宜，並決定相應成果和資料公開與否及公開方式、技術鑒定會召開與否及召開方式；

(四) 負責保管專利證書及相關檔案；

(五) 負責繳納專利權相關規費和其他行政事宜；

(六) 負責專利資訊的收集、分析、預測，發現公司專利技術權益遭受損害時，應及時建議單位領導作出相應處理決定。

第八條　法務處與公司牽涉商標權各部門協調時應做到：

(一) 依照公司智慧財產權管理工作總體規劃制定本單位的商標工作計畫和商標戰略方案，並明確其具體實施步驟；

(二) 會同市場行銷主管部門對企業產品與服務進行商標註冊事宜的論證；

(三) 負責商標註冊及其續展事宜；

(四) 負責保管商標註冊證書及相關檔案；

(五) 負責商標權相關規費及其他行政事宜；

(六) 負責商標資訊的收集、分析、預測，發現本公司商標權益遭到損害時，應及時建議法務處代表作出相應處理。

第九條　法務處與公司牽涉著作權及電腦程式成果權的智慧財產權管理工作各部門協調時應做到：

(一) 依照公司智慧財產權管理工作總體規劃制定本單位的著作權及電腦程式成果權工作計畫和版權戰略方案，並明確其具體實施步驟；

(二) 應遵循不損害公司技術權益，不違反有關保密規定的原則，法務處會同研發主管部門對研究開發過程中形成的科技論文、工程設計及產品設計圖紙和電腦程式等作品，進行發表與否及發表方式的討論；

(三) 負責職務作品的登記工作，並負責向官方電腦程式著
作權登記管理機關提出著作權登記，並決定職務作品
的使用不當方式；

(四) 負責保管著作權證書及相關檔案；

(五) 負責著作權相關規費及其他行政事宜；

(六) 負責著作權資訊的收集、分析、預測，發現本單位著作
權益遭到損害時，應及時建議法人代表作出相應處理。

第十條　法務處與公司牽涉商業秘密與技術秘密的智慧財產權管理
協調工作中，應做到：

(一) 依照智慧財產權管理工作總體規劃制定本公司的商業
秘密與技術秘密的工作計畫及其戰略方案，並明確其
具體實施步驟；

(二) 會同研發主管部門和市場營銷主管部門對本企業的商
業秘密與技術秘密進行認定；

(三) 負責編制商業秘密與技術秘密管理的密級標準和制定
具體的保護措施；

(四) 負責保管與商業秘密和技術秘密相關的文件、檔案、
資料；

(五) 負責審查本單位對發佈資訊、發表論文、參加展覽會、
研討會時可能公開的資訊、資料，並建立對外業務談
判和接待外來參觀人員及合作研究開發過程中商業秘
密和技術秘密的保護制度；

(六) 負責商業秘密和技術秘密資訊的收集、分析和預測，
發現本單位商業秘密和技術秘密權益遭到損害時，應
及時建議法人代表作出相應處理。

第十一條　在公司營業秘密工作中，應做到：

(一) 建立企業內部監控機制政策，在不侵犯員工隱私權
範圍內，所有員工應簽署同意公司監控書。

(二) 會同科技檔案工作主管部門與保密工作主管部門建立嚴格的檔案管理制度與保密制度，並建立智慧財產權的專門文檔；

(三) 有權要求研究與開發部門提交工程活動記錄、科研資料、獲獎證書、專利檔、合同書、商標檔、軟體文檔等檔供其查閱，並可製作備份；

(四) 會同科技檔案工作主管部門與保密工作主管部門建立檔案密級制度、檔案查閱與保管制度、檔案簽收制度。

第十二條　本公司法務處負責本智慧財產權管理規章、辦法的解釋，本規章自公布日起開始生效。

肆、檢驗企業智財權制度的指標

　　一個良好的企業智慧財產權管理制度，需要有一套可以隨時檢驗評估的客觀公正指標，有鑑於台商企業的性質比較接近日本企業，而日本又是目前全球智財權管理做的最好的國家之一，本書最後特別提出 1999 年 3 月底，日本特許廳公佈了《智慧財產權管理評估指標》。該指標是日本特許廳總務課根據「智慧財產權管理評估指標制定委員會」的研討結果制定的。上述委員會於 1998 年 12 月設立，成員由企業界人士、代理人、學者、新聞界人士等各界人士組成。制定該指標的目的在於統一評估企業智慧財產權管理現狀的標準，使各企業能更加客觀地評價本企業的智慧財產權管理、應用狀況，以提高經營者的智慧財產權意識，從而改善智慧財產權管理，提高企業的競爭力，在這裡也提出給台灣企業界作參考。

　　日本特許廳總務課提出之「智慧財產權評估指標」，其具體核查事項共有 100 項，其中 1-35 是企業經營戰略的內容；36-56 為企業

技術戰略內容，57-71 是企業智慧財產權資訊戰略內容；72-86 為國際戰略指標；87-100 為法務戰略內容。其細項如下，讀者可依序檢視企業是否符合要求。

1. 公司是否在業務計畫和經營方針中明確了智慧財產權方針？
2. 公司將上述基本方針廣為宣傳並具體化了嗎？
3. 公司在制定智慧財產權戰略時，是否考慮競爭要素的變化？
4. 針對集團經營、持有股份公司化等企業經營形式的變化，公司是否對智慧財產權管理方式的現狀有所研究、探討？
5. 公司是否定期在董事會、高級管理人員會議等會議上討論知識產權戰略？
6. 上述討論的結果是否會在公司的經營中得到反映？
7. 在公司的每個業務部門（業務本部、工廠、部、課）都制定智慧財產權年度計畫嗎？
8. 公司是否形成了由部門長承擔完成上述年度計畫的責任，並對實施進行跟蹤的體制和制度？
9. 公司在培養經營人員過程中要進行智慧財產權教育嗎？
10. 公司的經營人員能依靠自己的力量向外公佈有關智慧財產權的信息嗎？
11. 公司對持股人說明智慧財產權戰略嗎？
12. 公司在國內外主張權利、解決司法糾紛時，是否必要而充分主張了權利？
13. 公司是否具有獨立的智慧財產權管理部門？
14. 針對公司業務的發展速度，公司智慧財產權部門戰略性服務工作的速度是否能完全跟上？
15. 公司開展多種業務時，是否基於智慧財產權在各種業務中的重要性和今後業務開展的方針而投入智慧財產權資源？

16. 公司是否以與機構相對應的形式，明文規定了智慧財產權的相關責任和許可權？

17. 公司是否有計劃地配備機構，運營所必需的智慧財產權要員？

18. 公司是否在業務部門配備了實施智慧財產權戰略的人員？或者是在業務部門設置實施聯絡會？

19. 關於申請專利、維持專利等所需要的智慧財產權活動成本與希望通過這些活動得到的收益和通過這些活動而躲過的風險之間的收支平衡，公司的業務部門是否進行評價？

20. 公司是否就專利收人的增加、支出的減少制定中長期（3-5年）計畫？

21. 為提高本公司的智慧財產權效率和水平，公司是否將智慧財產權業務外托給專門的服務業？

22. 上述的業務外托是否有助於提高公司的智慧財產權效率和水平？

23. 公司是否開展關於智慧財產權的社長親筆信、加強專利月或周、表彰先進等活動？

24. 公司是否對新職員進行智慧財產權培訓？

25. 公司是否對技術人員進行智慧財產權培訓？

26. 公司是否對智慧財產權工作人員進行智慧財產權培訓？

27. 公司對管理人員進行智慧財產權培訓嗎？

28. 公司是否在業務部門開展啟蒙活動，以便防止侵害其他公司權利的意識在業務活動中紮根？

29. 關於職務發明，公司是否進行客觀判斷？

30. 公司是否有申請階段獎勵制度？

31. 公司是否具有根據發明質量高低而給以不同獎勵的獎勵制度？

32. 公司是否有獲得專利權後給以獎勵的獎勵制度？

33. 公司是否有獲得實施費用時給以獎勵的獎勵制度？

34. 公司是否有對智慧財產權工作人員的活動給以獎勵的制度？

35. 公司對發明的獎勵制度是否從公司之外來看也極具吸引力？

36. 公司技術開發部門的幹部中是否有曾經從事過智慧財產權管理人員？

37. 公司技術開發部門的幹部是否理解智慧財產權制度？

38. 公司的技術人員是否充分理解智慧財產權在業務活動中的重要性？

39. 智慧財產權工作人員是否參加公司的研究開發會議？

40. 公司是否就每個開發項目制定專利申請計畫？

41. 上述專利申請計畫的進展管理是否徹底？

42. 公司是否制定了有可能獲得基本專利的獨創性技術開發計劃？

43. 公司是否制定有關行業標準技術專利的開發計畫？

44. 公司寫出的說明書是否能抓住發明之本質，使該發明獲得內容廣泛而狀況穩定的權利？

45. 公司對候補申請案提出申請與否的判斷標準是否明確？

46. 公司對申請與否是否作客觀的判斷？

47. 公司是否能根據業務開展的時機而適時地作出請求實審的判斷？

48. 公司就可否請求實審的判斷標準是否明確？

49. 公司是否客觀地判斷可否請求實審？

50. 公司是否能根據本公司業務活動情況和其他公司的業務動向而適時地對權利的維持和放棄作出判斷？

51. 公司對權利的維持和放棄是否有明確的判斷標準？

52. 公司是否客觀地對權利的維持和放棄作出判斷？

53. 公司是否舉辦支援發明一線獲得專利權的活動？

54. 公司是否配備了與發明人員數量相對應的適當的智慧財產權工作人員？

55. 在本公司開發與利用外部智慧財產權進行的開發之間，公司是否有評價兩者利害得失的體制？

56. 公司的業務活動是否反映上述評價結果？

57. 公司是否具有明確的管理、處理智慧財產權資訊、機密情報的規則？公司是否徹底貫徹這一規則？

58. 公司對於沒有達到申請水平的發明是否有明確的處理規定？

59. 在整個公司的智慧財產權相關部門，開發部門是否有網路化的智慧財產權資訊管理體系？

60. 公司是否擁有電腦系統，該系統可以查詢發明人向特許廳申請的狀況以及其他公司的技術動向等信息？

61. 公司是否擁有有助於知識權戰略決策的智慧財產權資訊管理系統？

62. 在推薦發明時和申請前，公司是否要求相關人員檢索現有技術？

63. 公司是否針對其他公司的動向在有計劃地構築專利網路？

64. 是否在公司外挖掘有助於將來業務開展的專利？

65. 上述的挖掘活動是否制度化？

66. 是否對全公司的專利買人情況進行一元化管理？

67. 公司在著手開發新技術時，在調查其他公司權利的同時，是否在技術開發計畫中寫入針對其他公司權利的對策？

68. 公司在產業化和出售產品之前是否作侵權（侵害他公司權利）調查？

69. 為開展侵權（侵害他公司權利）調查和避免侵權，公司在技術開發階段到產業化階段的各個階段是否明確了責任人？

70. 對於其他公司的需要加以注意的申請，公司是否監視其審查情況，並在註冊前向特許廳提供資訊？

71. 對於他公司需要加以注意的申請，公司在其被授權後是否提出異議？

72. 關於可否向外國提出申請的判斷標準，公司是否明確？

73. 在向外國提出申請時，公司是否明確選擇申請國的標準？

74. 公司是否客觀地決定可否向外國提出申請？

75. 公司是否根據申請國家數量和物件國選定申請渠道？

76. 對於維持和放棄在海外取得的權利，公司是否有明確的判斷標準？

77. 公司對於當地子公司所創造的發明是否有明確的處理規定？

78. 公司是否把握國內外競爭企業的國外申請狀況？

79. 公司內是否建立了制度，以調查預定出售國和預定生產國的專利侵權情況？

80. 公司是否具備收集海外法律制度及其應用情況資訊的能力？

81. 在把握國外法律制度和商業慣例的基礎上，公司是否制定了法律對策？

82. 針對美國的發明早期公開制度，公司是否採取了措施？

83. 公司在培訓智慧財產權工作人員時，是否有與國際智慧財產權相關的科目？

84. 公司的國內智慧財產權部門中是否有負責海外案件的人員？

85. 公司在海外是否擁有可以就外國申請、訴訟相商和相托的當地專利事務所或法律事務所？

86. 公司是否確保了在海外實施侵權對策（假冒產品對策等）的人才？

87. 公司是否擁有負責智慧財產權的代理人或律師？

88. 公司是否擁有應付訴訟的工作人員？

89. 公司是否有完善的包括相關法（版權法、反不正當競爭法、禁止壟斷法等）在內的產業風險管理體制？

90. 當發生問題時，公司內作出決斷的程序是否明確？

91. 公司是否請智慧財產權專家核查諸如與其他公司進行共同開發的委託合同等智慧財產權相關行業的處理規程？

92. 公司是否有專門負責許可的工作人員？

93. 對於每一次許可，公司是否都要把握物件權利的新的獲權情況、抽出有問題的專利並採取對策？

94. 為增加本公司的有效權利，公司是否隨時準備簽訂合同、提起訴訟？

95. 公司是否就每一競爭對手分析智慧財產權戰略，制定出許可戰略？

96. 公司是否具有明確的許可政策？

97. 公司是否有組織地進行著侵權判定？

98. 公司是否建立了制度，就本公司在有效期內的權利收集其他公司侵權的資訊，並研究對策？

99. 在公司之外，是否擁有理解公司智慧財產權戰略的代理人或律師？

100.公司是否對公司外的律師和代理人進行評價，並根據目的
來選擇律師和代理人？

上述之日本特許廳的《智慧財產權管理評估指標》主要由戰略
性指標和定量性指標構成。戰略性指標包括經營戰略（經營者的智
慧財產權意識、智慧財產權業務的經濟效率）、技術戰略（獨創性技
術開發、研究開發中運用智慧財產權）、智慧財產權資訊戰略（健全
智慧財產權資訊管理體系、利用智慧財產權資訊開展研究開發活
動，實施解決糾紛對策）、國際戰略（在外國獲取戰略性專利權、培
養國際化智慧財產權工作人員）、法務戰略（確保解決糾紛的人才、
智慧財產權風險管理）。

定量指標，則是透過定量性評估，期待更為客觀檢驗企業握智
慧財產權管理，是否符合要求，其具體定量指標有下述幾項：①智
慧財產權工作人員的數量；②專利收支額；③專利實施率；④侵權
糾紛案的件數；⑤智慧財產權相關獎金的最高額。綜言之，日本特
許廳制定的《智慧財產權管理評估指標》無疑對如何評估一個企業
的智慧財產權工作具有重要的參考價值，特別值得一提的是：從上
述評估指標中，我們可以清楚地看到日本企業的智慧財產權活動內
容，因而也對我們的企業如何建立智慧財產權制度、開展智慧財產
權活動具有重要的借鑒作用。

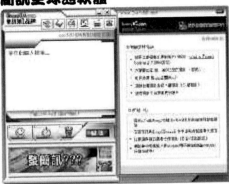

PC to Mobile
從電腦傳簡訊到手機

全球簡訊傳送服務．簡訊系統整合．隨身媒體應用

價格最低
- 全台最低價
- 0.85元

全球發送
- 149國溝通
- 免漫遊費

品質保證
- Microsoft
- 授權認證

資訊安全
- 連結Outlook
- 匯入通訊錄

效率溝通
- 5秒送達
- 大量發送

管理行銷
- 互動回覆
- 資料備份

國家圖書館出版品預行編目

兩岸商事法律戰略解碼戰：兩岸智財權實用篇
／彭思舟著. -- 一版. -- 臺北市：秀威資
訊科技, 2006[民 95]
　　面；　公分. -- (商業企管類；PI0005)
　　ISBN 978-986-7080-66-0(平裝)

　　1. 智慧財產權 – 法規論述　2. 商法 – 法規
論述
　553.4　　　　　　　　　　　　　95012773

 商業企管類　PI0005

兩岸商事法律戰略解碼戰
——兩岸智財權實用篇

作　　者／彭思舟
發 行 人／宋政坤
執行編輯／賴敬暉
圖文排版／陳湘陵
封面設計／莊芯媚
數位轉譯／徐真玉　沈裕閔
銷售發行／林怡君
網路服務／徐國晉
出版印製／秀威資訊科技股份有限公司
　　　　　台北市內湖區瑞光路 583 巷 25 號 1 樓
　　　　　電話：02-2657-9211　　傳真：02-2657-9106
　　　　　E-mail：service@showwe.com.tw
經 銷 商／紅螞蟻圖書有限公司
　　　　　台北市內湖區舊宗路二段 121 巷 28、32 號 4 樓
　　　　　電話：02-2795-3656　　傳真：02-2795-4100
　　　　　http://www.e-redant.com

2006 年 8 月 BOD 一版
2007 年 1 月 BOD 二版
定價：480 元

讀 者 回 函 卡

感謝您購買本書,為提升服務品質,煩請填寫以下問卷,收到您的寶貴意見後,我們會仔細收藏記錄並回贈紀念品,謝謝!

1.您購買的書名:_____

2.您從何得知本書的消息?

　　□網路書店　□部落格　□資料庫搜尋　□書訊　□電子報　□書店

　　□平面媒體　□ 朋友推薦　□網站推薦　□其他_____

3.您對本書的評價:(請填代號　1.非常滿意 2.滿意 3.尚可 4.再改進)

　　封面設計____　版面編排____　內容____　文/譯筆____　價格____

4.讀完書後您覺得:

　　□很有收獲　□有收獲　□收獲不多　□沒收獲

5.您會推薦本書給朋友嗎?

　　□會　□不會,為什麼?_____

6.其他寶貴的意見:_____

_____

_____

_____

讀者基本資料

姓名:_____ 年齡:_____ 性別:□女 □男

聯絡電話:_____ E-mail:_____

地址:_____

學歷:□高中(含)以下　　□高中　　□專科學校　　□大學

　　　□研究所(含)以上 □其他_____

職業:□製造業 □金融業 □資訊業 □軍警 □傳播業 □自由業

　　　□服務業 □公務員 □教職　□學生 □其他_____

To：114

台北市內湖區瑞光路 583 巷 25 號 1 樓

秀威資訊科技股份有限公司　　　收

寄件人姓名：

寄件人地址：□□□

（請沿線對摺寄回,謝謝!）

秀威與 BOD

BOD（Books On Demand）是數位出版的大趨勢，秀威資訊率先運用 POD 數位印刷設備來生產書籍，並提供作者全程數位出版服務，致使書籍產銷零庫存，知識傳承不絕版，目前已開闢以下書系：

一、BOD 學術著作—專業論述的閱讀延伸
二、BOD 個人著作—分享生命的心路歷程
三、BOD 旅遊著作—個人深度旅遊文學創作
四、BOD 大陸學者—大陸專業學者學術出版
五、POD 獨家經銷—數位產製的代發行書籍

BOD 秀威網路書店：www.showwe.com.tw
政府出版品網路書店：www.govbooks.com.tw

永不絕版的故事・自己寫・永不休止的音符・自己唱